Bauwelt Fundamente 59

Herausgegeben von Ulrich Conrads
unter Mitarbeit von Peter Neitzke

Beirat:
Gerd Albers
Hansmartin Bruckmann
Lucius Burckhardt
Gerhard Fehl
Herbert Hübner
Julius Posener
Thomas Sieverts

Gert Kähler

# Architektur als Symbolverfall

# Das Dampfermotiv in der Baukunst

Friedr. Vieweg & Sohn   Braunschweig/Wiesbaden

CIP-Kurztitelaufnahme der Deutschen Bibliothek

Kähler, Gert:
Architektur als Symbolverfall: d. Dampfermotiv
in d. Baukunst/Gert Kähler. — Braunschweig;
Wiesbaden: Vieweg, 1981.
  (Bauwelt-Fundamente; 59)
  ISBN 3-528-08759-5

NE: GT

© Friedr. Vieweg & Sohn Verlagsgesellschaft mbH, Braunschweig 1981
Umschlagentwurf: Helmut Lortz
Satz: Friedr. Vieweg & Sohn, Braunschweig
Druck: E. Hunold, Braunschweig
Buchbinderei: W. Langelüddecke, Braunschweig
Alle Rechte an der deutschen Ausgabe vorbehalten. Printed in Germany West

Die Vervielfältigung und Übertragung einzelner Textabschnitte, Zeichnungen oder Bilder, auch für Zwecke der Unterrichtsgestaltung, gestattet das Urheberrecht nur, wenn sie mit dem Verlag vorher vereinbart wurden. Im Einzelfall muß über die Zahlung einer Gebühr für die Nutzung fremden geistigen Eigentums entschieden werden. Das gilt für die Vervielfältigung durch alle Verfahren einschließlich Speicherung und jede Übertragung auf Papier, Transparente, Filme, Bänder, Platten und andere Medien.

ISBN 3-528-08759-5

# Inhalt

Statt eines Vorworts: Ein Brief . . . . . . . . . . . . . . . . . . . . . . . . . 9
Vorbemerkung . . . . . . . . . . . . . . . . . . . . . . . . . . . . . . . . . . . 12

**Ausgangslage** . . . . . . . . . . . . . . . . . . . . . . . . . . . . . . . . . . . 13
Der Symbolverfall der Architektur — eine Arbeitshypothese . . . . . . . . . . 13
Das Dampfermotiv als Untersuchungsgegenstand . . . . . . . . . . . . . . . 19
Einige Hinweise zum Schiff als Symbol . . . . . . . . . . . . . . . . . . . . . 21

**Begriffliche Abgrenzung** . . . . . . . . . . . . . . . . . . . . . . . . . . . . 26
Architektur als „Zeichen" . . . . . . . . . . . . . . . . . . . . . . . . . . . . 26
Das „architektonische Zeichen" als Mittel der Kommunikation . . . . . . . . 32
Zu Entstehung und Funktion des Symbols . . . . . . . . . . . . . . . . . . . 36
    Der „symbolische Apparat" . . . . . . . . . . . . . . . . . . . . . . . . . 37
    Gesellschaftliche Funktionen des Symbols . . . . . . . . . . . . . . . . . 38
Versuch einer Definition . . . . . . . . . . . . . . . . . . . . . . . . . . . . . 41

**Voraussetzungen und Ansätze**
*Voraussetzungen wozu? Drei Beispiele* . . . . . . . . . . . . . . . . . . . . . 44
Das Schiffsmotiv in der Architekturtheorie bis 1914 . . . . . . . . . . . . . . 50
Die Aufbruchstimmung um 1900 und ihre architektonischen Auswirkungen 54
    Neubewertung der Bauaufgaben . . . . . . . . . . . . . . . . . . . . . . 56
    Neue formale Ansätze . . . . . . . . . . . . . . . . . . . . . . . . . . . 58
Der Passagierdampfer um 1900 . . . . . . . . . . . . . . . . . . . . . . . . . 61
Ansätze 1 — Futurismus: Maschine und Geschwindigkeit . . . . . . . . . . . 67
Ansätze 2 — Expressionismus: Gemeinschaft und „Stadtkrone" . . . . . . . 72

**Verwirklichung I**
*Deutschland oder: Wohnen und Maschine* . . . . . . . . . . . . . . . . . . . 75
Fünf Architekten als Beispiele . . . . . . . . . . . . . . . . . . . . . . . . . . 78
    Walter Gropius . . . . . . . . . . . . . . . . . . . . . . . . . . . . . . . 79
    Ernst May . . . . . . . . . . . . . . . . . . . . . . . . . . . . . . . . . . 83
    Hans Scharoun . . . . . . . . . . . . . . . . . . . . . . . . . . . . . . . 86
    Otto R. Salvisberg . . . . . . . . . . . . . . . . . . . . . . . . . . . . . 90
    Erich Mendelsohn . . . . . . . . . . . . . . . . . . . . . . . . . . . . . 93
Bedingungen des Dampfermotivs . . . . . . . . . . . . . . . . . . . . . . . . 98
    Zur Begründung einer Maschinenästhetik . . . . . . . . . . . . . . . . 99
    Zum Wohnungsbau der Weimarer Republik . . . . . . . . . . . . . . 102
        Kollektivhaus . . . . . . . . . . . . . . . . . . . . . . . . . . . . . 102
        Siedlungsbau . . . . . . . . . . . . . . . . . . . . . . . . . . . . . 105
Die „schwimmende Massenwohnung" . . . . . . . . . . . . . . . . . . . . . 107

**Verwirklichung II**
*Le Corbusier oder: Architektur als Heilung* .................... 113
Die Bauten .................................................. 114
   Wohnbauten ............................................. 114
   Bauten für die Heilsarmee ............................... 125
Die Theorie ................................................. 130
   Zum Gesellschaftsbild Le Corbusiers ..................... 130
   Der Dampfer als Vorbild ................................ 135
Dampfer und Arche .......................................... 142

**Verwirklichung III**
*Rußland oder: Die verwirklichte Utopie?* ..................... 145
Die Bauten als „soziale Kondensatoren" ....................... 145
   Arbeitsstätte ............................................ 146
   Palast der Arbeit (Arbeiterclubs) ........................ 149
   Kommunehaus .......................................... 151
Die veränderte Situation des Architekten und der Architektur .. 157
Das Dampfermotiv als „Architektur der Hoffnung" ............ 159

**Scheitern**
*Utopie ohne Vermittlung* .................................... 163
Die Ausbreitung des Dampfermotivs ........................... 165
Die gescheiterte Utopie ...................................... 170
   Die politische Situation des „Neuen Bauens" .............. 170
   Die Angemessenheit des Dampfermotivs .................. 172
   Das Verstehen des Dampfermotivs ....................... 175
   Bauen für keine Gesellschaft? ............................ 177

**Wiederkehr**
*Renaissance eines Symbols oder Formalismus?* ................ 180
Die Verbreitung des Dampfermotivs seit den sechziger Jahren .. 182
Drei Architekten als Beispiele ................................ 184
   James Stirling .......................................... 184
      Ingenieurgebäude der Universität Leicester ........... 186
      Studentenheim St. Andrews ......................... 188
      Der Stellenwert des Schiffsmotivs bei Stirling ......... 193
   Richard Meier .......................................... 195
   Fehling & Gogel ........................................ 198
Das Dampfermotiv als private Ikonologie ..................... 200

**Ausblick**
*Utopie einer menschenwürdigen Architektur* . . . . . . . . . . . . . . . . . . . . 203
Die heutige Ausgangsposition des Architekten . . . . . . . . . . . . . . . . . 205
Einige Bedingungen einer zukünftigen Zeichentheorie . . . . . . . . . . . . 207
Zum Beispiel: Venturi . . . . . . . . . . . . . . . . . . . . . . . . . . . . . . . . . . 210

**Anmerkungen** . . . . . . . . . . . . . . . . . . . . . . . . . . . . . . . . . . . . . . 219

**Literaturverzeichnis** . . . . . . . . . . . . . . . . . . . . . . . . . . . . . . . . . 235

**Abbildungsnachweis** . . . . . . . . . . . . . . . . . . . . . . . . . . . . . . . . . 242

Horatio
und den anderen

# Statt eines Vorworts: Ein Brief

Lieber Herr Kähler,
Ihre Arbeit hat mich nicht losgelassen, ich habe die Lektüre des neuen Buches von J. unterbrochen und habe sogar im Bett „Dampfermotiv" gelesen, was bei mir etwas sagen will; denn Bett ist für mich ganz wesentlich (nur noch) Symbol für Entrinnen von der Fachliteratur.
Wenn ich Sie richtig verstehe, so kam es Ihnen zunächst darauf an, die Utopie — oder die verschiedenen Utopien — der Meister der zwanziger Jahre klar darzustellen und das Dampfermotiv als symbolischen Bezugspunkt für alle diese Utopien — oder die Varianten der sozialen Utopie und die rein-technisch dynamische (Mendelsohn) — verständlich zu machen. Das ist Ihnen gelungen. Sie haben dann, in dem Kapitel „Scheitern", versucht zu zeigen, daß diese Bestrebungen und diese Architektur (oder diese Architekturen) nicht an äußeren Widerständen gescheitert sind, sondern an inneren Widersprüchen: an einer Überspannung der architektonischen Aussage, in der das Bindeglied fehlte, nämlich der verständliche Code. (Notabene: Sie können den gewissenhaften Leser nicht vom Lesen des Kapitels „Begriffliche Abgrenzung" dispensieren, weil eben dieses Kapitel auf die Notwendigkeit hinführt, das Neue durch einen verständlichen — das heißt, nicht völlig neuen — Code einzuführen.)
Natürlich verkürze ich hier die Wiedergabe: Sie weisen darauf hin, daß die Architektur der zwanziger Jahre auch an anderen Widersprüchen gescheitert ist als an diesem pädagogischen (um ihn einmal so zu nennen). Der tiefere Widerspruch ist der, daß eine Anzahl bürgerlicher Menschen ihren „überpolitischen" Sozialismus vorwegnehmend in der Architektur verwirklichen und sogar durch die Architektur stimulieren wollten, wozu *allerdings* auch gehört, daß diese Architektur sich verständlich ausdrücke, da sie sonst als ein fremder Zwang, ein Zwang von Außen empfunden wird. Und so *wurde* sie empfunden. Sie haben auch diesen Sozialismus — wieder muß man sagen, diese verschiedenen, wenn auch miteinander verwandten Ausprägungen des bürgerlichen Sozialismus — der Kritik unterzogen und in ihm ein autoritäres und ein hierarchisches Element aufgezeigt, besonders natürlich bei Le Corbusier. Ich komme immer wieder auf den Hofmannsthalschen Vers zurück „Manche freilich müssen drunten sterben", der ebenfalls den Dampfer meint. Das „Manche" ist ein Euphemismus für die vielen, die in dem Dampfer unserer Gesellschaft drunten leben und sterben müssen und die in jenen Utopien für die Freien und Gleichen nicht vorkommen.
Ihre Kritik macht die ganze Schwierigkeit erkennbar, die bereits in den zwanziger Jahren sich der Bildung eines verständlichen Symbols in der Architektur entgegenstellte. Hierüber kann ich aus eigener Erinnerung sprechen. Ich war beim

Lesen Ihrer Arbeit erstaunt darüber, wie wenig ich gewußt hatte, wie wenig ernst ich damals die technische und die soziale Utopie genommen habe. Ich will nicht so weit gehen zu sagen, die zeitgenössischen Interpretationen, die Sie anführen — und die, welche Sie geben — seien mir durchaus neu gewesen; aber dem Erscheinungsbild der damaligen Architektur gegenüber, wie ich es auf dem Hintergrunde einer noch allgemein-verständlichen Art des Bauens damals aufnahm, nahm die Sinngebung die zweite Stelle ein. Das Erscheinungsbild war fremd und befremdend, woran die Interpretationen wenig ändern konnten. In einigen Fällen haben wir Jüngeren sie als dem Erscheinungsbild nicht adäquat abgelehnt, im Falle des Dampfersymbols haben wir das Symbol als nicht adäquat abgelehnt, besser gesagt, wir haben es nicht verstanden.

Das Kapitel „Wiederkehr" ist schlüssig, ich habe dem nichts hinzuzufügen. Es gibt irgendwo bei Stefan George die Zeile „Als Abbild wirkend, da das Wesen wich". That's it in the nutshell.

Kommt das Kapitel „Ausblick", und das ist für mich das Schwierigste; denn obwohl Sie auch hier mit der Vorsicht verfahren, die eine der Tugenden Ihrer Arbeit ist, obwohl Sie Venturi nur als möglichen Ansatz empfehlen und zudem feststellen, daß Venturi nur ein Name unter vielen (möglichen, vielleicht wirklichen) anderen ist, vermag ich Ihnen selbst unter diesen Vorsichtsmaßnahmen nicht in den Bereich der Venturis zu folgen. Es ist vollkommen wahr, was Sie sagen: Die Bezüge auf banale Realitäten, sogar vulgäre Realitäten der Werbung werden bei den Venturis so übertragen, daß sie nicht mehr banal sind. Das ist, wie gesagt, vollkommen wahr; aber schränkt diese Übertragung nicht das Verständnis ein? Sie sprechen davon, daß es bei der Komplexität Venturischer Arbeiten auf mehreren Ebenen stattfinden könne; aber kann es auf der untersten Ebene wirklich stattfinden, sind nicht die Ebenen, auf denen es zum Verständnis dieser Architektur kommen kann, die von ziemlich „sophisticated" Personen?

Als wir alle noch gute Linke waren, glaubte ich, es müsse in der Gesellschaft und mit der Gesellschaft etwas geschehen, es müßten Gemeinsamkeiten hergestellt werden, die man dann in einem Gebäude als Gemeinsamkeiten erkennen könnte. Gegen diesen Gedanken scheint zu sprechen, daß, wie Marx selbst in jener berühmten Stelle über die griechische Kunst zugegeben hat, die Stufe der Emanzipation in einer Gesellschaft mit der Qualität ihrer Architektur nichts zu tun hat. Diese Überlegung spricht aber nur gegen meinen linken Optimismus, nicht dagegen, daß Gemeinsamkeiten *irgendeiner Art* in einer Gesellschaft vorhanden sein müssen, damit man sie in der Architektur als Symbol wiedererkennen kann. Und ihre Arbeit selbst erbringt den Hinweis darauf, daß unsere Gesellschaft, was Gemeinsamkeiten angeht, sogar im Vergleich mit den zwanziger Jahren verarmt ist. Unter Gemeinsamkeiten verstehe ich natürlich solche leicht utopischen Charakters, also gesellschaftliche Wunschvorstellungen, nicht den gesteigerten Bedarf an Tabak, Fernsehen, Wohnraum, künstlichem Licht etc. Ich habe mir gedacht, daß solche Gemeinsamkeiten leicht utopischen Charakters von den Bewegungen ausgehen könnten, welche gegenwärtig unter jungen Leuten lebendig

sind, und ich glaube diese Hoffnung auch noch nicht aufgeben zu müssen. Die Architektur der Venturis hat, soviel ich sehen kann, mit dergleichen Hoffnungen nichts zu tun. Ich gestehe, ich habe noch nie ein Werk dieser Gruppe in Wirklichkeit gesehen. Im April werde ich in New York sein und versuchen, nach Philadelphia zu kommen. Vielleicht wird persönliche Erfahrung mit diesen Arbeiten meine Vorbehalte den Venturis gegenüber (die ich trotz dieser Vorbehalte bewundere), überwinden.
Soweit meine Notizen. Leben Sie wohl, und noch einmal, besten Dank!

Ihr Julius Posener

Berlin, 24. Februar 1980

# Vorbemerkung

Arbeiten wie die hier vorgelegte basieren auf Anregungen, Denkanstößen, Voraussetzungen, die im einzelnen nicht aufzuschlüsseln, die überhaupt nur zum Teil bewußt gemacht werden können. Dennoch möchte ich darauf verweisen, daß der erste Anstoß zur näheren Beschäftigung mit dem behandelten Thema der Aufsatz von Stanislaus von Moos über ,,Wohnkollektiv, Hospiz und Dampfer" war, der bereits viele der Zusammenhänge vorwegnahm, die hier umfassend dargestellt werden.
Den Blick für die Situation in der UdSSR haben mir die Arbeiten von Adolf Max Vogt geöffnet, der mit der Analyse des Dampfermotivs dort mir die Idee der Verbreitung des Motivs in der gesamten Architektur der Avantgarde der zwanziger Jahre ermöglichte.
Schließlich ist als der dritte Anstoß zu meiner Arbeit Alfred Lorenzers These vom ,,Symbolverfall" der heutigen Architektur zu nennen, die mir den übergeordneten Rahmen, das Bezugssystem für die Behandlung des Themas bot.

Ich danke Herrn Kafka und Herrn Meckseper für die Betreuung und kritische Beratung während der Entstehung der Arbeit. Meinen Kollegen danke ich für die Geduld, mit der sie — als Architekten — den Dampfer als Untersuchungsgegenstand ertragen haben, Frau Rosendorf für die sorgfältige und geduldige Anfertigung des Manuskripts. Der ,,Vereinigung der Freunde des Seewesens · Collegium nauticum" bin ich für die nautische Beratung und Hilfestellung verpflichtet.

G. K.

# Ausgangslage

## Der Symbolverfall der Architektur — eine Arbeitshypothese

„In unserer Zeit ist der verbale Aspekt der menschlichen Kommunikation allmählich so dominierend geworden, daß wir dazu neigen, die Existenz anderer uns zur Verfügung stehender Mittel zu vergessen. Die Lösung jedweden komplizierten Problems wird durch Konferenzen und Diskussionen in Angriff genommen, während die *physische* Planung, die doch auf die *psychische* und soziale Situation reagieren sollte, unbefriedigend und fragmentarisch bleibt. (...) Die Situation ist insofern äußerst unglücklich, als die Architektur in immer höherem Maße unsere physische Umgebung beherrscht und uns mit größerer Beständigkeit als jedes andere Symbolsystem beeinflußt. (...) Man empfindet zwar die grundlegende soziale und kulturelle Bedeutung der Architektur, kann aber sinnvolle Lösungen nicht verwirklichen und sieht als einzigen Ausweg die Reduktion der Architektur auf einen niedrigeren Rang."[1]

In diesen Sätzen von Christian Norberg-Schulz sind die Schwerpunkte genannt, die die hier vorgelegte Arbeit zum Ausgangspunkt nimmt: das Verstehen von Architektur als einem Symbolsystem, einem Mittel der Kommunikation, in dem sich der einzelne erkennen, mit dem er sich identifizieren kann; die Störung in diesem Kommunikationsvorgang heute; die Scheinlösung der gestörten Kommunikation durch die Flucht in das Reden über Architektur und das Negieren anderer Aspekte ihrer Bedeutung.

Daß diese Arbeit zwangsläufig einen weiteren Beitrag zum „verbalen Aspekt der Kommunikation" darstellt, muß dabei in Kauf genommen werden.

Im Rahmen dieser Untersuchung ist nicht beabsichtigt, empirische Fakten über die Rezeption moderner Architektur zu ermitteln; insofern muß die Einleitung, die den Hintergrund für diese Arbeit beschreibt, notwendig pauschalisieren und von Annahmen ausgehen. Aber es *gibt* empirische Untersuchungen, die sich mit konkreten Fällen heutiger Bauplanung befassen und die Unzufriedenheit der Bewohner belegen (eine Unzufriedenheit, die jedoch meist auf Planungsprobleme der Wohnumgebung und der Sozialstruktur, weniger auf ästhetische Aspekte bezogen wird); es *gibt* die Bücher, deren Titel allein die ganze Misere benennen: „Tod und Leben großer amerikanischer Städte", „Stadt im Untergang", „Der Tod der Architektur", „Die Unwirtlichkeit der Städte", „Die gemordete Stadt", "Form Follows Fiasco", „Labyrinth Stadt", „Panik Stadt", „Profitopolis", „Das Ende der Städte?"[2] — das Bild einer Aporie, ablesbar an den Reflexionen über die Stadt: die Beschreibung eines Verlustes. Und es *gibt* schließlich den Beweis der Unzufriedenheit der Betroffenen, abzulesen an dem, was diese selbst bauen — beim Einfamilienhaus wie bei der Gartenlaube, bei industriell gefertigten But-

zenscheiben wie bei künstlich gealterter Stallaterne und Wagenrad als Wandschmuck —, und abzulesen an einer kritiklosen Nostalgie, die alles, was alt ist, gleich als „gut" empfindet nicht zuletzt, weil das Neue gleich als „schlecht" empfunden wird.
Peter Blake faßt das objektive Ergebnis der Architekturentwicklung dieses Jahrhunderts folgendermaßen zusammen:

> "For, all around us, the environment we have built (...) is literally collapsing; the walls of our buildings are crumbling — literally; the well-intentioned zones mapped by our city planners are creating the worst ghettos in recorded history — literally; the best-planned schools by the world's most idealistic architects are producing a generation of zombies — literally; the finest public housing projects to be found anywhere in the world (...) are turning into enclaves of murder, rape, mugging, and dope addiction, with the only way out a charge of dynamite to reduce those noble precepts to rubble — literally."[3]

Und Julius Posener, selbst Zeitgenosse der „ersten Generation" der modernen Architekten und an der Entwicklung persönlich beteiligt, spricht von der heutigen Situation lapidar als dem „monotonen Chaos" mit dem gemeinsamen Nenner der Gestaltlosigkeit.[4]
Als „monoton" werden die gleichmäßigen Rasterfassaden in ihrer großmaßstäblichen Gliederung, die Schmucklosigkeit der Gestaltung im Detail, die Funktionen trennende Anordnung der einzelnen Nutzungsbereiche empfunden; als „chaotisch" empfindet man die nicht visuell nachvollziehbare, nicht hierarchisch gegliederte Zusammenstellung verschiedener Maßstäbe — das Hochhaus im Altbauviertel, das als bloße Machtdurchsetzung empfunden wird —, das unvermittelte Nebeneinander unterschiedlichster Architekturmuster in den Geschäftshäusern einer Innenstadt oder das genauso unvermittelte Nebeneinander in einer Einfamiliensiedlung gehobener Klasse, der man ansieht, daß jeder Bauherr bemüht war, seine Individualität zum Ausdruck zu bringen, was anscheinend nur *gegen* die Umgebung, die „anderen", möglich war.
Dieses Erscheinungsbild zeitgenössischer Architektur und dessen, was diese aus den als „natürlich gewachsen" im Bewußtsein der Bürger verhafteten Städten gemacht hat, ist in den industrialisierten Ländern gleichermaßen verbreitet; es scheint das keine Frage eines bestimmten gesellschaftlichen oder wirtschaftlichen Systems zu sein.
Sicherlich gibt es einzelne Ausnahmen; es gibt die intakt gebliebenen oder wieder aufgefrischten Stadtviertel, die letztlich die Folie abgeben, vor denen sich Monotonie und Chaos nur umso krasser abheben. Es gibt gelungene Beispiele auch der neuen Architektur — und das heißt: im Bewußtsein aller als gelungen anerkannter Beispiele einer dem Überkommenen gleichwertigen Architektur. Es gibt vor allem auch einige Länder, deren Architektur einen höheren Grad an Einverständnis mit der Bevölkerung zu erreichen scheint, als es in anderen Ländern der Fall ist: die Niederlande und Großbritannien, zum Beispiel; aber auch dort gibt es Siedlungen wie Bijlmermeer oder Park Hill (Sheffield).

Eine eindeutige und von allen akzeptierte Erklärung dafür, warum das so und warum das gerade heute so ist, fehlt bis jetzt.
Ernst Bloch kam lapidar zu dem Verdikt über die Architektur, eben „weil diese weit mehr als die anderen bildenden Künste eine soziale Schöpfung ist und bleibt, kann sie im spätkapitalistischen Hohlraum überhaupt nicht blühen".[5] Aber die marxistische Analyse, die in der Architektur das Spiegelbild einer Gesellschaft sieht, die durch die kapitalistische Wirtschaftsform geprägt ist: Architektur als Ware, Stadt als Produkt der Bodenpreise, nicht der Notwendigkeiten oder Bedürfnisse der Bewohner, Ästhetik als Ergebnis von Kosten-Nutzen-Analysen und eines Entfremdungsprozesses in allen Bereichen — diese Analyse geht nicht schlüssig auf, wenn die genannten Tatsachen richtig wiedergegeben sind: Großbritannien und die Niederlande als Länder mit kapitalistischer Wirtschaftsform haben in vielen Beispielen eine Architektur, die weit weniger das Charakteristikum „chaotisch" und „monoton" verdient, als es für die Neubausiedlungen der DDR oder Polens zutrifft. (Unter diesem Aspekt bekommt die dem zitierten Satz Blochs folgende Aussage — „Erst die Anfänge einer anderen Gesellschaft ermöglichen wieder echte Architektur, eine aus eigenem Kunstwollen konstruktiv und ornamental zugleich durchdrungene"[6] — eine für diese Länder sehr kritische Bedeutung).
In der Analyse unterscheidet sich die Blochsche Kritik dabei gar nicht so sehr von der konservativen Position, wie sie immer noch am scharfsinnigsten in Hans Sedlmayrs bereits 1948 erschienener Streitschrift vertreten wird. Sedlmayr sieht einen „Angriff auf die Architektur"[7] als Ganzes durch die Architekten mit dem Ziel ihrer Abschaffung als Mittelpunkt allen künstlerischen Bestrebens; er beschreibt den Verlust der Ordnung, einer gegliederten Hierarchie der Bedeutungen, die dem Menschen Halt und Orientierung geben, als „Verlust der Mitte"[8], als *„Hypertrophie der niederen Geistesformen im Menschen auf Kosten der höheren"*[9], als Tendenz zum totalen Chaos. In der Architektur sei der Sieg des nur Rationalen über jede Emotion seit den zwanziger Jahren abzulesen — „die Eiseskälte des modernen Denkens ist in der konstruktivistischen Baukunst unmittelbar anschaulich"[10]; der Grund liege in dem gestörten Verhältnis der Menschen untereinander, des Menschen zur Natur und des Menschen zur Zeit.

Bei dieser Ausgangslage, nämlich einer gebauten Umwelt, die als „monoton" und „chaotisch" empfunden wird und keine Orientierung, keine Identifikation durch die Bewohner erlaubt, kommt es darauf an, die Frage nach den Auswirkungen gesellschaftlicher Entwicklungen in der gebauten Umwelt zu untersuchen; da diese wiederum auf die Gesellschaft einwirkt, ist sie gleichzeitig auch als Ursache zu verstehen.
Alfred Lorenzer hat in seinem Aufsatz über „Architektonische Symbole und subjektive Struktur" das heutige Bild der gebauten Umwelt als Ergebnis „defizienter Symbolbildung, des ‚Symbolzerfalls'"[11] bezeichnet. Wir werden im folgenden

Kapitel auf seinen Symbolbegriff eingehen, der auf der Funktion des Symbols als „Handlungsanweisung" in der Gesellschaft beruht. Die Architektur als ein mögliches Symbolsystem (neben anderen) artikuliert und reguliert dabei den „*Raum* als Ort menschlicher Lebenspraxis".[12]
Eine solche Erklärung dafür, daß die heutige gebaute Umwelt als „monoton" und „chaotisch" empfunden wird, schließt die Frage nach den gesellschaftlichen Ursachen nicht aus, vielmehr werden diese durch die architektonische Praxis sichtbar gemacht. Das ermöglicht eine Beobachtung und Analyse der Erscheinungsformen von Architektur, die dann, möglicherweise, zu weiterführenden, den Zustand der Gesellschaft erfassenden Antworten leiten; Beobachtung wie Analyse bleiben aber immer am konkreten architektonischen Gegenstand orientiert.
Lorenzer beschreibt also den heutigen Zustand der gebauten Umwelt als Ergebnis eines „Symbolzerfalls". Die Architektur übe zwar bestimmte Wirkungen aus, sie sei nutzbares Instrument der Lebenspraxis (die Auslösung von Empfindungen wir „monoton" und „chaotisch" stellt bereits eine Wirkung dar); sie sei aber nicht mehr in der Lage, „individuelle Interessen und Gesamtinteresse, (...) menschliche Bedürfnisse und Realitätsanforderungen zu vermitteln"[13] – und das spiegelt eine gesellschaftliche Unfähigkeit. Die „Anarchie der Einzelinteressen", die „Anarchie konkurrierender Kapitalinteressen und der versteinerte Gegensatz zwischen Verfügenden und Verfügten" habe zum „Zerfall der Stadtgestalt in Einzelbaupartikel als Symptom des Zerfalls einer gesellschaftlichen Organisation des Ortes"[14] geführt; das unvermittelte Nebeneinander der „Einzelbaupartikel" wird als chaotisch empfunden, weil kein gesamtgesellschaftliches Interesse dahinter erkannt werden kann. Der Bau kann gleichzeitig als „gut" – für den Bauherrn – und „schlecht" – für den Bewohner – begriffen werden: eine Architektur, die aus physischer Notwendigkeit genutzt werden muß, deren Gestalt – als Stadt wie als Einzelhaus – aber nicht mehr das Gefühl von „Behausung", von „Heimat" vermittelt, sondern fremd und unbegriffen bleibt.
Der Prozeß der Kultivierung besteht aber darin, eine als fremd und bedrohlich empfundene Welt zu ordnen, um sie damit als *Um*welt, als auf den Menschen bezogene Umgebung in Besitz nehmen zu können. Die Inbesitznahme entspricht dem Bedürfnis des Menschen, der die Orientierung in der Welt zur Identifikation mit sich in der Welt lebensnotwendig braucht.
Die gemeinschaftliche und übereinstimmende Inbesitznahme der Welt und ihre Ordnung durch eine sich als Gemeinschaft verstehende Gruppe wird man, nach Norberg-Schulz, „Kultur" nennen: und damit „die Kultur Gemeingut werden kann, muß sie gelehrt und gelernt werden. Somit hängt sie von gemeinsamen Symbolsystemen ab oder, besser gesagt, entspricht diesen Symbolsystemen und deren Wirkungen auf das Verhalten."[15]
*Ein* mögliches Symbolsystem stellt die Architektur dar, deren von allen akzeptierte Symbolisierung heute, nach Lorenzer, gestört ist; die Symbole sind zerfallen und bezeichnen damit ein kulturelles Defizit, den Zerfall einer Gesellschaft.

In der hier vorgelegten Arbeit wird die allgemeine Feststellung des Symbolzerfalls in der Architektur, wie sie Lorenzer beschreibt, als Hintergrund für eine weiterführende Untersuchung verstanden, die am konkreten Beispiel Ansätze und Scheitern von Versuchen zur Sinngebung durch architektonische Zeichen in der Architekturentwicklung dieses Jahrhunderts nachvollzieht. Jedoch muß das Symbolverständnis Lorenzers erweitert werden, der das Einzelbauwerk nur als „*Moment* eines Ortes"[16] begreift und als architektonisches Symbol nur die „*Stadt als Ganzes*, niemals als Einzelbauwerk"[17] versteht.

Dieser Symbolbegriff ist zu eng gefaßt und kann in der architektonischen Praxis nicht abgesichert werden; Architektur ist immer beides — das Einzelbauwerk *und* die Summe der Einzelbauwerke, die Stadt. Es ist richtig, der Beziehung zwischen den Einzelbauwerken eine zusätzliche Qualität zuzuschreiben, die die Relationen (z. B. als Herrschaftsstrukturen) deutlich zu machen vermag; insoweit ist auch hier das Ganze mehr als die Summe seiner Teile. Die Einschränkung des Raumes als Ort menschlicher Lebenspraxis auf den *städtischen* Raum kann dennoch nicht die ganze Bandbreite eines architektonischen Symbolsystems umfassen, das als „Regulator sozialer Prozesse" fungiert; auf je anderen Ebenen muß das Stadtviertel, das Quartier und das Einzelhaus als Ort menschlicher Lebenspraxis verstanden und damit in ein Symbolsystem einbezogen werden können. Die Ablehnung der Fixierung auf das Einzelhaus darf nicht in das Gegenteil umschlagen, die Fixierung der Architektur als Symbolsystem auf die „Stadt als Ganzes". Wenn das Einzelbauwerk „Moment eines Ortes" ist, dann kann auch die Einzelform als Symbol Teil eines Symbol*systems* sein, das die gebaute Umwelt bestimmt.

In einem anderen Zusammenhang, bei der Bestimmung der Bedeutung der Bauaufgabe, verweist Norberg-Schulz auf diesen Aspekt des Symbolcharakters von Architektur, wenn er von einer Bauaufgabe die „kulturelle Symbolisierung"[18] verlangt und feststellt, daß „eine kulturelle Symbolisierung auch *unabhängig* von der Gestaltung des Gesellschaftsmilieus stattfinden kann"[19], also dem wesentlich stadtbezogenen Teil der Architektur. Diese Symbolisierung kann (was Norberg-Schulz an seinen Beispielen deutlich macht, die ausschließlich Einzelbauwerke sind) auch auf formale Elemente der Gestaltung bezogen werden (übrigens sieht er diesen Symbolcharakter in der heutigen Architektur ebenfalls nicht verwirklicht: „Erst seit kurzem ergeht aufs neue die Forderung nach kultureller Symbolisierung, weil wir begriffen haben, daß die moderne Architektur dieser Dimension bedarf, um eine sinnvolle Umwelt schaffen zu können."[20])

Im Rahmen dieser Einleitung kommt es nicht darauf an, einen vollständigen Überblick über die verschiedenen Ansätze zur Erklärung der Situation der gebauten Umwelt zu geben; die eher stichwortartige Erwähnung der Theorie Lorenzers mag daher als Beispiel genügen für einen Erläuterungsansatz, der das Bild der Architektur und seine Bedeutung in Beziehung setzt zum Zustand der Gesellschaft. Lorenzer stellt diese Beziehung über sozialpsychologische Analysen der Vorgänge her.

Als Ergänzung sei hier nur noch auf den semiotisch orientierten Ansatz Charles Jencks' hingewiesen, der zu ähnlichen Ergebnissen kommt, dabei die Veränderung von architektonischen Symbolqualitäten berücksichtigt: „die Architektur der heroischen Periode (der modernen Architektur; A.d.V.) wurde geschaffen mit den Metaphern der Einfachheit, der Ehrlichkeit, der dynamischen Kraft und des sozialen Utopismus, aber heute hat sie die Öffentlichkeit in die Gegen-Metaphern der Sterilität, der Monotonie und der Massengesellschaft umgewandelt."[21] Jencks behandelt die Frage des Verlustes der Ausdrucksfähigkeit der modernen Architektur und kommt zu dem Schluß, es bestehe die Gefahr,

> „daß die Beziehung zwischen Form und Inhalt (...) so entfremdet und so unzusammenhängend wird, daß kein Mensch mehr seine Umwelt versteht (...). Die Entfremdung von dieser Umwelt würde die politische Entfremdung widerspiegeln, in der jeder Fehler einem ‚System' in die Schuhe geschoben wird, das niemand kontrolliert oder versteht."[22]

Die Entfremdung zwischen Inhalt und Form ist aber gleichbedeutend mit dem Symbolzerfall von Architektur, der keine Identifikationsmöglichkeiten mehr erlaubt.

Wir gehen also für die vorliegende Untersuchung von der These aus, daß Architektur, daß die gebaute Umwelt ein Symbolsystem darstellen kann, das es dem Menschen erlaubt, sich in ihr zu orientieren und sich in ihr wiederzuerkennen — der „Raum als Ort menschlicher Lebenspraxis". Die heutige Architektur besitzt diese Symbolqualität im allgemeinen nicht; sie stellt also die Entfremdung zwischen Bewohner und gebauter Umwelt dar (sie stellt aber etwas dar!), so daß auf einem wichtigen Gebiet des Kulturverständnisses dessen gemeinschaftstiftende Funktion zerbrochen ist. Der Symbolzerfall ist begründet in anderen als architektonischen Entwicklungen; diese spiegeln vielmehr gesellschaftliche Vorgänge, verstärken sie dann jedoch, umgekehrt, durch ihre besondere architektonische Wirkungsweise.

Wir gehen ferner davon aus, daß die Symbolqualität der Architektur *notwendiger* Bestandteil einer gebauten Umwelt ist, die dem Menschen Orientierung und Identifikation erlaubt, die ihm Heimat ist. Als „symbolisches Kunstwerk" (Hegel) kann sie die Brücke schlagen von der Vergangenheit, der Fixierung des Menschen in einem historischen Zusammenhang, in die Zukunft, dem Bild eines wünschenswerten Zustandes der Gesellschaft (der hier verwendete Begriff der „Orientierung" bezieht sich keineswegs allein auf das dreidimensionale Zurechtfinden im Raum).

Was Walter Jens über die mögliche Wirkung von Literatur sagt, gilt gleichermaßen auch für eine Architektur, die den Anspruch erfüllen will, gesellschaftliche Bedeutung zu haben: Sie wird

„mit Nachdruck darauf verweisen, daß sie — auch wenn sie im hic et nunc wirkungslos ist — auf die Dauer als bewußtseinsprägende Kraft die Realität nachhaltig verändert: Sie, die die Wirklichkeit nicht reflektiert, sondern verarbeitet! Sie, die die Realität nicht spiegelt, sondern ihr den Spiegel vorhält! Sie, die (...) als Anwältin der Ungleichzeitigkeit die Möglichkeit der Stellvertretung des Vergangenen (aber noch Unverzichtbaren) so gut wie die Fähigkeit der Antizipation des Künftigen (aber bereits Realisierbaren) hat."[23]

## Das Dampfermotiv als Untersuchungsgegenstand

„Chaos" und „Monotonie" sind Symptom für den Zustand unserer Gesellschaft, die keine gebaute Umwelt mit symbolischer, gemeinschaftstiftender Qualität herstellen kann. Dieses architektonische Problem ist Gegenstand dieser Untersuchung, nicht die politische Frage nach dem Zustand der Gesellschaft und dessen Ursachen.
Eine umfassende Untersuchung des hier zunächst pauschal angenommenen Symbolverfalls der gebauten Umwelt müßte die Entwicklung der modernen Architektur auf drei Ebenen verfolgen: der der Intentionen der Architekten, ihrer Umsetzung in gebaute Form und der Rezeption der gebauten Form durch das Publikum.
Eine derart breit angelegte Forschung kann im Rahmen dieser Arbeit schon deshalb nicht geleistet werden, weil ihr umfangreiche empirische Untersuchungen über die Rezeption von Architektur vorangehen müßten, die zum Teil noch nicht einmal methodisch abgesichert sind.
Diese Arbeit beschränkt sich vielmehr von vornherein auf ein enges Themenfeld in der Erwartung, aus der scharf abgegrenzten, möglicherweise sogar einseitigen Betrachtung *eines* architektonischen Formmotivs im Verlauf der Architekturentwicklung dieses Jahrhunderts Erkenntnisse zu gewinnen, die Hinweise auf die *gesamte* Breite des Feldes erlauben. Dabei steht der mögliche Symbolcharakter des Motivs im Vordergrund des Interesses; die Absichten der Architekten müssen also in die Untersuchung einbezogen werden, soweit diese aus den Quellen erschlossen werden können, und die Reaktion des Publikums ist zu erfassen und zu werten, soweit das im nachhinein und ohne exakte empirische Ergebnisse möglich ist.
Der Mangel an exakten (auch empirisch belegten) Daten solcher Art wird, so ist zu hoffen, etwas durch die Wahl des Untersuchungsgegenstandes ausgeglichen. Gewählt wurde nicht eine der offensichtlichen formalen Neuerungen der modernen Architektur — weder eine städtebauliche, wie sie in der „Charta von Athen" zum Ausdruck kommt, noch eine formale, wie sie z.B. Le Corbusier in seinen

„5 Punkten zu einer neuen Architektur"[24] benennt. Gewählt wurde vielmehr die Analyse der Schiffsmetapher, der Verwendung von Formen der modernen Passagierdampfer in der Architektur.

Gegenüber z. B. den Le Corbusierschen „5 Punkten", wie dem offenen Grundriß oder den „Pilotis" (die genauso als Bestandteile eines Symbolsystems im Lorenzerschen Sinne verstanden werden können), hat die Wahl einer Metapher wie die der Maschine (die der modernen Architektur einen ihrer Namen gegeben hat: Maschinenästhetik) oder des Dampfers den Vorteil, konkreter und verständlicher faßbar in den zu vermittelnden Inhalten zu sein. Auch das Publikum, das auf „Übersetzungshilfen" beim Verständnis der Architektur angewiesen ist, gerade wenn diese neu ist, wird die konkrete Metapher „Dampfer" leichter verstehen können (was nichts über ihre Akzeptierung im Repertoire der Architektur besagt noch darüber, ob es mit dem optischen Verstehen des Zeichens „Dampfer" auch schon mögliche weiterführende Inhalte begreift).

Anders als die allgemeinere Metapher „Maschine", als deren Spezialfall der Dampfer angesehen werden muß, kann dieser in der Verwendung bei bestimmten Nutzungen und bei bestimmten, abgrenzbaren Tendenzen der modernen Architekturentwicklung isoliert werden, woraus Rückschlüsse zum Verständnis gezogen werden können. Die Maschine war fast immer „irgendwie" in der modernen Architektur präsent, so daß ihre spezifischen Bedeutungen kaum eingegrenzt werden können.

Das gilt ebenso für den Ursprung der Motive: Die Maschine ist zu allgemein und zu wenig präzise faßbar, als daß andere als allgemeine und wenig präzise faßbare Bedeutungen mit ihr vermittelt werden könnten. Dagegen hat der Passagierdampfer nicht nur als Maschine, sondern auch als Ort einer bestimmten Art des Zusammenlebens ein komplexeres, aber faßbareres assoziatives Umfeld, das den Bezug zur Gesellschaft einschließt.

Schließlich gibt es noch einen weiteren Grund für die Wahl des Dampfermotivs. In der modernen Architekturgeschichte gewinnt es zu zwei verschiedenen Zeiten Bedeutung, den zwanziger und den sechziger Jahren; es könnte also gerade die Widerlegung der These vom Symbolzerfall darstellen (in diesem Zusammenhang ist die Feststellung wichtig, daß es kein anderes, vergleichbares Motiv — eben abgesehen vom allgemeineren Maschinenmotiv — in der modernen Architektur gibt, das an die Stelle des Schiffsmotivs getreten wäre).

Zudem sind Dampfer und Maschine zwar neue technische Entwicklungen aus dem 19. Jahrhundert; ihre formale Übertragung in die Architektur wird also ebenfalls neu sein und damit auch die *Bedeutung* von etwas Neuem vermitteln. Anders als die Maschine ist aber das Schiff ein sehr altes, in vielen Zusammenhängen und in verschiedenen Kulturkreisen verwendetetes Symbol, das durch den Maschinenantrieb nur aktualisiert wird, jedoch die alten symbolischen Bedeutungen noch konnotiert; bei einer Untersuchung der Symbolfähigkeit der modernen Architektur ist also der „Symbolverdacht" bei der Schiffsmetapher am naheliegendsten.

# Einige Hinweise zum Schiff als Symbol

Die mythischen Bedeutungen des Schiffs wie auch die Übertragung von Schiffsformen auf die Architektur im Verlauf der Baugeschichte können hier nur in einigen Stichworten wiedergegeben werden, die vor allem den Zweck haben, die Vielfalt der Verweise deutlich zu machen. Dennoch lassen sich die symbolischen Bedeutungen auf wenige, miteinander verknüpfte (und immer positiv besetzte) Inhalte zurückführen:

das Schiff als Metapher für den *Übergang*, die Fahrt von einem Punkt zum anderen oder von einem Zustand in einen anderen (der Fährmann Charon, der die Toten über den Styx in das Reich des Hades fährt; die Wikinger, die im Langschiff bestattet werden; der ägyptische Sonnengott Ra, der im Verlauf eines Tages im Schiff über den Himmel fährt; oder die Lebensfahrt des Menschen über das Meer der Welt, von der Platon spricht);

das Schiff als Metapher für die *Rettung* (das Motiv der Arche, vom Gilgamesch-Epos in das Alte Testament übernommen, wobei die Verbindung des Motivs „Schiff" mit dem Motiv „Behausung", dem „Bergenden" des Schiffes, besonders zum Ausdruck kommt; die Rettung Moses' im Weidenkörbchen auf dem Nil); und

das Schiff als Metapher für eine *geschlossene Gemeinschaft*, durchaus mit dem Unterton einer „Gemeinschaft in einem Meer von Feinden" — „wir sitzen alle in einem Boot" — (die verschiedenen Entwicklungsstufen der buddhistischen Lehre — Hinajana, Mahajana und Wadschrajana, hergeleitet vom Bild des Schiffes auf dem Ozean der Existenz; das Schiff als Bild einer Schicksalsgemeinschaft auf Leben und Tod mit dem Staat, ein Bild, das z.B. Cicero in spätrepublikanischer Zeit Roms beschwört; oder das Bild der christlichen Kirche als Schiff mit Petrus als Steuermann).

Ein Aspekt neben den genannten drei Hauptbedeutungen stellt das Schiff als Metapher des Scheiterns (Schiffbruch) dar, wie es z.B. Caspar David Friedrich dargestellt hat („Die gescheiterte Hoffnung"); auch der Untergang der „Titanic" hat inzwischen metaphorische Bedeutung bekommen, wobei mit dem Scheitern (aus der Hybris des Menschen, der der Technik vertraut) ein Moment der Größe, des Tragischen verbunden ist.

Bedingt durch die langen Reisezeiten zu See bestand auch immer eine starke Beziehung zum Haus; das Schiff mußte bei den Fahrten „Behausung" sein. Und das Schiff wurde — und wird — beseelt: Im Akt der Taufe wird der leblose Schwimmkörper individualisiert; Schiffe gleicher Bauart und gleichen Aussehens werden durch den Namen unterscheidbar und personifiziert — nicht mehr *das* Schiff, sondern *die* „Hanseatic".

Folgerichtig sieht C.G. Jung das Schiff als „Archetypus" des Menschen, als Bild der „anima". Und ebenso folgerichtig beziehen die vielen metaphorischen

Verwendungen des Schiffs bis heute, auch im umgangssprachlichen Gebrauch, die mythischen Bedeutungen, das Schiff als Erlöser, mit ein: von „Es kommt ein Schiff geladen" über „Und ein Schiff mit acht Segeln/Und fünfzig Kanonen/Wird liegen am Kai" bis in die Trivialität von „Ein Schiff wird kommen/Und es bringt mir den einen ...".

Kant gebraucht in der „Kritik der reinen Vernunft" die Fahrt mit dem Schiff als Bild für den erkenntniskritischen Vorgang; er spricht vom Seefahrer, der das Meer durchsucht, um Phänoumena und Noumena, Verstandes- und Vernunftbegriffe, aufzufinden und durch ihre Unterscheidung den Gegensatz von reiner Vernunft und dialektischer Vernunft zu begründen. Und Bloch verwendet das Schiffssymbol in der Philosophie als semantischen Träger von Erkenntnisarbeit des menschlichen Subjekts: „Und dazu steht riesige Neugier des Erkennens an der Wiege, die nicht nur dem Grübeln, sondern noch mehr der Fahrt verwandte, dem Schiff mit geschwellten Segeln, das auf der Titelvignette von Bacons ‚Novum Organum' durch die Säulen des Herkules fährt."[25]

Diese Stichworte, und mehr sind es nicht, sollen darauf verweisen, daß einem invariablen Begriff von „Schiff", dem Funktionsträger von „Transport durch Wasser", in den verschiedenen Kontexten — mythischen, religiösen, philosophischen — Transpositionen hinzutreten, die dem jeweiligen Symbol die spezifische Bedeutung geben. Die Symbolbedeutungen haben jedoch immer einen unveränderbaren Kern, der mit dem Funktionsträger „Schiff" zusammenhängt.

Nicht immer ist dort, wo das Schiff eine große Rolle im täglichen Leben spielt, bei den Inselvölkern und Seefahrernationen, die mythisch-religiöse Bedeutung der Schiffe adäquat; sie ist es aber meistens und besonders bei den sogenannten primitiven Kulturen. Nicht immer auch werden, wenn die mythisch-religiöse Bedeutung wichtig war, Formen des Schiffes auf die Architektur übertragen. Aber es gibt diese formale Beziehung zu verschiedenen Zeiten und in unterschiedlichen Kulturkreisen; das Schiff als Architekturform ist keine Erfindung des 20. Jahrhunderts.

Auch hier müssen einige Stichworte ausreichen.

Im ägyptischen Ammun-Re-Kult hatte die heilige Barke, als Kultgegenstand der Verehrung des Sonnengottes, der gleichzeitig Symbol für den Gott selbst war, erheblichen Einfluß auf den Bau der Tempelanlagen.

Die „heilige Stätte des Urbeginns"[26], Medinet Habu, auf der Westseite von Theben gelegen, wurde durch einen Stichkanal vom Nil erschlossen: „Der Bau gliedert sich in zwei verschiedenartige Trakte. Vor ein gewöhnliches Heiligtum ist ein Barkenheiligtum vom Typ eines Baldachintempels gelegt (...). In der Mitte steht ein längliches Sanktuarium für die Amunsbarke."[27]

Die Sanktuarien sind auf der Vorder- und Rückseite durch Türen verschlossen und durch eine vorgelagerte breite Pfeiler- und Säulenhalle zugänglich. Sie „dienten (...) Götterbildern und Götterbarken als dauernder oder vorübergehender Abstellplatz und setzten voraus, daß diese Götterbilder andere Heiligtü-

mer innerhalb und außerhalb ihres Tempels in Prozessionen besuchten".[28] Dabei benutzten die Götter Barken als Fahrzeuge. Die Architekturform der Sanktuarien gipfelte in Karnak im Bau des „Großen Säulensaales", der als Versammlungsraum der Götterbarken anläßlich der Großen Prozession verwendet wurde: „Die Barken kamen dort aus ihren Heiligtümern und Sanktuarien zusammen, ‚wenn Ammun an den Festen erschien, um die Schönheit des thebanischen Gaus zu schauen'."[29]
In Ägypten war also das gesamte Schiff Symbol, für das entsprechende Bauten geschaffen wurden; die Übertragung und Abstraktion bestand jedoch nicht darin, daß die Formen des Fahrzeugs in die Steinarchitektur übernommen wurden.

Im Unterschied zu Ägypten gab es im antiken Rom in der Tat die symbolische Übertragung einer Schiffsform, des Teils eines Schiffes, der für das Ganze steht, auf ein Objekt der Architektur: die Rostra; nur hatte diese Übertragung keinerlei religiösen Hintergrund, sondern war ursprünglich reiner Machtausdruck.
Die öffentliche Rednertribüne auf dem Forum wurde mit den Schiffsschnäbeln der erbeuteten Schiffe geschmückt. In symbolischer Übertragung wurde das Wort, das das bestimmende Merkmal bezeichnet (rostrum = Schiffsschnabel), für das Ganze, die Rednertribüne, verwendet: für den Ort, an dem die Herrschaft über andere ihren sichtbaren Ausdruck fand.
Das Motiv der Schiffsschnäbel wurde übrigens beim Bau der Petersburger Börse auf der Strelka von Thomas de Thonon erneut aufgenommen (1805) — als Verweis auf die Grundlage römischer Machtfülle, die als Vorbild und historischer Bezugspunkt für Rußland beschworen wird.

Die vollständige Identifikation zwischen dem Schiff als Bestandteil des täglichen Lebens, der mythisch-religiösen Vorstellungswelt und der Architektur (oder Teilen der Architektur) findet sich bei einigen indonesischen Stämmen wie auch bei den Wikingern. Letztere kannten nicht nur die Bestattung im Langschiff, die den Fürsten vorbehalten war, sondern auch die symbolische Darstellung des Schiffs durch Steinsetzungen im Schiffsumriß auf den Gräberfeldern. Außerdem gab es bestimmte Hausformen, die der Form des kielgeholten Bootsrumpfes nachgebildet waren — eine Hausform, die in christlicher Zeit in Irland noch in einigen Bethäusern erhalten ist.[30]
In Südostasien (besonders auf den Inseln Celebes, Sumatra und Neu-Guinea) gab es verschiedene Möglichkeiten der Übertragung von Schiffsformen auf die Architektur:

das Haus in der Form eines an Land aufgebockten Bootes;
das Haus oder nur das Dach als umgedrehter Schiffsrumpf (kieloben);
die Assoziation von geschwellten Segeln in der Dachform;
das Zitat eines Schiffes als Schmuckelement auf dem Dach;
der Schiffsgrundriß als Hausform; oder schließlich
der Schiffsgrundriß als Vorbild für die Anlage des ganzen Dorfes.[31]

In all diesen Spielarten kommt das Boot als das die Gemeinschaft schützende Symbol zum Ausdruck; es ist die Konkretisierung einer bestimmten Idee des Zusammenlebens als streng geordneter sozialer Organisation.

In der christlichen Bilderwelt kommt das Symbol als Schiff der Kirche vor, das durch die Wogen der Welt dem himmlischen Ziel zusteuert: die Vorstellung der Reise verbindet sich mit dem Bild der Arche, der Rettungsidee im geschützten Haus — „Das Leben in dieser Welt ist wie ein stürmisches Meer, durch das hindurch wir unser Schiff bis in den Hafen führen müssen" (Augustinus).[32]
Die Arche wird auch in einer aus der 1. Hälfte des 12. Jahrhunderts stammenden Darstellung zum Bild eines universalen Weltmodells der Kirche, aufgebaut auf den „Konstruktionsangaben" des Alten Testaments.[33]
Dennoch ist die Herleitung vom symbolischen „Schiff der Kirche" zum architektonischen „Kirchenschiff" nicht zwingend. Zwar gab es den Vergleich zwischen dem Bau der Kirche und dem Schiff. In einer frühen Hymne von Cyprian werden der Chor der Kirche mit der Kajüte, der Turm mit dem Mast und die Strebepfeiler mit den Rudern verglichen.[34] Es gab auch, im Barock, Kanzeln in Schiffsform, also einzelne Bauteile, die die allegorische Verbindung von Schiff/Fischer zur Verkündigung des Glaubens herstellten. Wie weit jedoch tatsächlich Kirchenbauten die Schiffsformen bewußt aufnahmen, wie es die Hymne von Cyprian nahelegt, muß fraglich bleiben; wahrscheinlicher ist, daß die Benennung des Hallenraumes der Kirche als „Kirchenschiff" die nachträgliche Gedankenverbindung zur Form des Schiffsrumpfes herstellt, also nicht den Symbolwert „Schiff" meint.

Die Frage ist jedoch in unserem Zusammenhang weniger wichtig als die Tatsache, *daß* die symbolische Verbindung von „Schiff" zu „Kirche", dargestellt im Kirchenschiff, zumindest nachträglich gezogen wurde; so bezeichnet das Grimmsche Wörterbuch 1899 als Kirchenschiff den für die Laien (die Gemeinde) bestimmten Teil der Kirche und nimmt an, die Bezeichnung sei „wol erwachsen aus der alten an die oben besprochenen metaphorischen anwendungen erinnernde auffassung der kirche als eines schiffes, das uns aus dem verderben der sündflut rettet"[35] (schränkt diese Vermutung jedoch durch die Anführung anderer Erklärungsmöglichkeiten ein). Die Gedankenverbindung von Kirchen-„schiff" und Gemeinde geht zurück auf das Schiff als Metapher für eine geschlossene Gemeinschaft — eine Bedeutung, die in säkularisierter Form in der Architektur der zwanziger Jahre aufgenommen wird.

Aus den Beispielen wird deutlich, daß die architektonische Gestaltung von Schiffen als Symbol in der Architektur auf sehr verschiedene formale Art erfolgte, daß aber der zugrunde liegende Gehalt auf gleiche Grundmuster zurückgeführt werden kann: die Bewegung hin „zu neuen Ufern"; nicht die — immerhin denkbare — *Angst* im schwankenden Boot, sondern die *Hoffnung*, sich in einem Meer von Feinden durch die Sicherheit bietende Gemeinschaft von Gleichgesinnten zu behaupten.

Die Hoffnung bezeichnet aber den utopischen Charakter des Bildes, die Hoffnung auf eine bessere Welt im Bild des Schiffes — eine Utopie, die gleichzeitig auf das unvollkommene Heute verweist. Wenn die These von der Unfähigkeit unserer Zeit zur Herstellung von Symbolen richtig ist, in denen sich der einzelne als Teil einer Gemeinschaft wiedererkennen kann, dann würde es bedeuten, daß ihm auch die Fähigkeit zur Utopie verloren gegangen ist: Bloch sieht das als Kennzeichen einer niedergehenden, alten Gesellschaft; es ,,stellt sich bei denen, die aus dem Niedergang nicht herausfinden, Furcht vor die Hoffnung und gegen sie"[36] — die Empfindung von Chaos und Monotonie als Ausdruck der Angst, als rückwärts gewandte und damit fruchtlose Hoffnung?

# Begriffliche Abgrenzung

Im einleitenden Teil der Arbeit, der dazu dienen sollte, das Umfeld zu bestimmen, in das diese Untersuchung eingebettet ist, wurde der Begriff des Symbols undiskutiert in den jeweiligen Kontexten belassen.
Dabei zeigt sich die Schwierigkeit, daß dieser Begriff unterschiedlich verstanden wird. Das macht es notwendig, den hier verwendeten Bedeutungszusammenhang kenntlich zu machen.
Die Reihenfolge des Vorgehens ergibt sich daraus, daß das architektonische Symbol als Kommunikationsmittel, als Zeichen für etwas verstanden wird; die weitergehende Fragestellung nach der Gesellschaftsgebundenheit jeder Art von Kommunikation, damit auch des Symbols, folgt daraus.
Eine allgemeine lexikalische Definition kann also nur den allgemeinen Rahmen des Wortsinns angeben:

> „Symbol – Merkmal, Wahrzeichen; etwas, was auf ein anderes, von ihm Verschiedenes hinweist, dieses repräsentiert, ohne von diesem anderen kausal hervorgebracht zu sein."[37]

Becker und Keim weisen darauf hin, daß jeder Versuch einer begrifflichen Abgrenzung bereits unter einem eingeschränkten Blickfeld entwickelt wird; ihre „eigene Begriffsbildung (für das Symbol, A.d.V.) ist orientiert an dem Themenbereich ‚Wahrnehmung in der städtischen Umwelt'".[38]
Davon ausgehend versuchen sie, in einem katalogähnlichen Verfahren die Bandbreite im Verständnis des Begriffs abzustecken. Es ist jedoch sinnvoller – wenn man schon den eingegrenzten Gültigkeitsbereich einer Definition erkennt – die Anforderungen zu bestimmen, die an diese gestellt werden, und von dort zu einer Begriffsbestimmung zu gelangen. Hier sollen besonders zwei Aspekte untersucht werden, nämlich einmal der Charakter des symbolischen Zeichens als Kommunikationsmittel, zum anderen die gesellschaftsprägende Kraft des Symbols durch die Untersuchung seiner Rezeption.[39]

## Architektur als „Zeichen"

Das Problem einer Definition des Symbols im Bereich der Architektur liegt in der Mehrschichtigkeit jedes architektonischen Elements; es ist zuerst in seinem architektonischen Kontext zu bestimmen als baukonstruktives, bauphysikalisches oder funktionales Teil; es verweist immer auch auf sich selbst, seine eigene

Gegenständlichkeit in einem Gesamtzusammenhang — gleich, ob dieser durch ein Gebäude oder eine Stadt definiert ist. Wie weit das jedoch überhaupt in reiner Form möglich ist, ob nicht einfach durch die materielle Erscheinungsform immer auch andere Bedeutungen zwangsläufig gegeben sind, kann vorläufig unerörtert bleiben, solange es um die Intention geht, mit der ein Element in die Architekturform eingegangen ist.

Die praktische Notwendigkeit, ein Haus mit einem Dach zu versehen, kann zu einer Konstruktion führen, die der eines kielgeholten Schiffsrumpfes ähnlich ist; in den gebogenen Sparren des Daches schleswig-holsteinischer Scheunen können die Spanten eines Bootes erkannt werden, und lokale Traditionen des Handwerks lassen eine Verbindung in der Bautechnik vermuten. Dennoch ist hier nicht mehr als Schutz gegen Witterungseinflüsse gemeint, so daß von einer bewußt symbolischen (oder auch nur zeichenhaften) Bedeutung nicht gesprochen werden kann.

In einer nächsten Ebene ist vorstellbar, daß ein Bootsschuppen oder das Clubhaus eines Segelclubs bewußt in Formen gebaut sind, die die Assoziation „Schiff" hervorrufen sollen. Das wäre eine Abbildung, die nur den Inhalt „Schiff" meint, nicht Inhalte, die über den Gegenstand „Schiff" hinausgehen, also dieses z. B. als Metapher für „Rettung" verstehen.

Diese Art der Verwendung architektonischer Formen ist abzugrenzen gegen eine dritte Ebene, die mit der architektonischen Abbildung eines Gegenstandes mit diesem verbundene, abstrakte Inhalte zu vermitteln sucht; geistige Gehalte, die in der Architektur über das Medium dieses Gegenstandes vermittelt werden sollen.

Unabhängig von diesen drei Möglichkeiten ist die Frage zu verfolgen, auf welche Weise die jeweilige „Abbildung" erfolgt: Versucht das Haus als Ganzes das Bild eines Schiffes hervorzurufen oder wird durch einzelne schiffsmäßige Bauteile oder Grundrißformen, die sich in einen anderen Zusammenhang fügen, das Schiff assoziiert? Nach einer Definition von Vogt — „unter ,Abbildender Architektur' verstehe ich einen Bau, der einen anderen Bau nachzubilden sucht"[40] — würde nur die erste der genannten Möglichkeiten als „abbildende Architektur" zu bezeichnen sein.

Die genannten drei Ebenen der Verwendung (nicht unbedingt: des Verständnisses) eines Motivs können im Bereich der Semiotik mit den von Charles Peirce verwendeten Begriffen des Indexes, des Ikons und des Symbols in Beziehung gebracht werden, so daß ein Ansatz gegeben wäre, den Symbolbegriff von der Semiotik her zu fassen und ihn gegen andere Zeichenformen abzugrenzen.

Daher soll im folgenden untersucht werden, ob die Semiotik schlüssige und handhabbare Abgrenzungen liefert.

Grundsätzlich wird dabei ihre Grundlage im Hinblick auf die Architektur akzeptiert, daß nämlich diese (auch) ein Mittel der Kommunikation ist, daß sie aus entschlüsselbaren Zeichen besteht, die dem Betrachter etwas mitteilen. Da das so ist, da man Architektur als Versuch verstehen kann, etwas mitzuteilen, muß sie

grundsätzlich auch verstanden werden können (das heißt jedoch nicht unbedingt, daß ihre Begriffe und Aussagen in verbale Sprache übersetzt werden können).
Peirce hat, als einer der Begründer einer Theorie der Zeichen, um die Jahrhundertwende die Funktionen der Zeichen untersucht und sie in der genannten Weise nach ihrem Zusammenhang mit ihrem Referenten, also dem bezeichneten Gegenstand, unterschieden. Danach ist das Index-Zeichen „jene minimale Form eines Zeichens, das nur gerade sich selbst bedeutet"[41] oder, anders ausgedrückt, „ein Zeichen, bei dem ein physischer Zusammenhang zwischen Zeichen und bezeichnetem Gegenstand besteht".[42]
Jencks interpretiert den Peirceschen Index-Begriff, indem er auf dessen existentielle Bindung verweist: „Eine Architektur, die sich aus Index-Zeichen zusammensetzt, wäre die allerwörtlichste; sie wäre am allerwenigsten symbolisch oder metaphorisch."[43]
Das würde auf die bereits als Beispiel herangezogene Dachkonstruktion zutreffen, obwohl sie konstruktive Ähnlichkeiten mit dem Spantenriß eines Bootes hat. Es trifft aber nur solange zu, bis man nicht auf die Assoziation „Schiff" beim Anblick des Dachstuhles kommt. Das begriffliche Problem liegt eben darin, daß es kein Zeichen gibt, „das nicht *irgendwie* metaphorisch übertönt ist"[44] oder „daß sich jedes Zeichen, je nach den Umständen, unter denen es auftritt, und nach dem Designationszweck, zu dem man es verwendet, sowohl als Index wie als Ikon wie als Symbol auffassen läßt"[45]. Der „Designationszweck" des Dachstuhles ist nicht auf die Assoziation „Schiff" gerichtet; dennoch muß er als „Index" fragwürdig sein, solange jemand die entsprechende Assoziation hat.
Auf die Probleme, die sich im Hinblick auf den Begriff des Index im Rahmen einer versuchten Begriffsbestimmung noch sehr viel weniger eindeutig darstellen, als es hier zur Vereinfachung geschehen ist, geht Eco ausführlich ein und kommt zu dem Schluß, daß der Peircesche Index für eine vollständige begriffliche Abgrenzung nicht ausreichend sei.[46]

Dasselbe gilt für den Begriff des Ikons, und zwar auf zwei Argumentationsebenen, die wiederum durch Eco und Jencks repräsentiert werden sollen. Schon Peirce unterscheidet im Rahmen der Definition des Ikons drei Unterabteilungen, nämlich Bilder, Diagramme und Metaphern. Eine eindeutige begriffliche Bestimmung, die Abgrenzung dieser Art des Zeichens, wird allein dadurch kompliziert und damit wenig operabel, so daß auch Eco daran verzweifelt:

> „Paradoxerweise ist *die* Definition des Ikons am befriedigendsten, die ihm die Zeichenhaftigkeit abzusprechen scheint: für Morris liegt vollkommene Ikonizität dann vor, wenn das Zeichen mit dem von ihm Bezeichneten zusammenfällt.(...)
> Das Argument ist weniger paradox, als es den Anschein hat, denn man kann und muß annehmen, daß alle Gegenstände, auf die wir uns durch Zeichen beziehen, ihrerseits wieder zu Zeichen werden, wobei es also zu einer *Semiotisierung des Referenten* kommt."[47]

Während Eco die eindeutige Abgrenzung des Begriffs für unmöglich hält, geht Jencks pragmatisch auf den Aspekt der ikonischen Architektur ein, bezieht also den allgemeinen Zeichenbegriff auf gebaute Form:

> „Im ikonischen Zeichen liegt eine Verbindung von Klang und Sinn oder von Zeichen und Bezeichnetem vor. In der ikonischen Architektur ähneln Umrisse und Formen eines Gebäudes dessen Funktionen oder dessen Charakter."[48]

Jencks kommt es nicht darauf an, mögliche Unklarheiten der Peirceschen Terminologie aufzudecken; er kritisiert vielmehr diesen Wesenszug der modernen Architektur (Sichtbarmachung der Funktion) deswegen, weil die Form nicht eindeutig sei; die Ikone können (und werden) anders verstanden, als es beabsichtigt ist. Er zieht daraus den Schluß, daß in der Architektur die Verwendung indexikalischer und ikonischer Zeichen als Grundlage der Kommunikation nicht ausreiche, sondern daß „zusammengesetzte Zeichen"[49] formuliert werden müßten. Jede architektonische Aussage müsse also auf verschiedenen Ebenen und in verschiedenen Zeichenformen artikuliert werden (wir werden auf dieses „overcoding" im Schlußkapitel unter dem Aspekt einer Weiterentwicklung der modernen Architektur eingehen).

Grundsätzlich kann jedes Zeichensystem auf Unverständnis stoßen; auch die eindeutige mathematische Formel wird nicht oder falsch übersetzt, wenn der Empfänger die Bedeutung der Begriffe nicht kennt. Es wäre dann nur *eine* Möglichkeit, Kommunikation in der Architektur durch „zusammengesetzte Zeichen" oder Übercodierung (oder, polemisch, durch Tautologien) zu erreichen; die andere, bessere, wäre, ein Vokabular zu entwickeln, das eindeutig verstehbar ist.

Dieses Vokabular spricht Jencks selbst an, wenn er im Hinblick auf den Klassizismus auf dessen Grundlage aus „zeitbedingten Konventionen und nicht auf funktionellen Universalien"[50] verweist: „Diese Konventionen — oder Gewohnheiten, die von Regeln bestimmt wurden — sind ein perfektes Beispiel für das *symbolische* Zeichen im Sinne von Peirce."[51] Das Symbol hat danach keine erkennbare Beziehung zwischen Art und Form des Zeichens und dem bezeichneten Gegenstand, es ist „ein willkürliches Zeichen, dessen Beziehung zum Gegenstand durch eine Regel festgelegt wird".[52]

Damit ist ein kurzer Überblick gewonnen über die Bestimmung von Zeichen nach ihrem unterschiedlichen Bezug zum bezeichneten Gegenstand, wie sie Peirce als erster vorgenommen hat; dabei wurden die Definitionen unter dem Aspekt ihrer Eindeutigkeit, damit ihrer Verwendbarkeit kritisch geprüft. Bezogen auf die Eindeutigkeit von Begriffen in der Semiotik ergibt sich jedoch noch ein weiteres Problem, das das Vokabular recht fragwürdig macht. Jencks weist selbst in einer Fußnote seines zitierten Aufsatzes darauf hin, er habe die Begriffe von Peirce denen von Ferdinand de Saussure vorgezogen — „Aufteilung des Zeichens in Signal (Index), Symbol (Ikon) und Zeichen (Symbol), weil Peirce weniger

verwirrend ist".⁵³ Und Eco nennt allein für das Peircesche „Zeichen" fünf weitere Synonyme anderer Wissenschaftler, so daß die Schwierigkeit im Rahmen der Semiotik besteht, einmal überhaupt ein schlüssiges und abgrenzbares Vokabular zu gewinnen für die Erscheinungsformen von Zeichen, und zum anderen darin, der Tendenz, *alles* als Mittel der Kommunikation zu verstehen, pragmatische Abgrenzungen von Kommunikationsmedien entgegenzustellen.⁵⁴
Eco selbst sieht die Gefahr der Tautologie einer Zeichentheorie durchaus.⁵⁵ Dennoch versucht er am Schluß seiner Untersuchung, definitorische Abgrenzungen von Begriffen und Funktionen im Rahmen eines Kommunikationssystems, denen er selbst bescheinigt, „die Theorie einer künstlichen Intelligenz"⁵⁶ zu sein, die jedoch, trotz (oder wegen) dieser Abstraktion, geeignet seien, auf einer allgemeinen Ebene die Zeichenprozesse zu erläutern. Wegen dieser allgemeinen Gültigkeit werden sie hier in den Teilen erläutert, die für die weitere Untersuchung wichtig sind.

Zunächst werden Zeichenbegriff und Kommunikationsprozeß beschrieben:

„Ein Zeichen liegt dann vor, wenn durch Vereinbarung irgendein Signal von einem Kode als Signifikant eines Signifikats festgelegt wird. Ein Kommunikationsprozeß liegt vor, wenn ein Sender bewußt kodierte Signale mittels eines Sendegeräts überträgt, das sie über einen Kanal schickt."⁵⁷

Trotz der Ausdrucksweise, die einer künstlichen Intelligenz angemessen sein mag, ist — auch im Hinblick auf jedes Symbolverständnis (und jedes Symbol ist als Zeichen in einem Kommunikationsprozeß zu verstehen) — festzuhalten, daß für das Verständnis eines Zeichens eine Vereinbarung mindestens zwischen zwei Menschen über dessen Bedeutung bestehen muß und daß die Kommunikation zwischen diesen zwei Menschen ein bewußter Vorgang ist.

„Jeder Gegenstand, auf den ein Zeichen bezogen wird, kann seinerseits zum Signifikanten für das Signifikat des ursprünglichen Signifikanten werden oder sogar zum Signifikanten, dessen metasprachliches Signifikat der ursprüngliche Signifikant ist."⁵⁸

Was Eco hier das „Gesetz der Progressivität des Zeichenprozesses" nennt und was die gegenseitige Abhängigkeit und Ambivalenz von Zeichen und Bezeichnetem beschreibt, ist gerade für eine Architektur wichtig, die mit gegenständlichen Motiven (auch als „abbildende Architektur") arbeitet. Denn sie kann meist keine vollständige Abbildung des Beabsichtigten geben (oder will es nicht); der Tempel, der aus dem Wohnhaus entwickelt ist, und das Wohnhaus, das Formen des Tempelbaus enthält, stellen eine sich wechselseitig erläuternde Einheit dar.
In diesem Zusammenhang ist auch auf den Begriff der Konnotation durch ein Zeichen zu verweisen, mit dem gemeint ist, daß durch den im Zeichen dargestellten Gegenstand auch noch Nebenbedeutungen bezeichnet werden können.⁵⁹
Eco selbst (und, darauf aufbauend, Magnago-Lampugnani⁶⁰) unterscheidet *primäre Funktionen*, die denotiert werden, und *sekundäre Funktionen*, die

konnotiert werden. Diese Unterscheidung in Funktionen, die sich auf den unmittelbaren, materiellen Gebrauch (utilitas) beziehen — und die bei der Zweckgebundenheit von Architektur erst den Anlaß zum Bau überhaupt geben — und in Funktionen, die die „kommunikativen Bestimmungen eines Gegenstandes"[61] umfassen, ist zweckmäßig, weil sie es erlaubt, die „symbolischen" Bedeutungen der Architektur zu isolieren. Diese werden nach Eco konnotiert; jedoch darf man die beiden Begriffe — Denotation und Konnotation in bezug auf die primäre und die sekundäre Funktion — nicht als Rangfolge der Bedeutung mißverstehen; im Extremfall, gerade im Bereich der abbildenden Architektur, kann sich diese Beziehung sogar umkehren.

Damit ist im Rahmen einer groben Übersicht über die Ecosche Zeichentheorie (die jedoch, wenn auch teilweise mit anderen Begriffen, allgemein für den Bereich der Semiotik Gültigkeit hat) der letzte wichtige Teil angesprochen, der Bereich des Verstehens der Zeichen.

Dieses Verstehen ist nur auf der Grundlage von Codes möglich, von „Verständigungsvereinbarungen". Ein Code

> „stellt die Regel für die Korrelation von Ausdruckselementen zu Inhaltselementen auf, nachdem er vorher beide Ebenen zu einem formalen System organisiert (...) hat.(...) Ein Kode liegt nur dann vor, wenn es eine konventionalisierte und sozialisierte Korrespondenz gibt (...).”[62]

Die Schwierigkeit im Verständnis von Zeichensystemen entsteht, sobald keine eindeutigen Codes für ein bestimmmtes Zeichen vorliegen oder wenn der „Empfänger" etwas anderes versteht, als der „Sender" gemeint hat (darin liegt sicherlich ein wesentliches Problem der modernen Architektur).[63] Gerade im Bereich der künstlerischen Produktion ist diese Schwierigkeit besonders groß, die in der möglichen Bandbreite von „zu großer Originalität (damit unverständlich)" und „zu geringer Originalität (damit langweilig bis zum Plagiat)" liegt. In der Unmöglichkeit der eindeutigen Codierung der künstlerischen Produktion liegt der Spielraum der Interpretation, die wiederum zur Festlegung des Codes dienen kann:

> „Das Ergebnis der Interpretation kann erst dann von einer Gemeinschaft akzeptiert und den bestehenden Kodes (...) eingefügt werden, wenn ein gelungener Interpretationsakt durch seine Interpretanten kommuniziert und von der Allgemeinheit akzeptiert wird."[64]

Dabei stellt sich die Frage, wie eine neue Bedeutungsfunktion im Zeichen ausgedrückt werden soll, wenn doch der Code, nach dem dieses entschlüsselt werden kann, erst aufgrund gesellschaftlicher Übereinkunft (also durch Konvention) entwickelt wird.

Die neue Bedeutung kann ohne Code, ohne Konvention nicht entschlüsselt werden, und der Code kann nicht neu sein, weil er dann nicht entschlüsselt werden kann. Die Entschlüsselung kann vielmehr nur über vorhandene Codes vorgenommen werden —

„so kann ein Gegenstand, der eine neue Funktion fördern soll, in sich selbst, in seiner Form Hinweise zur Dekodierung der noch ungenannten Funktion enthalten, doch nur unter der Bedingung, daß er sich an Elemente vorausgegangener Codes anlehnt (...)."[65]

Auch diese Feststellung kann wieder einen Hinweis dafür liefern, warum die radikale Abkehr der modernen Architektur von ihren Vorgängern — genauer: ihre als „radikale Abkehr" verstandene Entwicklung — durch die Gesellschaft so nachhaltig abgelehnt wird; das Verbindungsglied zum Verständnis, die „Elemente vorausgegangener Codes", fehlten. Die Verwendung bestimmter architektonischer Motive aus dem Bereich der abbildenden Architektur jedoch, die das Thema dieser Untersuchung bilden, sollte genau diese Verständigungslücke schließen.

## Das „architektonische Zeichen" als Mittel der Kommunikation

Manfred Kiemle baut die Informationsästhetik als Wissenschaft auf vier verschiedenen Fachgebieten auf:

Zeichentheorie,
mathematischer Informationstheorie,
Informationspsychologie und
Soziokybernetik.[66]

Er verwendet nicht einen allgemeinen Zeichenbegriff wie die Semiotik, sondern spricht vom „ästhetischen Gegenstand", schränkt also das Zeichen ein auf „alle Objekte (...), die vom Menschen bewußt verfertigt wurden".[67] Zum *Bewußtsein* der Herstellung eines „ästhetischen Gegenstandes" ist die *Entscheidung* Voraussetzung, d.h. die Auswahl aus einer vorhandenen Bandbreite von Möglichkeiten. Auf die Architektur bezogen bedeutet dies, daß der Architekt (als „Sender") die architektonischen Elemente als gezielte „Nachricht" (Zeichen) sendet: also entwirft. Diese Zeichen müssen vom Empfänger, dem „wahrnehmenden Betrachter"[68], als solche, als „Nachricht", erkannt, und sie müssen, darüber hinaus, verstanden werden.

Im Verlauf seiner Untersuchung versucht Kiemle mit den Mitteln der Informationstheorie auf mathematischer Basis den Informationsgehalt architektonischer Formen zu ermitteln; dieser Aspekt ist hier nur insoweit interessant, als auch Kiemle — wenngleich unabhängig von der Frage nach der Notwendigkeit des architektonischen Symbols — zu dem Ergebnis kommt, die moderne Architektur sei informationsarm; es gibt „nahezu keine Möglichkeit mehr, ästhetische Information entstehen zu lassen".[69] Dieser Hinweis ist deshalb wichtig — trotz der Ausklammerung der Frage nach der Qualität der Information (die Tatsache, *daß* eine Information geliefert wird, kann allein noch nicht hinreichend sein für eine emotionale Bindung zwischen Bauwerk und Betrachter) —, weil damit auch die Fähigkeit zur Bildung von Symbolen (die in diesem Sinne Information sind) infrage gestellt wird.

Kiemle stellt darüber hinaus ein Überwiegen der syntaktischen Zeichenfunktion bei Gebäuden der modernen Architektur fest. Damit bezieht er sich auf die Unterscheidung der Zeichenfunktionen in syntaktische, semantische und pragmatische, wie sie Charles Morris entwickelt und Colin Cherry weitergeführt hat. Danach bezieht sich die *syntaktische Zeichenfunktion* auf die Beziehung zwischen den einzelnen Zeichen, „wenn man von seiner Bedeutung und seinen Benutzern abstrahiert (...). Es handelt sich um die rein formalen Beziehungen zwischen den Zeichen, um Regeln der Verknüpfung, um Ordnungs- und Anordnungsfunktionen."[70] Dagegen besteht die *semantische Zeichenfunktion* „in der Zuordnung von Zeichen zu Bedeutungen"[71], befaßt sich also mit dem, was erst den Sinn der als Zeichen verstandenen Form ausmacht, der Botschaft die durch das Zeichen übermittelt wird oder werden soll. *Die pragmatische Zeichenfunktion* schließlich bezieht in das Schema „Zeichen: Bedeutung" den Empfänger ein; sie beschäftigt sich „mit allen Aspekten eines konkreten Kommunikationsereignisses, mit der Wirkung von Zeichen und Nachrichten auf ganz bestimmte Perzipienten in bestimmten Situationen".[72] Dieser Aspekt ist gerade in der heutigen Architektur von besonderem Gewicht, wo die Kluft zwischen ihrer intendierten und ihrer rezipierten Bedeutung beträchtlich ist.
Kiemle sieht in der Entwicklung der modernen Kunst und damit auch in der Architektur den Übergang von der „vornehmlich semantischen zur syntaktischen Zeichendimension"[73]; was in der Kunst bis zur Jahrhundertwende dienende Funktion hatte — die technisch-konstruktiven Elemente des Bauens genauso wie beispielsweise Maltechniken in der Bildenden Kunst — , emanzipiert sich und gewinnt unter Zurückdrängung der „Inhalte" eigene Bedeutung:

> „Wie in der modernen Malerei und Plastik hat auch in der modernen Architektur eine Befreiung der Materialien stattgefunden. Präsentation ist an Stelle von Repräsentation getreten (...). An die Stelle des Ornaments aus Stein ist die Präsentation des Steins selbst getreten."[74]

Das besagt nicht, daß es keine Zeichen, keine Symbole in der modernen Architektur mehr gibt; diese wären vielmehr auf einer anderen als der bisherigen Ebene zu suchen. Es fragt sich, ob nicht genau das der Grund dafür ist, warum die moderne Architektur (und mit ihr die gesamte moderne Kunst) nicht oder falsch verstanden wird, es fragt sich ferner, ob die syntaktische Zeichenfunktion in der Lage ist, überhaupt die Komplexität der semantischen zu erreichen.
Kiemle stellt selbst fest, „daß weite Bereiche der modernen Architektur für einen ästhetischen Wahrnehmungsprozeß zu informationsarm sind."[75] Nun kann es zur Herstellung einer gebauten Umwelt, mit der man sich identifizieren kann, nicht ausreichen, z.B. auf der syntaktischen Zeichenebene einfach nur „mehr Information" ästhetischer Art zu geben, indem man beispielsweise mehr Schmuckelemente verwendet; wenn diese als „Information" verstanden werden, dann muß auch ihre Bedeutung berücksichtigt werden. Das läßt den Schluß zu, daß die syntaktische Zeichenfunktion *allein* nicht ausreicht; zur korrekten Entschlüsse-

lung der Bedeutungen sind auch die semantische und die pragmatische erforderlich. Das *Bedürfnis* der Menschen, Bauten (auch gegen die Intentionen des Entwurfs) im semantischen Sinn zu verstehen, läßt sich unschwer nachweisen — ob nun das Hochhaus als „Kiste" oder „Silo" oder die Berliner Kongreßhalle als „schwangere Auster" bezeichnet werden.[76]

Kiemles Position wird von drei Seiten her infrage gestellt. Er selbst überlegt, „ob hier (in der Forderung nach semantischen Bezügen, A.d.V.) nicht eine Orientierung an der klassischen, traditionellen Ästhetik vorliegt".[77] Die verstärkte Berücksichtigung semantischer Funktionen wird von ihm nur als Hilfsmittel zur Erhöhung des Informationsangebotes gewertet; die eigentliche „architektonische Aussage" könne „nicht in irgenwelchen verschwommenen ‚Inhalten', ‚Symbolen' und ‚ideellen Hintergründen'"[78] gesucht werden.

Warum das so ist — zum ersten Mal in der Geschichte der Architektur —, dafür steht der Beweis aus; die Tatsache der absoluten Priorität der syntaktischen Ebene in der modernen Architektur reicht als Beleg dafür schwerlich aus, daß sich damit auch die bisherigen Rezeptionsbedingungen des Menschen geändert haben, daß in dieser Ebene *allein* auch die Bedeutung gesucht werden muß. Der Beweis wäre erst zu führen, daß die Menschen unserer Zeit keinen „Symbolgehalt der Form"[79] benötigen, *obwohl* es ihn bisher immer gegeben hat, nicht umgekehrt zu behaupten, er sei nicht notwendig, *weil* es ihn heute nicht mehr gebe. Denn der andere Weg führt dazu, „daß nicht ihre (der informationsästhetischen Semiotik, A.d.V.) Begriffe einen architektonischen Untersuchungsgegenstand erklären und strukturieren, sondern, faktisch umgekehrt, Architekturbeispiele zur Erklärung einer Terminologie herangezogen werden".[80]

Einen anderen Einwand bringt Walfried Pohl in seiner Kritik an der Kiemleschen Arbeit.

Er bezweifelt, ob die Annahme des Wandels auf der Informationsebene — von der semantischen vor-modernen zur syntaktischen modernen — überhaupt richtig sei; er geht vielmehr davon aus, die syntaktische Zeichenebene habe zu allen Zeiten überwogen — alles andere wird bei ihm als „Abweichung vom Normalzustand"[81] bezeichnet. Er reduziert die Wirkung von Architektur auf „Raumerlebnisse", die nur sekundär auch Symbolcharakter haben könnten:

> „Primär bleibt das Raumerlebnis als Prozeß ästhetischer Wahrnehmung (...). Der unmittelbaren Wirkung von Architektur entspricht eine semantische Leere, die es erlaubt, Architektur zusätzlich mit semantischer Information anzureichern. Sie wird damit zum Träger von Zeichenträgern. Diese Verbindung kann so eng sein, daß sie ohne Zerstörung der Architektur nicht zu lösen ist, doch bleibt sie immer eine Symbiose zwischen zwei klar zu unterscheidenden Partnern (...)."[82]

Das bedeutet die Reduktion der semantischen Ebene auf rein dekorative Elemente („Gemälde, Mosaik, Statue, Relief, Ornament, Schriftzug, Wappen oder Marke")[83] und eine kaum überzeugende Trennung von „Raumerlebnis" und

„Bedeutung"; es ignoriert, daß die primären architektonischen Elemente Raum, Körper und Fläche gleichermaßen zur semantischen Aussage fähig sind. Die architektonische Aussage einer mittelalterlichen Kathedrale basiert nicht allein auf dem Figurenschmuck, sondern ebenso — wenn nicht unmittelbarer und stärker — auf der Form ihres Grundrisses oder der Höhe ihres Turmes wie auch auf dem „himmlischen" Raumerlebnis. Die „Verwendung ikonischer Zeichen" auf die abbildende Architektur zu beschränken und als „amüsantes Randphänomen"[84] abzutun, kann das Problem der Verständnisschwierigkeiten der modernen Architektur nicht lösen, das auf einer anderen Ebene liegt; die Mehrdeutigkeit einer Architektur, die nicht bewußt semantische Assoziationen anstrebt, ist Kennzeichen nur der modernen Architektur und bezeichnet ihre „Sprachlosigkeit"; sie ist jedoch nicht allgemeines Merkmal von Architektur überhaupt, wie es Pohl nahelegt.[85]

Schließlich findet Vittorio Magnago-Lampugnani eine originelle Wendung, um zu erläutern, warum auf allen drei Ebenen der Zeichenfunktion — der semantischen, syntaktischen und der pragmatischen — sich der Zeichencharakter von Architektur darstellen müsse. Er definiert zunächst die ästhetische Botschaft als eine, die „eine mehrdeutige kommunikative Struktur ist, die ihren Code in Frage zu stellen vermag (...). Ihre Entzifferung kann auf verschiedene Arten geschehen und in verschiedene Richtungen gehen (...)."[86]
Diese Definition berücksichtigt sowohl die Möglichkeit, Informationen auf mehreren Ebenen der Zeichenfunktion zu vermitteln, als auch die schon erwähnte Forderung von Jencks nach möglichst vielen Zeichen, die auf denselben Inhalt hinweisen können: 'Multivalence is of the greatest value in imaginative works'[87]; nur bezieht Jencks diese Vieldeutigkeit, das „Sprechen auf mehreren Ebenen", auf denselben Inhalt.
Dem jedoch widerspricht Magnago-Lampugnani; er hält es vielmehr für das Wesen der vielfältigen ästhetischen Botschaft, Verwirrung stiften zu sollen; nicht der Versuch wird angestrebt, mögliche Mißverständnisse dadurch auszuschließen, daß man mit mehreren „Zeichen" dasselbe sagt, sondern es

> „geht im Gegenteil um das Mißverständnis selbst, das sogar willentlich herbeigeführt wird. Erst eine solche mehrdeutige Botschaft, die zur Frage treibt, was sie denn heißen soll, (...) beobachtet man automatisch um zu sehen, wie sie gemacht ist, und weniger um zu erfahren, was sie nun genau besagen will."[88]

Nun ist es recht zweifelhaft, ob — über unsere heutige Architektursituation hinaus, die unter dem Mißverstehen zwischen Publikum und Gebäude leidet —, eine Architektur erstrebenswert ist, die dieses Mißverstehen bewußt fördert; die Vielbödigkeit der Botschaft kann nur dann sinnvoll sein, wenn sie auf *einen* Inhalt verweist: Dann liegt ihr Sinn darin, durch die Vielfalt der Codes möglichst viele Gruppen einer pluralistischen Gesellschaft zu erreichen, um eindeutig für viele zu sein: nicht Vieldeutigkeit, sondern Komplexität.

Das schließt die Notwendigkeit des Gleichgewichts einer „kommunikativen Dialektik" nicht aus:

> „Auf der einen Seite steht die völlig mehrdeutige Nachricht, die zwar unendlich informativ ist, vom Empfänger aber nicht mehr als Botschaft entschlüsselt werden kann; auf der anderen die absolut eindeutige Nachricht, die ihrerseits leicht und präzise decodierbar ist, dafür aber keinerlei informativen und ästhetischen Wert hat, weil sie keine Deutung außer ihrer primären zuläßt."[89]

Aber es fehlt der Hinweis auf den Code: die mehrdeutige Nachricht ist entschlüsselbar, wenn man den Code kennt.

Der Versuch, der Semiotik, auch unter Zuhilfenahme der Informationsästhetik, eindeutige, operable Begriffsabgrenzungen abzugewinnen, die den eingangs genannten Ebenen möglicher Bedeutungen eines architektonischen Zeichens adäquat sind, muß also als teilweise gescheitert angesehen werden. Zwar gelingt es, den Vorgang der Kommunikation zwischen Zeichen und Empfänger zu klären; aber die Tendenz der Semiotik, einerseits alles zum Zeichen und damit zum Bedeutungsträger zu machen, andererseits jedoch möglichst im lexikalischen Sinne eindeutige Zeichen-Bedeutung-Relationen herzustellen, erweist sich für diesen pragmatischen Ansatz als ebensowenig brauchbar wie die Bestrebung der Informationsästhetik, mit der (aus der Semiotik hergeleiteten) Abgrenzung in syntaktische, semantische und pragmatische Zeichenfunktionen die Frage nach der „Bedeutung" von Architektur, nach dem „Inhalt ihrer Sprache"[90] zu relativieren.

Den lexikalischen Anspruch hat inzwischen die Semiotik selbst aufgegeben; Roland Barthes stellt lakonisch fest, „daß ein Begriff der Semantik, der noch vor einigen Jahren von grundlegender Bedeutung war, hinfällig geworden ist, und zwar der Begriff des Lexikons im Sinn einer Auflistung von sich entsprechenden Signifikanten und Signifikaten".[91] Vielmehr wird die Bedeutung der Korrelationen hervorgehoben, der Beziehung zwischen den Zeichen, des Kontextes, aus dem heraus erst ein Zeichen verstanden werden kann.

## Zu Entstehung und Funktion des Symbols

Der semiotische Zeichenbegriff leidet daran, daß er zu mechanistisch, zu sehr aus der mathematischen Logik hergeleitet ist. Was aber bei den Wörtern in der Linguistik gehen mag (wiewohl auch das zu bezweifeln ist), läßt sich weder auf die „Architektur als Sprache" übertragen noch auf einen Symbolbegriff, der seine Bedeutung erst aus der Beziehung zu bestimmten Menschen in bestimmten gesellschaftlichen Gruppierungen gewinnt. Nachdem also auf einer abstrakteren Ebene die Kommunikation als Vorgang geklärt ist, wird dieser im folgenden auf das Zeichenverständnis beim Individuum wie bei der Gesellschaft bezogen, auf das Zeichen als Symbol, das als solches verstanden wird. Dabei wird zunächst darauf verzichtet, eine unmittelbare Beziehung zwischen architektonischer Form und Symbolverständnis herzustellen.

## Der „symbolische Apparat"

Der französische Anthropologe Dan Sperber stellt der Semiotik, die das Zeichen als Kommunikationsmittel versteht, das „nach dem Muster der Beziehungen zwischen Laut und Sinn in der Sprache"[92] funktioniert, eine Auffassung von Symbolbildung aus einem „autonomen Apparat" des Menschen entgegen. Er meint,

> „daß es sich um einen autonomen Apparat handelt, der neben den Mechanismen der Wahrnehmung und des Begriffsapparates an der Herausbildung des Wissens und dem Funktionieren des Gedächtnisses teilhat (...). Gewiß greift die Symbolik (...) entscheidend in die soziale Kommunikation ein, aber dies ist keine konstitutive Funktion der Symbolik, die es erlauben würde, ihre Struktur vorauszusehen."[93]

Diese These begründet Sperber mit vier wesentlichen Unterschieden zwischen Sprache und Symbolik:

Die Symbolik ist nicht auf ein Medium des Entstehens oder der Übermittlung angewiesen, ein Symbol kann sowohl visuelles Zeichen, akustisches Signal als auch gesellschaftliches Ritual sein;

die einzelnen symbolischen Gegebenheiten sind nicht zu einem Gesamtsystem zu ordnen (das dann zwangsläufig andere ausschließt), wie es eine Sprache ist;

die symbolischen Gegebenheiten sind in ihrer jeweiligen Gesamtheit bei jedem Individuum verschieden, können aber auch nur vom Individuum in einer Art verstanden werden;

der Symbolapparat wird durch neue Gegebenheiten ständig verändert: „er ist nicht nur Gegenstand eines Lernens, sondern ein stetes Lernen ist einer seiner Gegenstände".[94]

Unabhängig von der Frage, ob Sperber die Semiotik und ihr Symbolverständnis richtig charakterisiert (sein Begriff von Semiotik schein sehr stark durch die französischen Linguisten geprägt zu sein), werden damit wichtige Merkmale der Symbolik genannt, die von der mathematisch-logischen Herleitung wegführen und den Weg zu einem ganzheitlichen Symbolverständnis freimachen; Sperber spricht davon, daß „das symbolische Wissen sich auf die begrifflichen Vorstellungen bezieht"[95] (daß damit die Schwierigkeit, überhaupt über Symbole und ihre Bedeutung zu sprechen, nicht geringer wird, muß dabei in Kauf genommen werden[96]).

Die gesamte Symbolik — ihre Entstehung wie ihr Verständnis — wird so mit Gesellschaft verknüpft. Das war zwar immanent auch bei der Semiotik der Fall, insofern eine Sprache, eine Kommunikation nur zwischen mehreren Personen sinnvoll ist. Sperber geht jedoch genauer auf diesen Aspekt ein, der für die Abgrenzung von Symbolen zu anderen Zeichenformen wichtig ist. Er geht davon aus, daß „ein großer Teil der Gegebenheiten für alle Individuen derselben Kultur ähnlich (...) sind. Dennoch gibt es idiosynkratische Gegebenheiten, die mit der individuellen Erfahrung zusammenhängen und nicht zu einem gemeinsamen Erbe gehören, aber trotzdem die Konstruktion des Symbolapparats berühren."[97] Das Symbol wird also in einem Rahmen mit einer bestimmten Bandbreite von der Gesellschaft, den Angehörigen einer bestimmten Kultur, verstanden, aber es gibt darüber hinaus noch eine „Feinabstimmung des Verständnisses" durch das Individuum. Damit ein Gegenstand, eine Gegebenheit Symbol *wird*, muß eine gesellschaftliche Übereinkunft bestehen; sein *Verständnis* jedoch ist individuell geprägt: Das symbolische Wissen „bezieht sich weder auf die Dinge noch auf die Wörter, sondern auf das Gedächtnis der Dinge und Wörter".[98] Die Symbole haben damit die Funktion „als Vermittlungsinstanz zwischen Umweltrealität und den Vorstellungen darüber".[99]

### Gesellschaftliche Funktionen des Symbols

Über die Vermittlungsfunktion hinaus ist das Symbol notwendig zur Konstituierung von Gesellschaft überhaupt. Denn es setzt die Fähigkeit des Menschen zur Abstraktion und Verallgemeinerung voraus, die Fähigkeit zur Übertragung individueller Gegebenheiten auf andere: "It is through symbolization that man becomes able to transcend the individual situation and thereby to live a social and purposive life".[100]

Das Leben in der Gesellschaft drückt sich in einem gemeinsamen Grundverständnis von Symbolen aus, das den Bereich der Kultur bestimmt. Die Kultur „entspricht diesen (gemeinsamen; A. d. V.) Symbolsystemen und deren Wirkungen auf das Verhalten. Die Teilnahme an einer Kultur bedeutet, daß man sich auf den Gebrauch der gemeinsamen Symbole versteht."[101] Wenn man also in der heutigen Architektur den Verfall von Symbolen — als von Zeichen gemeinsamen Wissens und Handelns — konstatiert, wie es in der eingangs dargestellten Hypothese geschieht, dann stellt man gleichzeitig einen Verlust kulturellen und gesellschaftlichen Zusammenhalts fest: „die geringe Bedeutung der Symbole mag ja die Krise der Gegenwartgesellschaft begründen."[102] Insofern ist die Untersuchung des Symbolverfalls an einem Beispiel aus der Architektur als Untersuchung der Folgeerscheinung eines soziokulturellen Phänomens zu verstehen. Und entsprechend richtet sich der Versuch, Bedingungen einer zukünftigen Zeichentheorie zu entwickeln, der am Schluß dieser Arbeit steht, ebenfalls nur auf den Folgebereich; es wäre ein Widerspruch in sich, wenn man versuchte, durch willkürliche Ausbildung architektonischer Symbole (die keine sein können ohne die gesellschaftlichen Voraussetzungen) wieder zu einer gemeinsamen soziokulturellen Grundlage zu gelangen.

Der Soziologe Jürgen Helle hat den gesellschaftlichen Charakter des Symbols besonders betont[103] und den Begriff des „sozialen Symbols" eingeführt. Dieser Aspekt wird ergänzt durch die Erklärung des Entstehens von Symbolen und de-

ren Übertragung auf architektonische Gegebenheiten, wie sie von Lorenzer auf der Grundlage des psychoanalytischen Symbolbegriffs hergeleitet werden.
Helle definiert das „soziale Symbol" als Zeichen, das vier Bedingungen erfüllt:

> „1. Ein physisches Objekt muß als Medium für die Kommunikation einer Nachricht dienen, deren Inhalt sich den materiellen Eigenschaften des Mediums nicht entnehmen läßt.
> 2. In der übermittelten Nachricht müssen mindestens zwei verschiedene Wissensformen enthalten sein.
> 3. Von dem Zeichen muß deutlich werden, daß es aus vergangenem Handeln hervorgegangen auf zukünftiges Handeln hinweist.
> 4. In dem Zeichen muß eine soziale Beziehung zwischen einem empirischen und einem definierten Subjekt manifest werden."[104]

Helles Symbolbegriff ist in einer Hinsicht enger gefaßt als der von Sperber; dieser bezieht auch symbolische Handlungen in seine Betrachtung ein (Rituale), während Helle das Symbol nur im physischen Objekt sieht. Da wir es bei dieser Untersuchung mit Architektur zu tun haben, ist diese Eingrenzung zweckmäßig.
Die anderen Bedingungen, die Helle nennt, erläutern präzise das Funktionieren des Symbols als gesellschaftliches Phänomen. Die Unterscheidung der Wissensformen in Werte-Wissen, Normen-Wissen und Fakten-Wissen[105] und die Bedingung, im „sozialen Symbol" müßten mindestens zwei davon enthalten sein, verweisen auf die Grundlage zum gemeinsamen Erkennen des Symbols durch gleiche kulturelle Grundlagen. Die Verbindung von vergangenem mit zukünftigem Handeln bezieht nicht nur den Charakter des sozialen Symbols als „Potential für zukünftiges Handeln"[106] ein, sondern nimmt auf, was wir im Zusammenhang mit der Erläuterung des semiotischen Symbolbegriffs festgestellt haben, daß nämlich Symbol nur etwas Bekanntes, Konventionelles werden kann, anderenfalls es nicht verständlich ist.
Bloch weist darauf noch deutlicher hin, wenn er den Zusammenhang von utopischer Funktion und Symbol bezeichnet:

> „Das ist gleichzeitig ein Verschlossenes, das sich offenbart, und ein Offenbarendes, Eröffnendes, das sich noch verschließt, weil — gerade auch im Symbol — die Zeit noch nicht reif, der Prozeß noch nicht gewonnen, die in ihm anhängige Sache (der Sinn) noch nicht herausproduziert und entschieden ist."[107]

Symbole, auch architektonische, besitzen also geradezu aktive Funktion:

> „Unter Symbol sollen menschliche Gebilde verstanden werden, die sozialen Prozessen nicht nur entstammen, sondern hergestellt werden als *Regulatoren sozialer Prozesse*, nämlich als Verständigungsformeln oder Handlungsanweisungen."[108]

Lorenzer hat gegenüber Helle zwei wichtige Erweiterungen der Symbolfunktion vorgenommen.[109] Er entwickelt die Entstehung von Gemeinschaft aus Gemeinsamkeiten von Individuen, und er stellt die Verbindung zur Architektur her.
Eine Gesellschaft, eine Gruppe von Individuen, die das Gefühl von Zusammengehörigkeit haben, besitzt nach Lorenzer drei Merkmale:

Sie hat ein gemeinsames Ich-Ideal, eine Leitfigur (die nicht im wörtlichen Sinne eine Person sein muß, sondern auch eine Idee sein kann);
sie verfügt über gemeinsame Symbole (Gegebenheiten mit im wesentlichen identischer Bedeutung) und
die Beziehung Ich/Ich-Ideal ist bei jedem Individuum der der anderen Gruppenmitglieder vergleichbar; daraus erwächst das Gefühl von Zusammengehörigkeit.[110]

Das Symbol enthält dabei eine doppelte Übereinstimmung, die zwischen Symbol und dem, wofür es steht, und seine Übereinstimmung zum Ich-Ideal des einzelnen.
Für die Gruppenmitglieder ergibt sich eine dreifache Übereinstimmung:

„1. die Identität des Ich-Ideals,
2. der Besitz eines emotional gleichlautenden Symbolsystems und
3. die Übereinstimmung in der Haltung, in der Einnahme der Position des Ich dem Ich-Ideal gegenüber."[111]

Lorenzer folgert daraus: „Diese Zusammenhänge bilden die Grundlage der städtischen Gemeinschaftsbildung."[112]
Wir werden später darauf zurückkommen, an welcher Stelle der Verbindungen die Störungen aufgetreten sind, die dazu geführt haben, daß in der heutigen Stadt die Gemeinschaft nur noch in Momenten erkennbar ist, im allgemeinen aber — auch in der Architektur ablesbar — die „Anarchie der Einzelinteressen"[113] herrscht.
Wichtiger ist hier die Beziehung des soziopsychologischen Symbolbegriffs auf die Künste allgemein, denen Lorenzer die Aufgabe zuspricht, je spezifische symbolische Funktionen zu vermitteln: „Mit anderen Worten, jeder Kunstgattung fällt ein anderer Sektor der Symbolbildung und d.h. des Verstehens von Unverständlichem zu."[114]
In diesem Rahmen stellt Lorenzer schließlich fest,

„daß *Architektur und Städtebau durch Einsetzung ins Ich-Ideal jene gemeinschaftsstiftende Funktion* haben, die wir der Stadtplanung qua Sozialmontage (...) absprechen mußten."[115]

Die gemeinschaftstiftende Symbolwirkung von „Stadt" liegt in der baugestalterischen Artikulation eines Ortes, der von der (städtischen) Gemeinschaft als „Kristallisationspunkt" identifiziert und akzeptiert wird; Lorenzer zitiert hier Susanne Langer: "And as the actual environment of a being is a system of functional relations, so a visual 'environment', the created space of architecture, is a symbol of functional existence."[116]
Die *gemeinschaftbildende Kraft* architektonischer Symbole wird von Becker und Keim in Frage gestellt, weil derartige Deutungen „allzu stark von einer freundlichen, konfliktarmen städtischen Lebenswelt ausgehen."[117] Ihrer Auffassung nach bezieht Lorenzer bei seiner Analyse die ökonomischen Bedingungen der Stadtgesellschaft und die resultierenden Abhängigkeiten und Ungleichheiten

nicht ein Das ist jedoch insofern ein Mißverständnis, als das, was Lorenzer „Gemeinschaft" nennt, durchaus diese verschiedenen Gruppen mit unterschiedlichen Interessenlagen umfaßt; nur besteht über diese hinweg noch das Bewußtsein einer Gemeinsamkeit, die sich auch in Symbolen artikuliert. Zu keiner Zeit waren Gemeinschaften mit gemeinsamen Symbolsystemen ohne innere Widersprüche — diese waren jedoch aufgehoben in der Gemeinschaft.[118]
Auch Norberg-Schulz weist auf die Beziehung Mensch — Umwelt hin, die in Architektur Gestalt gewinnt. Er sieht Architektur als Konkretisierung von existentiellem Raum; als solche stelle sie ein Symbolsystem dar, das den Charakter und die räumlichen Beziehungen ausdrücke, die die Totalität Mensch — Umwelt umfasse. Aber die Architektur — als über viele Jahre bestehende Form der Aussage — gebe gewöhnlich kein abgeschlossenes Bild, sondern enthielte Widersprüche, und es fehlten Teile.
Der Mensch versuche, die Umwelt durch Architektur zu gestalten und zu ändern, um die Wünsche und Träume des existentiellen Raumes zu erfüllen. Seine Beziehung zur Umwelt bestehe also in Anpassung *und* im Wunsch nach Veränderung.[119]
Hinzu kommt die von Becker und Keim dargestellte, ebenfalls die aktive Funktion des Symbols betonende Beziehung als Vermittlungsinstanz zwischen Individuum oder Gesellschaft und der Umwelt (die erst durch das Erkennen in Symbolen von „Welt" zur „Umwelt" wird):

„Indem man durch sprachliche und andere Symbole versucht, die Umwelt sich anzueignen, rekonstruiert man sie in Begriffen, die gleichzeitig zu handeln ermöglichen."[120]

## Versuch einer Definition

Der Ausgangspunkt der Überlegungen zur inhaltlichen Bestimmung eines architektonischen Symbols und damit gleichzeitig zu einer Abgrenzung des Symbols gegenüber anderen architektonischen Zeichenformen war ihre funktionale Unterscheidung auf drei Ebenen zwischen —

dem Architekturelement, das (zumindest vom Produzenten her) nur es selbst bedeutet, ohne weitergehende Intentionen ist (der Dachstuhl, der nur ein Dachstuhl ist);
dem Architekturelement, das mit seinem Bau, mit seiner Erscheinungsform gleichzeitig etwas anderes abbilden soll (das Bootshaus, das im Sinne einer Tautologie in der Form eines Bootes gebaut ist) und
dem Architekturelement, das mit seiner Erscheinungsform auch übergeordnete Bedeutungen vermittelt (die Kirche, die durch den Grundriß auf den Gegenstand „Kreuz" verweist und damit einen theologischen Zusammenhang herstellt).

„Architekturelement" ist in diesem Zusammenhang nicht nur Ornament, Baukörperform oder Konstruktionsmerkmal des Einzelhauses, sondern ist auf den verschiedenen Ebenen der gebauten Umwelt möglich: Die Tür als Element des Einzelhauses und dieses als Element eines Platzes, der wiederum Element eines Stadtviertels oder einer Stadt ist.

Außerdem ist darauf hinzuweisen, daß die genannten Bedeutungsebenen nicht nur vom Produzenten her unterschieden werden müssen, sondern, wichtiger, von seiten der Rezipienten. Die Architektur als dauerhaftes Kommunikationsmedium verändert ihre Bedeutungen: Die Kaiser-Wilhelm-Gedächtniskirche in Berlin wurde gebaut als Symbol staatstragender Religion und steht, als Ruine, heute für einen sinnlosen Krieg.

Im Verlauf der Untersuchung wurden in der Semiotik und der Informationsästhetik Funktion und Bedeutung von Zeichen beschrieben, eine Untersuchung also, die primär vom Gegenstand ausging. Es wurde festgestellt, daß der semiotische Zeichenbegriff Peirces oder Ecos zwar präzise Unterscheidungen vorschlägt, aber letztlich kaum handhabbar ist — die terminologische Unklarheit im Zusammenhang mit anderen Autoren bietet weitere Schwierigkeiten. Zudem beschränkt die Semiotik das Symbol (und das architektonische Zeichen) ausschließlich auf seine kommunikative Bedeutung („Architektur als Sprache").

Wenn man den Rezipienten, den Betrachter der Gegenstände in den Mittelpunkt der Untersuchung stellt, kommt man zu einigen weiteren Schlüssen. So weist Sperber als Anthropologe auf den autonomen Begriffsapparat des Menschen hin, der sich die Symbole schafft und als Ganzheit begreift. Lorenzer beschreibt auf der Grundlage der Freudschen Psychologie die Entstehung von Symbolen aus dem gemeinsamen Ich-Ideal einer Gruppe von Menschen, und Helle stellt die gesellschaftliche Funktion des Symbols fest.

Als Bedingungen einer definitorischen Abgrenzung der genannten Bedeutungsebenen eines Architekturelements hatten wir zwei Voraussetzungen genannt: ihre pragmatische Handhabbarkeit und ihre Eingrenzung auf die Architektur. Die erste der Bedingungen ist durch die Untersuchung keineswegs einfacher geworden; das Problem bleibt das mögliche Mißverständnis einer Definition, wenn man sie mit Vokabeln benennt, die, von verschiedenen Autoren verwendet, jeweils andere Inhalte haben, gleich, ob man eine Unterscheidung trifft in SIGNAL — SYMBOL — ZEICHEN[121] oder INDEX — IKON — SYMBOL[122], in ANZEICHEN — SYMBOL — ZEICHEN[123] oder in SIGNAL — ZEICHEN — SYMBOL.[124] Cassirer schließlich beschränkt sich auf nur zwei Unterscheidungen, auf ZEICHEN und SYMBOL.[125]

Wenn dennoch auf diese letztgenannten Begriffe zurückgegriffen wird, so nicht etwa, weil in unserer Definition auf den philosophischen, sehr weit gefaßten Begriff des Symbols bei Cassirer verwiesen werden soll, sondern einfach deswegen, weil „Zeichen" und „Symbol" für die beiden Bedeutungsebenen (wenn wir den Dachstuhl, der nur ein Dachstuhl ist, nicht als „Bedeutungs"ebene verstehen) nach dem Sprachgebrauch die angemessensten Bezeichnungen sind.

Es wird also jedes architektonische Element (in der beschriebenen weitgefaßten Bedeutung) ein ZEICHEN genannt, wenn es bewußt FÜR ETWAS steht, das nicht nur es selbst ist (ohne einen neuen Begriff dafür einführen zu wollen, müßte man also den „Dachstuhl, der nur ein Dachstuhl ist", ein Nichtzeichen nennen). Das Zeichen hat in der Architektur die doppelte Aufgabe, sich selbst zu erläutern und den Zusammenhang mit einem städtischen Umfeld zu erklären, der gesellschaftliche Bedingungen widerspiegelt.

Das architektonische SYMBOL ist ein Zeichen, das darüber hinaus weitere Bedingungen erfüllt: Es reicht nicht aus, wenn es nur vom einzelnen verstanden wird, sondern in ihm muß sich eine Gemeinschaft wiedererkennen im Lorenzerschen Sinn der optischen Konkretisierung eines gemeinsamen Ich-Ideals. Es kann ein Objekt der abbildenden Architektur sein, aber auch der städtische Raum als Ort, als Kristallisationspunkt gesellschaftlicher Identität und Orientierung.

Schließlich muß als weitere Bedingung die Beziehung zum Geschichtsprozeß hergestellt sein; die Verbindung zur Vergangenheit und der zukunftsweisende Aspekt erhalten im Symbol Gestalt. Durch den zukunftsgerichteten Anteil ist auch die aktive Funktion des Symbols (Lorenzers „Regulator sozialer Prozesse") enthalten, dessen utopischen Charakter schon Bloch dargestellt hatte.

Das Symbol ist also Mittel der gesellschaftlichen Integration; es stellt eine gemeinschaftliche Identität her durch seine „horizontale" Spannweite, die viele einzelne einer heterogenen Bevölkerung umfaßt, wie durch seine „vertikale" Verbindung mit der geschichtlichen Vergangenheit und der utopischen Zukunft.

In dieser eingegrenzten Definition hat das Symbol immer eine für die Gesellschaft positive Funktion; das schließt nicht aus, daß diese durch ein negativ besetztes Zeichen entsteht: der Geßlerhut, der als Zeichen eines abgelehnten Regimes zur Identitätsfindung eines Volkes beiträgt. Es soll jedoch die Ausweitung des Begriffes auf nur als negativ verstandene architektonische Zeichen verhindern; das Hochhaus eines Wirtschaftskonzerns in einer heutigen Stadt wird zwar als Zeichen von Macht verstanden; solange diese „Macht" nicht gemeinschaftliche Identität herstellt, wird es hier jedoch nicht als Symbol bezeichnet.

# Voraussetzungen und Ansätze

*Voraussetzungen wozu? Drei Beispiele*

Auf der Werkbundausstellung „Wohnung und Werkraum" im Jahr 1929 in Breslau baut Hans Scharoun ein Wohnheim, mit dem, wie ein zeitgenössischer Kritiker schreibt, eine „Verbindung von Hotel und selbständiger Kleinwohnung" angestrebt wurde; unter „Berücksichtigung der hotelmäßigen Bewirtschaftung des Hauses und der reichlichen Gemeinschaftsräume (...) sind die Wohnungen mit Recht auf ein Flächenminimum beschränkt worden".[126]
Der Bau ist im Grundriß einem „S" angenähert; eine zentrale Halle mit Terrasse stellt die Verbindung zu zwei Flügeln mit je gleichen, an einen Außenflur gereihten Wohneinheiten her. Über der Halle ist ein zweites und drittes Geschoß zurückgesetzt und gestaffelt mit einigen runden Fenstern. Das Dach ist flach und als Dachgarten vor den Baukörpern der Maisonette-Wohnungen des Obergeschosses ausgebildet; das Geländer besteht aus einfachen, runden Stahlrohren — waagerechte Stäbe, durch senkrechte Pfosten gehalten. Der gesamte Bau ist weiß gestrichen. Die Formen des Grundrisses sind leicht geschwungen; auch einzelne Baukörperformen im Aufriß sind gerundet, meist als Viertelkreis, der gegen einen rechten Winkel läuft.
Scharoun schreibt in einem nicht veröffentlichten Manuskript (1928): „Man ersehnt, etwas von der Kühnheit moderner Schiffskonstruktionen auf die Gestaltung des neuen Hauses übertragen zu sehen." (...) „Es ist Intuition, die versucht, Großzügigkeit des Schiffbaus dem Hausbau, Planmäßigkeit der Stadt dem Schiffsorganismus zu geben."[127] Er stellt also eine Verbindung her zwischen dem modernen Passagierdampfer und dem modernen Wohnungsbau und spricht von einer gegenseitigen Beeinflussung: Unter diesem Blickwinkel wird beim Wohnheim in Breslau die Reihung der Wohneinheiten am Außenflur zur Reihung der Kabinen am Promenadendeck, der Dachgarten zum Sonnendeck, das runde Fenster zum Bullauge, das Stahlrohrgeländer zur Reling; das Weiß des Gebäudes über dem Grün des umgebenden Geländes entspricht dem weißen Dampfer auf See; die gerundeten, geschwungenen Formen und die Staffelung der Baukörper nehmen aus der Zweckform des Dampfers und dem Material Stahl entwickelte Formen des Schiffes mit seiner Staffelung der Decks auf, ohne diesen doch als Abbild nachzubauen.

1, 2 Hans Scharoun: Wohnheim auf der Werkbundausstellung „Wohnung und Werkraum", Breslau 1929

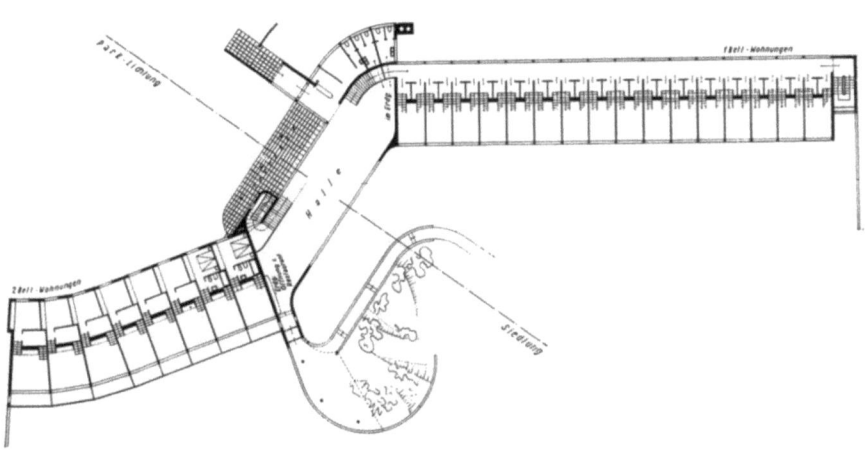

In "Vers une architecture" bildet Le Corbusier 1923 das Heck des Dampfers „Aquitania" im Foto ab und schlägt mit der Unterschrift vor, „eine Villa auf den Dünen der Normandie"[128] nach derem formalen Vorbild zu bauen. Durch einen in gleicher Zeichentechnik und gleichem Maßstab angestellten Vergleich dieses Fotos mit einer Ansicht der Villa Savoye von Le Corbusier aus dem Jahr 1929 stellt Vogt die formalen Ähnlichkeiten beider heraus[129]; von Moos nennt es ein „Capriccio zum Thema Dampferästhetik"[130]. Das auffälligste neue Element ist die Loslösung des Baukörpers vom Boden durch das dunkel gehaltene, eingezogene Erdgeschoß, so daß das weiße Haus über „einem Meer von ununterbrochener Rasenfläche"[131] schwebt.

3 Heck der „Aquitania" (aus: „Vers une architecture") — Villa Savoye (nach Vogt)

Die formale Beziehung zwischen der Grundrißform des Erdgeschosses und einem Schiffsheck bietet sich zwar an, wird aber nicht durch andere, auf den Dampfer zu beziehende Elemente eingelöst — obwohl die Erklärung Le Corbusiers, die Kurve entspreche dem Mindestwendekreis eines vorfahrenden Autos, auch nicht eben überzeugend ist. Die zylindrischen Baukörper der Dachaufbauten, freistehender Schornstein, Reling, "fenêtre a longueur" und die „Promenade", die durch das eingezogene Erdgeschoß gebildet und durch die „Pilotis" optisch begrenzt wird, vervollständigen die Schiffsassoziation. Daß diese nicht zufälliges Erscheinungsbild ist, das sich aus einer abstrakt entwickelten Ästhetik der Le Corbusierschen „5 Punkte zu einer neuen Architektur" als zufällige Ähnlichkeit zum Dampfer ergibt, ist aus einem Detail ablesbar, das im ersten Entwurf für die Villa Savoye erscheint, später jedoch nicht gebaut wurde; dort nämlich wird an das „Schiff" eine „Gangway mit Steg (oder Brücke)" herangeschoben, die als Außentreppe den Zugang zum 1. Obergeschoß erlaubt.

Schon 1923 schrieb Le Corbusier: „Der Ozeandampfer ist die erste Etappe auf dem Weg zur Verwirklichung einer Welt, die dem neuen Geist entspricht."[132]

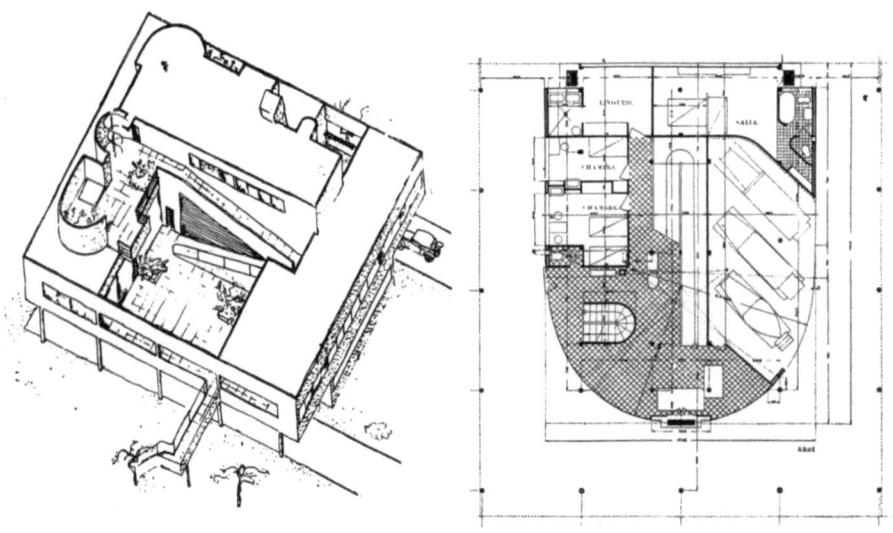

4–6 Le Corbusier: Villa Savoye, Poissy 1929

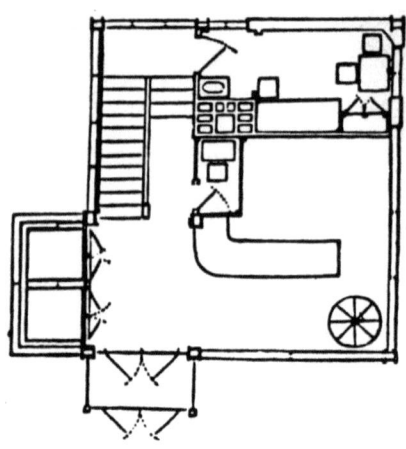

7a, b Gebr. Wesnin: „Leningradskaja Prawda", Projekt 1923/24

Die russischen Gebrüder Wesnin entwerfen in den Jahren 1923 — 1924 ein Redaktionsgebäude für die "Leningradskaja Prawda": Auf einer Fläche von 6 x 6 m erhebt sich ein Stahlskelett, das allseits verglast und also völlig transparent ist. Über dem Eingangsgeschoß sind 4 gleiche Geschosse gestapelt, wobei über dem Eingang und, an gleicher Stelle, im 4. Obergeschoß ein kleiner Balkon mit Stahlgeländer auskragt. Über dem obersten Geschoß erhebt sich ein zurückgestaffelter Aufbau, der eine weithin sichtbare Uhr trägt. Unterhalb der Uhr ist an auffälliger Stelle, zur Straßenfront hin, eine Lüftungsöffnung angebracht; der Aufbau selbst trägt einen großen Scheinwerfer auf einer ebenfalls mit Stahlrohr-

geländer geschützten Plattform, zu der eine steile Stahltreppe führt. Der Bau hat einen auf dem Dach frei stehenden runden Schornstein; eine Flagge an einem Mast überragt ihn.
Vogt hat den Bau ausführlich analysiert[133] und kommt zu dem Schluß, eine Reihe von Elementen rühre aus dem „Vorstellungskreis ‚Schiff'"[134] her: Aufbauten, Reling, Suchscheinwerfer, Windhutze, Stahltreppe, Schornstein, Flagge. Keines dieser Elemente könnte für sich allein eindeutig auf den Dampfer hinweisen; die Summe jedoch macht die Assoziation zwingend.
Der Unterschied zu den vorhergehenden Beispielen ist ebenfalls signifikant: Hier sind es einzelne fertige Gegenstände, die montiert sind nach Art von "ready mades", nicht der optische Charakter, die Formen des Dampfers oder seine Grundrißanordnung, die assoziativ verwendet werden. Vogt resümiert: „Der Architekt beginnt, diese Leistung (die Entwicklung fahrender Maschinen; A.d.V.) des Ingenieurs zu reflektieren, indem er dem Haus Züge verleiht, die es als arbeitendes, fahrendes Gerät – als Arche Noah – erscheinen lassen."[135]

Praktisch zur gleichen Zeit also bestimmt *ein* architektonisches Motiv, die assoziative Verbindung, die Herleitung von Formen aus dem Umkreis des modernen Passagierdampfers, in Deutschland, Frankreich und Rußland den Charakter wichtiger Bauten. Immerhin gehört die Villa Savoye zu den Leitbauten dieses Jahrhunderts, waren die Gebrüder Wesnin die wohl bekanntesten Architekten des russischen Konstruktivismus und gehörte Scharoun zum engsten Kreis der Architekten der deutschen Avantgarde, so daß man eine typische Bedeutung dieses Architekturmotivs annehmen kann.
Bevor wir jedoch im einzelnen das Motiv weiter untersuchen und den Schluß belegen, es handele sich in der Tat um einen zentralen Topos der Architektur der Avantgarde der zwanziger Jahre, und bevor wir versuchen, den Bedeutungsgehalt des Motivs zu erfassen, müssen wir einige Voraussetzungen klären, die sein anscheinend unvermittelt neues Vorkommen verständlicher machen.
Denn die Verwendung von Formen des modernen Passagierdampfers in der Architektur war zwar neu (die in der Einleitung genannten historischen Beispiele können nicht im Sinne einer kontinuierlichen Tradition begriffen werden); dennoch gab es Voraussetzungen, die sie verständlicher machen, wenn sie sich auch nicht bis ins Letzte rational nachvollziehen läßt.
Der Vorgang selbst, die Übernahme von Architekturformen aus der nicht-architektonischen, gegenständlichen Welt, muß als radikaler Schritt im Zusammenhang der Entwicklung einer radikal neuen Architekturästhetik verstanden werden, die nicht nur das bürgerliche Ornament des ausgehenden 19. Jahrhunderts ablehnte, sondern auch eine seit Vitruv über Jahrhunderte hinweg entwickelte Formensprache der Symmetrie, der harmonischen Proportion, der Säulenordnung und der Hierarchie der Bauaufgaben, so wie sie sich zum Ende des 19. Jahrhunderts hin darstellte.

Die Frage nach den Voraussetzungen der Übernahme von Dampferformen muß auf verschiedenen Ebenen beantwortet werden. Zum einen ist darauf zu verweisen, daß in der architektur-*theoretischen* Diskussion des 19. Jahrhunderts das Schiff — sowohl als Segelschiff als auch später als Dampfer — als Vergleichsgegenstand und Vorbild für die Architektur nicht ungewöhnlich war. Zum anderen ist auf die Situation des Aufbruchs um 1900 einzugehen, die in gesellschaftlicher wie in architektonischer Hinsicht neue Themen entwickelte, die im modernen Dampfer eine Entsprechung fanden. Und schließlich ist auf die gesellschaftliche Bedeutung wie auch die formale Neuheit des Passagierdampfers um die Jahrhundertwende bis zum Ende der zwanziger Jahre zu verweisen, die in seiner Dimension und Perfektion als Apotheose einer technik-faszinierten Welt lag.

Zum Schluß dieses Kapitels wird noch auf die erste, noch zögernde Umsetzung von Formen aus dem Umfeld der neuen technischen Wunderwerke im italienischen Futurismus eingegangen, der einzelne Bestandteile des komplexen Motivbündels aufgreift, das im Passagierdampfer gesehen werden muß. Und schließlich betrachten wir die ideologischen Voraussetzungen, wie sie im deutschen (Architektur-)Expressionismus herrschten, ohne daß diese in eine Maschinenästhetik mündeten.

## Das Schiffsmotiv in der Architekturtheorie bis 1914

Der Ozeandampfer als Paradigma einer neuen Welt — so verstand ihn Le Corbusier. Die fahrende Maschine — Technik und Bewegung — oder der Passagierdampfer als Stadt: das sind, in einer ersten, oberflächlichen Schicht der Erklärung, die Schlüsselbegriffe, die wir den eingangs beschriebenen Beispielen entnehmen können. Aber die Gedankenverbindung Schiff — Architektur war nicht neu; neu war ihre Umsetzung in gebaute Form.

In der Architekturtheorie der 2. Hälfte des 19. Jahrhunderts wurde mehrfach gerade von den Kritikern der damaligen Architektur das Schiff als Vorbild für eine Formentwicklung aus den funktionalen Anforderungen hingestellt — aber bereits 100 Jahre zuvor schrieb William Hogarth in seiner "Analysis of Beauty" im ersten Kapitel ("Of Fitness"):

> „Daß die Teile in den Plan passen, für den jedes einzelne Ding geformt wird (...), ist für die Schönheit des Ganzen von größter Bedeutung (...). Im Schiffbau richten sich die Maße jedes einzelnen Teiles nach der Seetüchtigkeit. Wenn ein Schiff gut dahinsegelt, so nennen es die Seeleute eine Schönheit; so sind beide Ideen miteinander verbunden."[136]

Hier ist bereits die Sullivansche Formel des "form follows function" enthalten; das Zweckmäßige, zu dem alle Einzelteile zusammenwirken müssen, ist gleichzeitig das Schöne. Ziemlich genau 100 Jahre später sagte Horatio Greenough, der sich selbst einen "Yankee Stonecutter"[137] nannte, im Hinblick auf die amerikanischen Clipper:

„Hier ist das Ergebnis menschlichen Forschens auf dem großen Meer, wo die Natur von den Gesetzen des Bauens spricht, nicht durch Feder und Blume, sondern durch Wind und Wogen; und der Mensch widmet ihr all seine Aufmerksamkeit, um zu hören und zu gehorchen (...). Wenn diese anatomische Verbindung und Proportion bei Maschinen erreicht wurde und – trotz falscher Prinzipien – bei solchen Bauten, für die ein Abweichen davon verhängnisvoll wäre, wie zum Beispiel bei Brücken und Gerüsten: warum sollten wir dann ihre unmittelbare Anwendung beim Bauen fürchten?"[138]

Und Greenough geht noch weiter, indem er zum ersten Mal jene Parallele zum Parthenon zieht, für die Le Corbusier heftig gescholten wurde; wenn der Architekt nur vom Schiffbauer lernte, von dessen Verantwortlichkeit den funktionellen Anforderungen gegenüber, dann würden bald Bauten entstehen, die unseren Bedürfnissen entsprächen und dem Parthenon überlegen seien. Man solle von innen nach außen bauen, nicht eine vorgegene Form über die unterschiedlichsten Funktionen stülpen.[139]

Collins setzt sich mit den Schwächen des von Greenough (und der anderen, die die "mechanical analogy" zur Begründung von Form heranziehen) gewählten Vergleichs ausführlich auseinander. Hier kommt es jedoch darauf an, *daß* dieser Vergleich überhaupt gezogen wurde. Greenough selbst vertrat keineswegs die Nachahmung von Schiffsformen; er wollte die *Prinzipien* ihres Baus auf die Architektur übertragen wissen. Dabei entwickelt er eine Architekturtheorie, die jedem „Funktionalisten" der zwanziger Jahre Ehre machen würde:

„Dies ist meine Bautheorie: Wissenschaftliche Anordnung von Räumen und Formen, den Funktionen und der Örtlichkeit angepaßt; Betonung der Bauglieder im Verhältnis zu ihrer *abgestuften* funktionellen Bedeutung; Farbe und Ornament nach streng organischen Gesetzen bestimmt, angeordnet und variiert, wobei für jede Entscheidung ein eindeutiger Grund gegeben sein muß."[140]

Nun bezieht sich die Analogie bei Hogarth wie bei Greenough auf das Segelschiff und dessen aus den Bedingungen der Natur hergeleiteten Formen. Andere Analogien bei Greenough beziehen sich auf Pflanzen und Tiere. Im Grunde steckt also, anders als Collins es annimmt, nicht eine „mechanische Analogie" hinter seiner Theorie, sondern vielmehr etwas, das man als „organischen Funktionalismus" bezeichnen könnte. Mumford führt dementsprechend Greenoughs Theorie auf den Einfluß der Abstammungslehre Lamarcks zurück.[141]

In ähnlicher Weise wie Greenough zieht auch der englische Architekt und Architekturtheoretiker James Fergusson eine Parallele zwischen den "ideals of mechanics and ship-builders, and the ideals which architects ought to possess".[142] Er stellt die Identität von Schönheit und Nützlichkeit dar und betrachtet Architektur als die Ästhetisierung technischer Kenntnisse des Bauens; aber Fergusson gibt später auch zu – wie Collins feststellt, eine Widerlegung seiner früheren Theorien –, daß es über dem Aspekt der Nützlichkeit noch andere gibt, die die Schönheit in höhere Sphären heben können:

"If (...) we could imagine any nation ever to construct ships of God, or to worship on the bosom of the ocean, ships might easily be made such objects of beauty that the cathedral could hardly compete with them."[143]

Die Bedeutung einer Bauaufgabe, das was Norberg-Schulz die „kulturelle Symbolisierung" nennt[144], wird bei Fergusson zu einer eigenen, von der Funktion unabhängigen Einflußgröße auf die Gestalt des Bauwerks.
Im Hinblick auf die Analogie zwischen der Entwicklung der Formen der Architektur und der Schiffe ist jedoch entscheidend, bei Greenough und bei Fergusson, daß unter einer „funktionellen Form" diejenige verstanden wird, die den Belastungen und Einflüssen durch die natürlichen Bedingungen entspricht, nicht primär eine, die den Zwecken des Menschen entspricht – sei es nun als Kriegsschiff oder als Lastkahn.
Bevor diese Parallele gezogen wird, in den zwanziger Jahren, steht ein anderer Aspekt im Vordergrund, nämlich die funktionelle Form, die aus den Anforderungen der Maschine entwickelt ist – nicht im Rückgriff auf überholte Techniken und Formen aus der Segelschiffszeit, sondern aus den jeweils *neuen* Bedingungen heraus, die die neue Technologie diktiert. Dieser Ansatz wird der Architektur der zweiten Hälfte des 19. Jahrhunderts gegenübergestellt, die die neuen Bauaufgaben mit dem überkommenen Formenkanon zu lösen sucht.
Neben Collins haben vor allem Pevsner[145] und Banham[146] die architekturtheoretischen Ansätze des ausgehenden 19. Jahrhunderts untersucht, die die Funktionalität der Maschinenform betonen, die Faszination durch die Maschine überhaupt erkennen lassen und daraus Rückschlüsse auf die Architektur ziehen; die Analogie zum Schiff – jetzt dem maschinengetriebenen – wird Bestandteil einer allgemeinen Theorie der Maschinenästhetik.
Bereits der Dichter Prosper Merimée beklagt, die Architekten entwürfen Häuser, wie wenn Dampfer nach dem Modell antiker Galeeren gebaut würden.[147] Viollet-le-Duc zieht ebenfalls diesen Vergleich, wenn er feststellt, ein Schiffbauer der Gegenwart würde nicht auf ein Segelschiff aus der Zeit Ludwigs XIV. zurückgreifen, sondern er gehorche blindlings den neuen Prinzipien, die zur Verfügung stehen, den neuen technischen Möglichkeiten und entwickele daraus Werke mit eigenem Charakter und eigenem Stil (1863).[148] Und auch Lethaby in England oder ein Schüler Viollet-le-Ducs, Anatole de Baudot, stellen die Verbindung von der Maschinenform zur Architekturform über den Dampfer her, dessen Form aus wissenschaftlichen und technischen Daten hergeleitet sei.[149]
Die funktionelle Form als Maschinenform, aus deren Anforderungen hergeleitet, wird als Ideal auch für die Architektur hingestellt – wobei als wichtiger Nebenaspekt auffällt, daß als „Maschine" immer die sich bewegende Maschine, das Verkehrsmittel in den Beispielen genannt werden; die „mechanische Analogie" umfaßt immer auch die Bewegung.

Mit der Begeisterung für die Zweckform der Maschine geht die Begeisterung für die Maschine selbst einher — auch hier wieder vorzugsweise die sich bewegende Maschine.
So schreibt Frank Lloyd Wright 1901, im „Zeitalter der Maschine" behaupteten „Lokomotiven, Industriemaschinen, Beleuchtungsmaschinen, Kriegsmaschinen und Dampfschiffe den Platz (...), den in vorhergehenden Zeitaltern Werke der Kunst innehatten"[150] — immerhin ein erstaunlicher Vergleich! —, und der Jugendstilkünstler Herrmann Obrist bewundert die Dampfer und „die Schönheit in dem gewaltigen Schwunge ihrer riesigen und doch ruhigen Konturen (...), ihre herrliche Zweckmäßigkeit, das Saubere, Glatte, Blanke"[151] — Eigenschaften, die für die Architektur der zwanziger Jahre typisch werden sollten. Die Klarheit einer Maschinenkonstruktion wurde als fast ethische Qualität gewertet, ihre „saubere" oder „reinliche" Einfachheit als Befreiung verstanden[152]; „Alle diese Gegenstände (Dampfer, Maschinen und Brücken; A.d.V.) sind schön, weil sie genau das sind, was sie sein sollen", sagte Henry van der Velde.[153]
Schließlich erscheint 1914 das Jahrbuch des Deutschen Werkbundes ausschließlich mit Beiträgen über Verkehr und Verkehrsmittel (allein das ist bemerkenswert!); darin schreibt der Architekt Bruno Paul über den Passagierdampfer, den „zuverlässigen, wohlorganisierten und schnellen Riesen", bei dem alles „in jener technischen Schönheit (ist), die von künstlerischer Schönheit scheinbar so verschieden, und die ihr doch so nahe verwandt ist".[154] Im gleichen Heft bezeichnet Ernst Neumann die geschwungenen Linien als die der Bewegung, er begreift „die mobile Baukunst als Architektur der Kurven (...), und zwar einesteils infolge der Forderung der Fortbewegung, andererseits den Formen zulieb, welche vom menschlichen Auge verlangt werden."[155] Und Gropius erweitert das Blickfeld vom Verkehr in die Totale:

> „In den Riesenaufgaben der Zeit, den gesamten Verkehr (...) organisatorisch zu bewältigen, verkörpert sich ein ungeheurer sozialer Wille. Mehr und mehr wird die Lösung dieser Weltaufgabe zum ethischen Mittelpunkt der Gegenwart, und damit wird der Kunst wieder geistiger Stoff zur symbolischen Darstellung in ihren Werken zugeführt."[156]

Nun hat der Begriff des „Verkehrs" eine umfassendere Bedeutung für Gropius; er sieht darin „die ganze materielle und geistige Menschenarbeit".[157] Trotzdem ist bemerkenswert, mit welcher geistigen Unbefangenheit — 1914! — technische Gegenstände als Symbole der Zeit gesehen werden, die in die Kunst und damit die Architektur eingehen sollen. Gropius kommt es gar nicht so sehr darauf an, die funktionale Form der Maschine zu betonen, die sich zwingend aus der Technik ergibt, sondern er sieht die bewußte Gestaltungsabsicht: „Technische Form und Kunstform sind darin zu organischer Einheit verwachsen", so daß „Sinnbilder der Geschwindigkeit"[158] entstanden sind. Der Architektur wird, ausdrücklich, die Aufgabe der symbolischen Darstellung zugewiesen; es werden ihr nicht-architektonische Anregungen gegeben, die die soziale *und* die technische Dimension vereinen.

Diese Erkenntnis ist deswegen wichtig, weil sie über das hinausgeht, was in den zwanziger Jahren in Deutschland aus dem Vergleich mit dem Passagierdampfer entnommen wird; Gropius sieht die symbolische Form, die nicht identisch sein muß mit der Zweckform.

Das Schiff hat also als Vergleichsobjekt und Vorbild für die Architektur seit 1750 unterschiedliche Aufgaben erfüllen müssen; es stand für die Form, die sich zwangsläufig aus den Anforderungen und Einwirkungen durch die Naturgewalten ergibt und gleichzeitig eine schöne Form ist, eine Form, die auf äußere Anforderungen reagiert. Es stand für die vorurteilslos aus neuen Bedingungen entwickelte (Maschinen-) Form, die zum Symbol der neuen Zeit wird und als solches auch Vorbild für die Architektur sein kann – eine Form, die auf Anforderungen der Produktion antwortet.

Nach dem Ersten Weltkrieg wird es ebenfalls noch die Modernität der Technologie sein, die die Architekten fasziniert; es kommt dann jedoch der Aspekt der Organisation, der Wohn- und Lebensform „Passagierdampfer" hinzu, ein Aspekt, der im Zusammenhang der Betrachtung der zwanziger Jahre ausführlich zu behandeln sein wird.

Gerade der letztgenannte Grund für die Beziehung zum Passagierdampfer, darauf muß bereits hier hingewiesen werden, kann aber am wenigsten Ursache dafür sein, Formen des Dampfers in der Architektur zu verwenden – höchstens Grundrißlösungen. Die Tatsache, daß das dennoch geschehen ist, deutet auf zweierlei hin. Einmal muß man den Funktionalismus der zwanziger Jahre als *künstlerische* Bewegung verstehen, der man ihre eigenen Erklärungen nicht unbedingt abnehmen muß; seine „Theorie bereits versuchte, den Zweck in den Dienst der Form zu stellen, obwohl sie es oft umgekehrt ausdrückte. Sie versuchte, eine zwingende Beziehung zwischen Zweck und Form herzustellen, indem sie von mechanischen Vorgängen ausging."[159] Zum anderen kann aus der Verwendung von Schiffsformen in der Architektur, die nichts mit der Ökonomisierung des Grundrisses oder der Anwendung neuer Materialien zu tun haben, geschlossen werden, daß es noch andere Motive, andere Bedeutungszusammenhänge mit dem Dampfer gegeben hat, als sie aus den theoretischen Beiträgen der Architekten ablesbar sind, die vor allem die Minimierung von Flächenansprüchen oder die rationelle Organisation betonen.

## Die Aufbruchstimmung um 1900 und ihre architektonischen Auswirkungen

Die Situation des ausgehenden 19. Jahrhunderts war durch fortschreitende Industrialisierung und in ihrer Folge – durch Landflucht und Bevölkerungsexplosion – die Entwicklung der Stadt zur Großstadt der Massen im Rahmen eines kapitalistischen Wirtschaftssystems gekennzeichnet.

Für das herrschende Bürgertum entstand dadurch eine Bedrohung in Form des wachsenden Proletariats; diese sollte dadurch entschärft werden, daß man sich selbst an die Spitze einer evolutionären Bewegung hin zu einer Lösung der gesellschaftlichen Probleme setzte, was gleichzeitig die Tendenz zur Lösung von den Bindungen der Vergangenheit zur Folge hatte: das Neue an sich gewann eine eigene Qualität, es wurde mit Bewegung, mit Fortschritt gleichgesetzt.
Robert Musil charakterisiert diese Aufbruchstimmung in seinem „Mann ohne Eigenschaften" als beflügelndes Fieber am Ausgang des 19. Jahrhunderts: „Niemand wußte genau, was im Werden war; niemand vermochte zu sagen, ob es eine neue Kunst, ein neuer Mensch, eine neue Moral oder vielleicht eine Umschichtung der Gesellschaft sein solle (...). Aber überall standen Menschen auf, um gegen das Alte zu kämpfen."[160]
Die Bedrohung des Individuums durch die große Zahl verspürten besonders die Künstler und Intellektuellen, und zwar besonders in den großen Städten. Daraus entwickelte sich eine ambivalente Haltung gegenüber der Großstadt, die gleichzeitig als Bedrohung und als Hoffnung, als Keimzelle einer neuen Gesellschaft gesehen wurde:

> ‚Der Intellektuelle entdeckt im Grunde also, daß kein Platz mehr für seine ‚Einzigartigkeit' in der Großstadt der Massen ist, die von einer technischen Reproduzierbarkeit beherrscht wird, welche (...) endgültig alles Heilige und Göttliche vernichtet hat. Doch zugleich wird die Großstadt zur ‚Krankheit', zu der er sich verurteilt fühlt."[161]

Filme wir Chaplins "Modern Times" oder Langs "Metropolis", Brechts Theaterstück „Im Dickicht der Städte" oder seine Gedichte sind später Beispiele dieser Haßliebe, Beispiele für das Wirken einer „Krankheit", die unheilbar ist, an der man leidet, ohne die man aber tot wäre:

„Ich, Bertolt Brecht, bin aus den schwarzen Wäldern.
(...)
In der Asphaltstadt bin ich daheim (...)
(...)
Von diesen Städten wird bleiben: der durch sie hindurchging, der Wind!"[162]

Bei den Architekten schließlich ist es ebenso: F.L. Wright verherrlicht die Maschine, bewundert die Lichterfülle des nächtlichen Chicago[163] — und lehnt die Stadt ebenso emphatisch ab in seinen Präriehäusern. Und Le Corbusier plant ganze neue Städte oder läßt alte für seine Planungen abreißen — Paris —, baut aber seine schönsten Häuser in parkähnlichen Landschaften für reiche Bauherren: die Kartause von Ema als Ideal. Die Widersprüche ließen sich fortsetzen.
Die Großstadt war gleichzeitig Ort schlimmster sozialer Zustände und Ort der intellektuellen und künstlerischen Auseinandersetzung — was beides nebeneinander gesehen wurde.
In ihr kristallisierten sich der Wunsch, sich wieder in vorindustrielle Zeiten zurückzuversetzen, und das Gefühl des Aufbruchs, des Neuanfangs auf der Grund-

lage der neuen technischen Möglichkeiten; der Zwiespalt jedoch konnte nicht gelöst werden, „das Erlebnis des ‚Tragischen' ist identisch mit dem Erlebnis der Großstadt geworden".[164]

Ferdinand Tönnies brachte in einem bereits 1887 erschienenen Buch die beiden Pole auf die Begriffe „Gemeinschaft" gegen „Gesellschaft": „Die Gesellschaft (...) ist das Publikum, die Welt. In der Gemeinschaft ist jeder von Geburt an, im Guten wie im Bösen, mit den Seinen verbunden; während man in die Gesellschaft wie in ein fremdes Land eintritt."[165]

Die gleiche Ambivalenz herrschte im Verhältnis zu Industrie und zur Technik. Das Proletariat wurde in den Fabriken rücksichtslos ausgebeutet und lebte häufig in wahrhaft menschenunwürdigen Verhältnissen — ließ sich aber nicht davon abhalten, in immer größerer Zahl in die Stadt zu ziehen, in der verzweifelten Hoffnung, hier den Aufstieg oder zumindest den Lebensunterhalt zu finden, der auf dem Lande nicht möglich war. Und trotz der kapitalistischen Ausbeutungsmethoden wurde in der Technik, der Maschine, von den einen die Zukunft der Menschheit gesehen — von den Futuristen bis zu Garniers "Cité industrielle" —, während die anderen, angefangen bei Ruskin, den Untergang des Handwerks, die Entmenschlichung durch die anonymen Maschinen erkannten; der Streit ging bis in den Deutschen Werkbund hinein — Gropius und Van de Velde gegen Muthesius — und setzte sich bis in die Widersprüche der nationalsozialistischen Ideologie fort: Handwerk und Scholle gegen Großindustrie und Rüstungsproduktion.

In der Kunst schließlich hatte man sich nicht von den „kulturellen Verständigungssymbolen" des Adels lösen können, weil die eigene, die bürgerliche Revolution ausgeblieben war; wegen der neuen Bedrohung galt es nun, „Formen zu entwickeln, die nicht mehr an die eigene kulturelle Unselbständigkeit, das mangelnde kulturelle Selbstbewußtsein früherer Jahrzehnte erinnerten (...). Kultur — und zwar die eigene bürgerliche — sollte zum Vorbild für die proletarischen Massen in den Städten werden." Man suchte daher die neue, die zeitgenössische Kunst als „vortreffliches *Instrument sozialer Integration*".[166]


### Neubewertung der Bauaufgaben

Die Auswirkungen dieser Situation auf die Architektur zeigten sich in einer Umwertung der traditionellen Hierarchie der Bauaufgaben und in den Ansätzen zur Entwicklung neuer Formen, die dem neuen Anspruch an die Kunst gerecht wurden.

Die Bauaufgaben der Vergangenheit — Kirche, Schloß und Palast — hatten im Verlauf des 19. Jahrhunderts ihre Funktion als stilbildende „Leitbauten" verloren; Sedlmayr hat die weitere Entwicklung vom architektonischen Denkmal bis zur Fabrik als Hauptbauaufgabe („ein tieferstehendes Idol als die Maschine ist

kaum vorzustellen"[168]) dargestellt. Die Fabrik, die Maschine wurde jedoch sehr schnell in dieser Funktion abgelöst durch die Aufgabe des Wohnungsbaus — der Druck der Wohnungsnot wuchs wie auch die Erkenntnis, daß die Lösung nicht der spekulative Mietswohnungsbau des ausgehenden 19. Jahrhunderts sein konnte. In der Verbindung mit der Maschine, in Rationalisierung und Typisierung, wurde später die Lösung des Problems gesehen, so daß hier die Verbindung des „Idols" Maschine mit der „Leitbauaufgabe" Wohnen stattfand.
In der Bedeutung des Wohnungsbaus als Leitbauaufgabe einer Zeit drückt sich eine gesellschaftliche Umwertung aus, die in der Tat etwas gegenüber früheren Zeiten völlig Neues war, nämlich eine allgemeine Höherbewertung der Bedürfnisse der Masse (ein Begriff, der in diesem Zusammenhang keinen negativen Beigeschmack hat, sondern nur die große Zahl meint) oder, andererseits, eine niedrigere Bewertung der Stellung von traditionell gesellschaftsbildenden Elementen, die über dem einzelnen Menschen stehen — gleich ob Gott und Kirche oder Fürst und Palast.
Sicherlich hat die Bedeutung des Wohnungsbaus auch ganz praktische Gründe; der Bedarf entstand als Folge der Industrialisierung durch die Landflucht, durch neue Industrieansiedlungen, später durch die Folgen des Weltkrieges und durch die Bevölkerungsexplosion. Nur gab es Wohnungsnot als Problem der Quantität auch schon früher, ohne daß dadurch entscheidende Architekturanstöße initiiert wurden, die wiederum auf andere Aufgaben ausstrahlten. Jetzt aber kommt ein höherer qualitativer Anspruch hinzu, eine *moralische* Berechtigung auf menschenwürdiges Wohnen, die entsprechenden sozialen Druck und ein anderes soziales Bewußtsein auch auf der Seite der Architekten erzeugen.
Daß dieses soziale Bewußtsein keineswegs einheitlich war und zu gleichen Konsequenzen geführt hätte, daß vielmehr die Bandbreite vom Marxismus bis zum kapitalistischen Paternalismus reichte, darauf wird bereits hier hingewiesen.
Wichtig ist, daß es nicht mehr um bürgerliche Wohnprogramme und -formen ging, sondern daß bei dem, was damals den feststehenden Terminus „Wohnfrage" hatte, gerade die Wohnung für die Arbeiter und Angestellten, eben für die Masse, diskutiert wurde. Nicht das Landhaus für den Bürger war gefragt — das hatte Muthesius als letzter gebaut —, sondern die „Wohnung für das Existenzminimum". Die Wohnungsfrage wurde zur öffentlichen Aufgabe und war seit dem Ende des 19. Jahrhunderts ständig Thema wissenschaftlicher und architektonischer Diskussion — von Howard bis Hilberseimer.
Das Interesse jedoch war durchaus zwiespältig, versuchte es doch Folgen zu kurieren, ohne an den Ursachen etwas zu ändern. Janssen hat in einem vehement geschriebenen Aufsatz gerade auf diesen Aspekt hingewiesen. Der „herrschenden Klasse" stellte sich danach vielmehr „das Problem, wie die Revolution, die im Elend ihre Nahrung fand, verhindert werden könnte, ohne daß die Ausbeutungsverhältnisse selbst verändert oder beseitigt werden müßten".[169] Die Lösung lag nach seiner Auffassung in der Verlagerung des eigentlichen Problems auf die Frage nach den Wohnverhältnissen und in der Übernahme der Verwaltung der Woh-

nungsnot durch den Staat: „Man substituierte begrifflich Armut durch Pauperismus und verstand unter Pauperismus nun nicht mehr die materielle Armut selbst, sondern ausschließlich deren sichtbare Folgen." Und man wählte „als eklatantestes Exempel die Wohnungen, deren Mißstände zu beseitigen zur gesellschaftspolitischen Aufgabe erhoben wurde".[170]
Das jedoch ändert nichts am Problem der tatsächlich vorhandenen Wohnungsnot: Die Bauaufgabe, die zugleich in dieser Dimension eine städtebauliche war, blieb.


### Neue formale Ansätze

Die soziale Umwälzung als Folge der Industrialisierung und die Umwertung der Bauaufgaben haben eine Neuformulierung auch der künstlerischen Bedingungen zur Folge; die Fragestellung des 19. Jahrhunderts — „In welchem Style sollen wir bauen"[171] — diese Fragestellung hat keine Relevanz mehr, da die Stile der Vergangenheit als untauglich für die Gegenwart angesehen und die zeitgemäße, die neue Form gesucht wird, die die Klassengegensätze im künstlerischen Überbau harmonisiert.
Man erkennt zwei übergeordnete Merkmale jenseits der verschiedenen stilistischen Ansätze, die das grundsätzlich Neue dieser Entwicklung markieren.
Zum einen versuchte die Architektur-Avantgarde, die „im Gegenstand wirkenden wesenhaften Erscheinungen und Gesetzmäßigkeiten"[172] darzustellen. Das „muß zur Folge haben, daß die bisherigen Erscheinungsformen aus Natur und Geschichte verlassen werden, daß mit der Wiedergabe von gegenständlich auffindbaren Formen gebrochen und damit die sichtbare Welt ausgeschaltet wird"[173]; d.h. man arbeitet am Problem der Abstraktion, die die Ausdruckswelt des Menschen darstellt, ohne gegenständliche Symbole zu verwenden. (Es wird jedoch nicht, wie es ein platter Funktionalismus der Architektur nach dem Zweiten Weltkrieg suggerieren will, das sachliche Äußere um seiner selbst willen thematisiert, sondern das Wesen des Sachlichen).
Das Fehlen gegenständlicher Formen ist aber nicht vollständig. Der völlige Rückzug in die Abstraktion, auf die syntaktischen Zeichenfunktionen gilt nur für einige Architekten; die Maschinenästhetik und damit auch das Schiffsmotiv als Formelement ist nicht nur vom Futurismus bis zum russischen Konstruktivismus, sondern auch im deutschen Funktionalismus immer virulent; d.h. der Tendenz zur Abstraktion steht der Versuch gegenüber, die „Sachlichkeit" zu symbolisieren, Symbole der Objektivität zu schaffen; beides sind unterschiedliche Ansätze, selbst wenn sie bisweilen zu ähnlichen Ergebnissen führen.
Das zweite übergreifende Thema der modernen Architektur hat Giedion die „neue Raumkonzeption" genannt (in seiner Terminologie die dritte): die „Raum-Zeit"[174]. Die Thesen Giedions sind zu bekannt, als daß sie hier wiederholt wer-

den müßten; als Zusammenfassung mag hier dienen, was er über den Kubismus sagt, was aber gleichermaßen über die Architektur gesagt werden könnte:

> Er „brach mit der perspektivischen Auffassung der Renaissance. Er sah Objekte gleichsam relativ, von verschiedenen Standpunkten aus, von denen keiner absolute Autorität über die anderen hatte (...). Er ging um die Objekte herum und drang in sie ein; so wurde den drei Dimensionen (...) eine vierte angefügt: die Zeit."[175]

Die Einbeziehung der Zeit jedoch konstituiert die Bewegung als Formelement. Selbstverständlich war die Bewegung schon immer Bestandteil architektonischer Gestaltung; neu war jedoch, daß die Bewegung zum Thema der Architektur wurde, daß sie dargestellt wurde als Wesen einer neuen Zeit: „Das Motiv der Bewegung — das entscheidende Motiv der Zeit"[176], wie es Gropius 1914 sagt.

Was Gropius enthusiastisch begrüßt, beschreibt Egon Friedell auf einer nicht-architekturbezogenen Ebene skeptisch als „Heraufkommen eines neuen Tempos" (das auch er als neu erkennt):

> „Eilfertige Kleinbahnen, Großomnibusse, Tramways (...) beherrschen das Stadtbild; Blitzzüge, von Jahr zu Jahr verbesserte Telephone, täglich wachsende Telegraphenanlagen besorgen den Fernverkehr. Dieses (...) Kommunikationssystem verleiht dem Menschen nicht bloß eine erhöhte Beschleunigung, sondern auch Allgegenwart (...). Er ist überall und infolgedessen nirgends, umspannt die ganze Wirklichkeit, aber in Form von totem Wirklichkeitsersatz."[177]

Damit ist die Voraussetzung genannt dafür, daß die Bewegung überhaupt thematisiert wird, nämlich die Übereinstimmung der inneren mit der äußeren Realität: „Dynamik, Spannung, Energie, Veränderlichkeit, Instabilität, Ungleichmäßigkeit als neue Daten der inneren Wirklichkeit bedeuten, daß der äußeren Erscheinungswirklichkeit die verschiedensten Bewegungs- und Wachstumsvorgänge sowie lebendige, pulsierende Funktionen zugrundeliegen."[178]

Auch Sedlmayr, der die konservative Position am überzeugendsten vertritt, sieht die Tendenz zur Bewegung als ein Hauptmerkmal der modernen Architektur an, kommt aber zu einer anderen Bewertung: die „Loslösung vom Boden"[179] erzeuge „Labilität"; die Angleichung an die Maschine führe zur Betonung alles Beweglichen; es erschienen die „Utopien der fahrbaren Häuser, die mit Schiff, Flugzeug und Wohnwagen auf eine Stufe hinuntergedrückt werden, klarstes Symbol dafür, daß der Mensch keinen Ort mehr haben will, an dem er bleiben, auf den er ‚bauen' kann."[180]

Die Architektur, die sich mit dem Thema der Bewegung auseinandersetzt, hat zugleich einen positiven, einen utopischen Aspekt — Bewegung bedeutet immer auch „Bewegung zu etwas", ist zielgerichtet. Sie ist „Symbol der innersten Struktur der Zeit"[181], insofern sie die Bewegungs- und Funktionsabläufe, also dynamische Elemente, darstellt, die Abbild der Taylorisierung der Arbeitswelt sind; also Bewegung zu etwas, zu einem zukünftigen Ziel, aber auch Abbild der durch das Fließband gekennzeichneten Arbeitswelt. Insofern geht diese Architektur von der bestehenden Wirklichkeit aus; für Vogt[182] ist sie Darstellung von Arbeit, abgeleitet aus maschinellen Produktionsbedingungen, für Petsch Darstellung der Funktion — „der Terminus ‚Funktion' ist die Umschreibung von Bewegung und stellt ihre komplexe Zusammenfassung dar".[183] Beides jedoch, „Arbeit" wie „Funktion", bezieht sich auf die Dynamik der Maschine, die die zentrale Metapher dieser Architektur wird: „Deren Siegeszug galt den Architekten der modernen Richtung als ebenso unbestreitbar wie die Tatsache, daß durch ihn die aus früheren Epochen überkommenen kulturellen Werte mehr und mehr ihre Verbindlichkeit verloren."[184]

An Technik und Maschine knüpfen sich gewaltige Hoffnungen. F.L. Wright — immerhin! — nennt sie 1908 „die Vorläuferin der Demokratie, auf die wir unsere größte Hoffnung setzen".[185] Und gerade die sozialistischen Theoretiker bauen ihre Erwartungen darauf, „mit der Allianz zwischen Proletariat und Technik die revolutionäre Umwälzung der rückständigen Produktionsverhältnisse vorantreiben zu können".[186] Die gesellschaftlichen Nivellierungstendenzen, die mit der Maschine verbunden waren[187] (die sich tatsächlich in Proletarisierung äußerten), werden euphorisch bereits als Abbau der Klassen und als Herstellung von Gleichheit verstanden.[188]

Die „Befreiung von der Arbeit" durch die Maschine ist Ziel aller avantgardistischen Tendenzen der Zeit: „Es ist auch bezeichnend, daß dieselben Avantgarden (...) dieses Ziel durch ein Bekenntnis zur *Ideologie der Arbeit* einlösen wollen. Dies ist ihnen möglich, weil sie die von ihnen propagierte ‚neue Arbeit' als kollektive und, was noch wichtiger ist, als geplante Arbeit begreifen."[189]

Es war also mit der Hoffnung auf die Maschine immer auch ein utopischer Aspekt verbunden, die Hoffnung auf eine bessere Welt, eine Art Sozialismus — jedoch unterschiedlichster Nuancen; die „neue Architektur sollte eine Welt entspannter Harmonie, Gleichheit, Rationalität und Gemeinschaft bewirken (...)".[190] Und dieser utopische Aspekt wurde in der ästhetischen Umsetzung — wie im einzelnen zu zeigen sein wird — immer als Bedeutungshintergrund konnotiert. Die Architektur bekommt die zentrale Funktion, diese Utopie herbeizuführen; insofern war der Entwurf in den Augen der Architekten aktive Gesellschaftspolitik: „hier wird die Konstruktion einer besseren Umwelt versucht im Vertrauen auf die Kraft der Phantasie und der künstlerischen Imagination"; der Versuch der Befreiung der Menschen (...) durch das Material selbst, durch die Schaffung neuer, von jedem Formenkanon gelöster baulicher Gehäuse."[191]

Es lassen sich aus der hier angedeuteten gesellschaftlichen Entwicklung und ihren Konsequenzen für die Architektur einige Begriffe als Stichworte herleiten, die für die weitere Entwicklung bestimmend bleiben sollten.

Die mit der Industrialisierung einhergehende Entwicklung der Großstadt als Ort der Massen stellte eine Bedrohung für das Selbstverständnis des bürgerlichen Individuums dar, das seine „Einmaligkeit" infrage gestellt sah. Gerade die bürgerlichen Intellektuellen, mit ihnen die Architekten, spürten diese Bedrohung sehr deutlich. Der Druck, der sehr unmittelbar spürbar wurde durch die Wohnungsnot, wurde dadurch aufzufangen versucht, daß man sich an die Spitze der Bewegung setzte und das Ideal der Harmonie aller beschwor: Das Neue an sich wurde zum Symbol des Aufbruchs in eine „klassenlose" Gesellschaft nach bürgerlichem Verständnis und gewann damit eine eigene Qualität. Gleichzeitig wurde der Beschaffung von Wohnraum eine ethisch-moralische Dimension gegeben, die den Wohnungsbau für die Massen zur Hauptaufgabe machte, zumal keine der früheren zentralen Bauaufgaben eine gemeinschaftstiftende Symbolfunktion behaupten konnte.

Der Gegensatz zur Masse wird vom Individuum verinnerlicht und entweder als Ideologie der vorindustriellen Idylle, dem Einssein von Mensch und Natur, der dörflichen Gemeinschaft, oder als sozialutopische Vision der Rationalität und Gleichheit sublimiert, an deren Ende bei den Architekten die „Charta von Athen" steht. Beide Richtungen, die der „Traditionalisten" und die der „Avantgarde", werden realisiert. Die Avantgarde leitet aus dem Neuansatz, der die formalen Lösungen des 19. Jahrhunderts radikal ablehnt, eine objektivierende, das individualisierende Ornament ablehnende Formensprache ab, die die Bewegung – der Maschine, der Arbeit, der Funktionsabläufe – thematisiert. Die Maschine wird gleichzeitig als Instrument einer Architektur der „angewandten Sozialpolitik" verstanden, für die zeichenhafte Formen gefunden werden müssen, die diesen utopischen Aspekt ausdrücken.

## Der Passagierdampfer um 1900

Als dritte Voraussetzung für die Möglichkeit einer Übernahme von Schiffsformen in die Architektur nach der architekturtheoretischen Vorbereitung im 19. Jahrhundert und der – gesellschaftlichen wie architektonischen – Aufbruchssituation am Beginn des 20. Jahrhunderts, die nach grundlegend neuen Formen verlangte, ist auf das eigentliche Objekt einzugehen, dessen Formen zum Vorbild wurden, mit denen seine Inhalte zeichenhaft vermittelt werden sollten.

In früheren Zeiten bezog sich das architektonische Zitat von Schiffsformen in der Architektur auf die Rumpfform und die Form der Segel. Jetzt ist es dagegen der Dampfer, genauer: das Passagierschiff der Neuzeit mit einem gänzlich anderen Formenvokabular, dem Segelschiff nicht mehr vergleichbar, das zum Paradigma auch der Architektur wird: Es sind nicht mehr die natürlichen Materialien, wie Holz und Segel, die durch *Anpassung* an natürliche Bedingungen – Wind und See – diese überwinden, sondern es ist das technische Produkt aus Stahl, das *gegen* die Umweltbedingungen kämpft; die Überlegenheit der Maschine wird zum Bild der Überlegenheit menschlichen Geistes (die „Titanic" wird zum Symbol dieses Glaubens wie ihr Untergang zum Menetekel menschlicher Hybris).

Die Neuheit des maschinengetriebenen Schiffes und seine stürmische Entwicklung sind gleichzeitig auch Hinweis darauf, warum überhaupt Architekten auf die

Idee kamen, Formen für die Architektur zu entlehnen, die für einen anderen Zweck und aus völlig anderen Bedingungen heraus entwickelt wurden — Bedingungen, die durch das andere Material (Stahl) und durch das andere Element (Bewegung im Wasser) gekennzeichnet sind.

Es dürfte unmöglich sein, im Rahmen dieser Arbeit die ungeheure Faszination zu beschreiben, die die großen Passagierdampfer, besonders die Schiffe der Nordatlantikfahrt Europa — USA, auf die Menschen am Beginn des Jahrhunderts ausübten; eine Faszination, deren wirtschaftlicher Hintergrund in der für die Entwicklung der expandierenden Weltwirtschaft lebenswichtigen Bedeutung einer schnellen und regelmäßigen Verbindung zwischen der Alten und der Neuen Welt lag und deren Überlagerung mit dem nationalen Pathos und Prestigedenken der Staaten die Grundlage für Bausubventionen und Wettfahrten („Blaues Band" für die schnellste Atlantiküberquerung) bildete.

Für die Menschen waren diese Schiffe, die in ganz kurzer Zeit bis dahin unvorstellbare Dimensionen bekamen, der Inbegriff von technischem Fortschritt, der weder durch die Eisenbahn noch durch die bescheidenen Anfänge des Autos oder gar des Luftverkehrs gleichwertig repräsentiert werden konnte. So verweist Coleman in seinem Buch über die Passagierdampfer als erstes auf das paradoxe Bild, wie die „Lusitania" nach ihrer Jungfernfahrt (1907) am New Yorker Kai liegt und die Menge der Pferdedroschken diesen blockiert: "Her passengers, who had made a sea-crossing of the Atlantic ... in a beautiful piece of machinery that was essentially never much improved on, then had to rely on horses to take them to their Manhattan hotels."[192]

Der Anfang der Entwicklung verlief zögernd. Schon 1807 entwickelte Robert Fulton das erste Dampfschiff, 1819 überquerte seine „Savannah" den Atlantik. Aber erst 1888 wurde mit der „City of New York" ein Passagierdampfer ohne Hilfsbesegelung gebaut — erst das kann als der eigentliche Beginn der Passagierdampfschiffahrt gewertet werden. Mit der Entwicklung der Dampfturbine (1900) und des Dieselmotors (1910) als Schiffsantriebsmaschinen und dem Bau des Schiffes als „schwimmenden Hotelpalasts" (der Innenarchitekt des Pariser „Ritz", Karl Mewes, stattete auch die „Imperator" aus) war der moderne Ozeandampfer geboren.

Entsprechend entwickelten sich die Passagierzahlen; fuhren noch im Jahr 1902 nur 205 000 Passagiere über den Atlantik — vorwiegend Auswanderer in Richtung Westen und Geschäfts- und Vergnügungsreisende in Richtung Osten —, so stieg diese Zahl bis 1929 auf 1 069 000 Personen. Die Weltwirtschaftskrise und die folgende wirtschaftliche Depression ließ die Zahl dann bis 1934 auf 460 000 Personen sinken (verblüffenderweise wurde jedoch die höchste Personenzahl zu Schiff erst nach dem Zweiten Weltkrieg befördert, 1958 mit ca. 1,2 Millionen — damals aber bereits mit einem Anteil von rund 55 % des gesamten Passagieraufkommens im Flugzeug).[193]

8  „Queen Mary" auf dem Trafalgarsquare

10  Werbeplakat der „Statendam", 1927

9  Dampfer „Mauretania"

11  Werbeplakat der „Normandie"

Die Zahlen können jedoch nicht die Aura des Passagierdampfers am Beginn des Jahrhunderts wiedergeben, eine Aura, in der sich der Traum von Freiheit auf dem Meer, das Gefühl der unbezwinglichen Technik, ein fast sportlicher Nationalismus und der Abglanz von Reichtum, von amerikanischem Glamour mischten; in „einer Welt, die das Auto und Radio noch nicht kannte und in der die Dampfmaschine die Hauptkraftquelle bildete, war der riesige Luxusdampfer ein farbiges und oft furchterregendes Beispiel der Macht."[194]
Ihre Namen spiegeln den Anspruch auf nationale Größe und Unbezwingbarkeit: „Imperator", „Bismarck", „Empress of Britain" oder „Titanic". Ihre Bedeutung wird auch darin deutlich, daß regelmäßig der dienstälteste Kapitän der britischen Cunard-Line geadelt wurde.[195]
Aber der Dampfer haftete nicht nur als technisches Wunderwerk oder als Ausdruck nationaler Größe im Bewußtsein der Menschen, sondern auch als quasistädtisches Gebilde, als „dieses riesige schwimmende Babylon".[196] Die gedankliche Verbindung von Dampfer und Architektur ging also nicht nur einseitig von der Architektur, sondern umgekehrt auch vom Dampfer aus: „*Das Mittelalter hat die Kathedrale erbaut, wir den Passagierdampfer*; mit seiner Architektur, seinen Proportionen (...) das moderne Monument schlechthin."[197]
Das Publikum erwartete Skandale und Gesellschaftsklatsch: den Hauch der großen Welt. Wall faßt es folgendermaßen zusammen:

> „Dies waren die Passagierschifflinien, die sich (...) zu den machtvollsten Wirtschaftsunternehmen der Welt entwickelten. Die Eigner der großen Gesellschaften waren auf dem Gipfel ihrer Macht und ihres Ruhmes Freunde gekrönter Häupter und Berater der Regierungen (...). Die Reedereien ließen auf See eine einzigartige — längst verschwundene — Welt entstehen, in der größter Luxus und größte Eleganz nur wenige Decks von den Unterkünften des Zwischendecks getrennt waren (...)..
> Die Ozeandampfer waren in Wirklichkeit ein getreues Spiegelbild der Gesellschaft Europas und Amerikas im ausgehenden 19. und beginnenden 20. Jahrhundert (...)."[198]

Mit der Entwicklung des Passagierdampfers bildete sich auch ein gegenüber den Segelschiffen neues Formenvokabular aus, das aus den rein funktionalen Anforderungen aus der Nutzung (der immer gleichartigen Wohneinheit „Kabine"), dem Material (Stahl) und aus der Beanspruchung durch die See und die Notwendigkeit des Fahrens entwickelt war.
Der Hinweis auf die Zweckgebundenheit der Formen, ihre äußerste Funktionalität, ist deshalb wichtig, weil diese in die Architektur übernommen wurden; andererseits waren sie für den Schiffbauer bedauerliche Notwendigkeit: dieser bemühte sich vielmehr, sie zumindest im Inneren möglichst vollständig zu verbergen, um — eine Umkehrung der Intention der Architekten — dieses möglichst der Innenarchitektur der Paläste anzupassen. So waren die englischen Dampfer „Mauretania" und „Olympic" aus dem Beginn des Jahrhunderts in der Manier englischer Herrensitze ausgestattet, und die deutsche „Imperator" aus dem Jahre 1913 protzte im französischen Stil des 18. Jahrhunderts. Und so stellt Giedion noch 1929 in seinem Buch über das neue Wohnen, das dem neuen Lebensgefühl

entsprechen soll, das Foto eines Dampfers mit dem Text vor: „Glänzender Ausdruck gesammelter Kraft. Kompromißlose Anpassung an die Funktion.(...) Funktion schafft hier Schönheit" — dagegen stellt er das Bild eines Innenraumes desselben Schiffes, der in Stilimitationen schwelgt.[199]

Die Analyse der neuartigen Formensprache der Dampfer kann hier nur die charakteristischen Formen berücksichtigen; sie muß sich vom Detail eines technischen Gegenstandes bis zur Grundrißanlage erstrecken. Diese ist gekennzeichnet durch die zum Bug spitz, am Heck rund auslaufende *Gesamtform* und die *Reihung der Kabinen*, also gleichartigen Raumzellen in mehrbündiger Anlage. Die Decks sind zwar nach Klassen unterteilt, die einzelne Kabine jedoch ist eine Grundeinheit ohne individuellen Charakter in einer Reihung gleicher Elemente.
Das *Promenadendeck* verläuft als Gang vor einer Reihe von Räumen an der Aussenseite des Schiffes. Es ist leicht gekurvt, der Grundrißform des Schiffes folgend, und auf der dem Meer zugewandten Seite optisch begrenzt durch Reling und Rahmenkonstruktion des darüberliegenden, auskragenden Decks; seine Tiefe übersteigt die für den Verkehrsfluß notwendige Breite und bietet Platz für sonstige Aktivitäten.
Das dritte, wichtige Grundrißelement ist die *Brücke*, die hochliegende, quer zur Schiffsachse verlaufende Plattform, die es der Schiffsführung erlaubt, eben weil sie über die gesamte Breite des Schiffes verläuft, das gesamte Schiff bis zu den Seitenwänden des Rumpfes zu übersehen.
Der *Aufriß* eines Passagierdampfers ist gekennzeichnet durch die große Länge im Vergleich zur Höhe, die durch verschiedene horizontale, bandartig wirkende Elemente (die übereinanderliegenden Decks, die Fensterbänder, die horizontalen Relingsstäbe) betont wird. Diese horizontal geschichtete Form wird durch wenige vertikale Elemente akzentuiert: Schornsteine, Masten, die Davits der Rettungsboote. Besonders charakteristisch in der Seitenansicht ist die *Staffelung* der Decks zum Heck, die aus der windgeschützten, weil dem Fahrtwind abgewandten, jedoch der Sonne offenliegenden Lage resultiert; entsprechend befinden sich hier meist die Freiluft-Angebote zur Unterhaltung der Passagiere.
Die *Masten* waren entweder für die Ladebäume oder die ebenfalls sehr typischen, takelageähnlichen Antennen notwendig. Der Eindruck der (Segelschiffs-) Takelage kam zudem dadurch zustande, daß auch Schornsteine und die Masten selbst wiederum abgespannt werden mußten.
Die *Schornsteine* waren bei den Passagierdampfern schon bald auch dekoratives Element; ihre Anzahl war nach ästhetischen Gesichtspunkten, nicht nach ausschließlich funktionalen gewählt. Die häufig leicht nach hinten geneigte Form sollte den stromlinienförmigen Eindruck von Schnelligkeit verstärken.
Ein für Schiffe besonders typisches Element ist die *Windhutze*, der Be- oder Entlüftungsstutzen für die innenliegenden Räume. Seine nach hinten gebogene Auslaßöffnung sollte vermeiden, daß der Fahrtwind die ausströmende Luft zurückdrückt oder, in Fahrtrichtung gestellt, Fahrtwind als Belüftung nach innen führen.

Die Anordnung der *Fenster* der oberen Decks als Fensterbänder — gleichmäßig gereihten, gleich großen Grundeinheiten — resultiert aus dem Kompromiß zwischen dem Wunsch nach möglichst großen Öffnungen und der Notwendigkeit, die Fensterflächen aus Gründen der Stabilität (Winddruck, Wasserdruck bei schwerer See) nicht zu groß bauen zu können; ihre abgerundeten Ecken ergeben sich aus der materialgerechten Behandlung des Stahls und bieten zudem größere Stabilität. Die runden Fenster der Kabinendecks (*Bulleyes*) haben den erheblichen Wasserdruck bei Sturm auszuhalten, was ihre Größe begrenzt und ihre kreisrunde Form statisch begründet.

Schließlich ergeben sich aus dem *Material* — Stahl — noch charakteristische Formen, wie die Art der Geländer aus runden Stahlstäben bei der Reling oder den Treppen, auch die Treppen selbst, die aus Gründen der ökonomischen Raumausnutzung meist sehr steil waren.

Als letztes sei hier noch auf den im Decksbereich im allgemeinen *weißen Anstrich* der Dampfer hingewiesen. Das Weiß der Häuser der modernen Architektur in den zwanziger Jahren hatte — nicht bezogen auf die Parallele zum Schiff, jedoch im Hinblick auf den Charakter der Modernität — durchaus programmatische Funktion; das Weiß entsprach dem gewollten Eindruck von Klarheit, Sachlichkeit und Rationalität. Darüber hinaus läßt die gleiche Farbe mögliche formale Ähnlichkeiten zwischen Schiff und Haus besonders deutlich hervortreten und bietet ein zusätzliches Indiz für die beabsichtigte Wirkung.

Eine Parallele besonderer Art zwischen den Dampfern und der Architektur jener Zeit liegt in der Art ihrer *Darstellung*. Die Werbeplakate und Zeichnungen der Schiffe verwendeten vorzugsweise eine übersteigerte Froschperspektive, um die Größe und Dynamik der Dampfer zum Ausdruck zu bringen. Diese Perspektive entsprach prinzipiell auch den tatsächlichen Größenverhältnissen zwischen Betrachter und Schiff. Die Verwendung dieses Darstellungsart bei Architekturzeichnungen als Übereck-Perspektive betont Ähnlichkeiten zwischen Architektur und Schiff besonders stark.

Bei der Untersuchung von Formelementen der Architektur auf Parallelen zum Schiffbau und zum Dampfer — Parallelen, die nicht auf die gleichen funktionalen Ursachen zurückzuführen sind — besteht jedoch die Schwierigkeit, Abgrenzungen gegenüber einer allgemeinen Maschinenästhetik zu finden und zu definieren. Auf die Art dieser allgemeinen Verherrlichung der Maschine, der Technik, wird später noch im einzelnen eingegangen werden. In diesem Zusammenhang kommt es erst darauf an, eine formale Abgrenzung zu versuchen. Diese kann nur teilweise aus den ausschließlich dem Dampfer vorbehaltenen Formen vorgenommen werden, die in der Grundrißanordnung und dem Aufriß, also der Gesamtform liegen. Auch das runde Fenster, das Bullauge, ist schiffsspezifisch, da es aus den besonderen Bedingungen des Schiffs entwickelt wurde.

Aber die aus dem Material Stahl entwickelte, fertigungstechnisch begründete Form eines Geländers oder einer Treppe oder die Verwendung des Schornstein-

Motivs (Reihung mehrerer Schornsteine) lassen *allein* noch keinen eindeutigen Schluß auf den Motivkreis „Schiff" zu; sie sind bei großen Maschinenanlagen oder Kraftwerken ebenfalls anzutreffen.
Eine vorsichtige Deutung des Formenvokabulars eines Baus als vom modernen Passagierdampfer beeinflußt wird also erst aus dem Zusammenkommen *mehrerer* schiffstypischer Formelemente hergeleitet werden können. Selbst dann ist die Einbettung in eine allgemeine Maschinenästhetik immer konnotiert — wie auch der Dampfer immer Bestandteil der modernen Maschinenwelt ist.

## Ansätze 1 — Futurismus: Maschine und Geschwindigkeit

Voraussetzungen für die Übernahme von Formen des modernen Passagierdampfers als architektonischen Motivs mit komplexer inhaltlicher Bedeutung waren, daß das Schiff als Bezugspunkt für architektonische Vergleiche im 19. Jahrhundert nicht neu war, war die Situation gesellschaftlichen Aufbruchs, die die alten Formen emphatisch ablehnte und nach neuen verlangte und war schließlich die Bedeutung des Passagierdampfers als „schwimmendes Babylon" im Bewußtsein des Publikums: Stadt und technisches Wunderwerk zugleich.
Die Umsetzung dieser Voraussetzungen in gebaute Architektur, die sich erkennbar formal auf den Dampfer bezieht, ist dennoch erst ab etwa 1923 in den Arbeiten der Architekten ablesbar, also nach einem Krieg, der die Notwendigkeit des Neuanfangs verschärfte, die Übermacht der Technik (im Negativen der Zerstörung) gezeigt hatte und in der wachsenden Wohnungsnot die sozialen Probleme noch drängender machte. Zudem war eine Architektengeneration herangewachsen, die die bisherige Architektur vorurteilslos (oder zumindest mit anderen Obsessionen) in Frage stellte.
Bevor wir jene Bauten und ihre inhaltlichen Voraussetzungen untersuchen, soll hier noch auf zwei vorhergehende Architekturströmungen eingegangen werden, die einzelne Aspekte der Entwicklung vorwegnehmen: die eine auf formalem Gebiet, die andere auf gesellschaftlich-inhaltlichem.

Die aus dem Jahre 1917 stammende Skizze eines Elektrizitätswerks von Antonio Sant'Elia zeigt in dynamisch übersteigerter Übereck-Perspektive eine Reihe von drei im oberen Teil freistehenden runden Schornsteinen, die in der unteren Hälfte durch Zwischenbauteile verbunden sind, jedoch ihre zylindrische Form noch erkennen lassen. Die Schornsteinreihe steht auf einem vorn in zwei gerundeten, parallelen Bauteilen endenden Sockel, der nach vorn und hinten schräg nach außen betonte Substruktionen hat. Der Vorderteil des Sockels ist mit einem Bauteil besetzt, der einer Lüftungsöffnung ähnelt. Der ganze Bau strahlt dynamische, vorwärtsdrängende Kraft aus.
Wenn man die im vorigen Abschnitt dargestellten charakteristischen Elemente der Schiffsformen als Vergleich heranzieht, dann fällt die Parallele der Schorn-

12 Antonio Sant'Elia: Skizze für ein Kraftwerk, 1914

steinreihung auf (die aber auch typisch für ein Kraftwerk ist); in den Schrägen im hinteren Bereich lassen sich Treppenschrägen ablesen, und die Lüftungsöffnung entspricht etwa einer Windhutze. Aber erst in der Gegenüberstellung mit dem Bild eines Dampfers zeigt sich, daß die assoziative Verbindung zum Schiff eher durch den allgemeinen Eindruck der Dynamik als durch konkrete formale Parallelen zustande kommt. Die Frage bleibt zudem, ob inhaltliche Beziehungen zum Dampfer im italienischen Futurismus bestehen könnten, die auf seine bewußte Verbindung zur Architektur schließen ließen.

Die Grundelemente des Futurismus waren „Haß auf die Vergangenheit"[200], Verherrlichung der Geschwindigkeit — der berühmte Vergleich des Rennwagens mit der Nike von Samothrake! —, Idolatrie der Maschine und Faszination durch die Großstadt.
All das ist aus dem „Futuristischen Manifest" ablesbar, das unter dem Namen Antonio Sant'Elias erschien, und kennzeichnet seine Architekturzeichnungen; obwohl, wie Schmidt-Thomsen[201] nachgewiesen hat, die Formen seiner Architektur Verbindungen zur italienischen Tradition des Floreale und zur österreichischen Architektur Wagners und Hoffmanns erkennen lassen, sind die thematischen Utopien wie auch die „Utopie des Maßstabs"[202], besonders aber die Verwirklichung einer „Architektur der Dynamik" zu dem Zeitpunkt ein völlig neuer Ton, der erst in den Skizzen Mendelsohns wieder aufgenommen wurde: „Die neue Architektur ist eine Architektur von kühler Kalkulation, verwegener Kühnheit und Einfachheit; eine Architektur aus Stahlbeton, Eisen, Glas, Textilgeweben und all jenen Ersatzstoffen für Holz, Steine und Ziegelwerk, die zur Errei-

chung einer maximalen Elastizität und Leichtigkeit beitragen"[203], heißt es im „Messaggio", dem Vorläufer des Futuristischen Manifests. Das sind Sätze, die die Architektur der zwanziger Jahre fast besser charakterisieren als die Sant'Elias (besonders im Hinblick auf die „Leichtigkeit"). Das Dokument „verbindet die in der Vergangenheit wurzelnden Ursachen mit den neu auftauchenden Ideen der Vorkriegsepoche auf eine Art und Weise, wie sie erst nach Kriegsende üblich wurde, und — was noch wichtiger ist — es richtet sich in seiner Haltung gegenüber den in der Vergangenheit wurzelnden Ursachen nach diesen neuen Ideen aus".[204] Schmidt-Thomsen[205] und andere — besonders auch Banham — haben bereits auf die eher flüchtige organisatorische Verbindung Sant'Elias zum Futurismus hingewiesen; seine Zeichnungen waren zum großen Teil bereits fertiggestellt, als er das Futuristische Manifest unter seinem Namen herausgab. Auf die Widersprüche zwischen dem Manifest — und damit der „offiziellen" futuristischen Architektur — und den Entwürfen Sant'Elias hat ebenfalls Schmidt-Thomsen verwiesen: „Das ‚Dynamische' seiner Architekturen ist nicht als Negation ihrer statischen Voraussetzungen, wie es futuristischer Grundsatz wäre, zu denken, sondern als deren gestalterische Ergänzung."[206] Unbestritten ist jedoch die geistige Übereinstimmung zwischen den Forderungen des Manifests und Sant'Elias architektonischen Umsetzungen.

„Wir erklären, daß sich die Herrlichkeit der Welt um eine neue Schönheit bereichert hat: die Schönheit der Geschwindigkeit"[207] — der berühmte Satz aus dem ersten Futuristischen Manifest Marinettis (1909) enthält bereits alles, was für diesen Aspekt der futuristischen Theorie wichtig ist. Nicht die Bewegung auf ein Ziel hin und damit auch das Ziel selbst, die Utopie, sondern die Bewegung als Absolutes, die Geschwindigkeit, wird gepriesen. In der Betonung der Geschwindigkeit liegt das dynamische Element — die Dynamik bezeichnet die *Veränderung* der Bewegung, nicht die Bewegung an sich. Die Veränderung der Bedingungen in der modernen, durch neue Techniken geprägten Welt — im Begriff der „Geschwindigkeit" zusammengefaßt — prägte ein neues Weltgefühl. Marinetti schreibt in einem der späteren Manifeste (1913), der Mensch denke nicht daran, „daß diese verschiedenen Arten der Kommunikation, des Transportes und der Information auf seine Psyche einen entscheidenden Einfluß ausüben (...). Die Welt schrumpft durch die Geschwindigkeit zusammen. Neues Weltgefühl."[208]
Das führt in der architektonischen Umsetzung einerseits zu einer Art „Trailer-Architektur", bei der „die Städte zu großen Verschiebebahnhöfen (werden), auf denen elegante Wohnwaggons" stehen[209], und — besonders bei Sant'Elia — zur Betonung der mechanisch beweglichen Teile: Aufzüge, Rolltreppen, allgemein aller Verkehrselemente. Zum anderen jedoch führt die Darstellung der Bewegung in der architektonischen Artikulierung Sant'Elias zu den dynamischen Formen der Skizzen: betonte Übereck-Froschperspektive, kräftige Schrägen, die die Vertikalität der Schornsteine noch stützen.

„Heute ist die Maschine die Lyra (...)."[210]

Die Kommunikation zwischen Menschen wird wie in dem Satz von Marinetti von Maschinen bestimmt; deren „Botschaften sind ohne syntaktische Zusammenhänge und bestehen aus reiner Energie".[211] Der futuristische Künstler muß von der Maschine ausgehen; er erklärt, „daß — so wie die Alten die Inspiration für ihre Kunst aus den Elementen der Natur nahmen — wir, die wir materiell und geistig ‚künstlich' sind, die unsere aus den Elementen der modernen mechanischen Welt nehmen müssen (...)".[212] In Formulierungen wie dieser oder in der Verwendung der Metapher des Hauses als Maschine wird zum ersten Mal die Theorie einer Maschinenästhetik dargelegt, "the idea of mechanism and the idea of absolute aesthetic laws".[213]

Die Maschine jedoch wird vor allem unter dem Aspekt der Bewegung gesehen („Geschwindigkeit"); das unterscheidet diese Theorie von der in Deutschland zur gleichen Zeit vorherrschenden Anschauung von der Maschine: die Maschine als Instrument der Arbeit, nicht primär der Bewegung (die gebauten Fabriken lassen diese Haltung ablesen: Behrens' AEG-Gebäude, Poelzigs Wasserturm in Posen oder seine Fabrik in Luban, und selbst Gropius' und Meyers Fagus-Werke, alle um 1910).

Zugleich wird in dieser unterschiedlichen Betrachtung der Maschine ein unterschiedliches Verhältnis zum Menschen deutlich: Die „Maschine als Mittel der Arbeit" ist Werkzeug, damit Hilfsmittel des Menschen. Der Futurismus jedoch sieht in ihr ein vom Menschen losgelöstes, selbständiges Wesen. Autos werden als „schnaufende Bestien" bezeichnet[214], und „Schmerz eines Menschen ist für uns genauso interessant wie der einer elektrischen Birne, die leidet, zuckt und die qualvollsten Schmerzensrufe ausstößt".[215] Folgerichtig kommen Menschen in den Architekturen Sant'Elias kaum vor, die Maschine hat ihre Stelle eingenommen[216].

Die Faszination der Futuristen durch die Großstadt mag daher paradox erscheinen, ist es jedoch nicht. Denn „Großstadt" ist der metaphorische Ort, der die Anwendung der Maschinen, die Verkehrsverbindungen, Kraftwerke usw. erst notwendig macht. Also Großstadt nicht als Ort, wo viele Menschen wohnen, wo „Gesellschaft" stattfindet, sondern wo diese zusammenkommen, in Bewegung sind: „Menschen der großen Hotels, der Bahnhöfe, der ungeheuren Straßen, der riesigen Häfen, der Markthallen, der erleuchteten Bogengänge (...)."[217] Es findet keine Auseinandersetzung mit den sozialen Problemen der Großstadt statt, sondern ein Teilaspekt — der Verkehr — wird zum Anlaß ekstatischer Emotionalisierungen genommen: grafische Science fiction anstelle gesellschaftlicher Utopie.

Der Rang und die Faszination, die von Sant'Elias Werk ausgehen, liegen auf formalem Gebiet und in der Einseitigkeit, mit der Formvorstellungen „in einem einzigen überzeugenden Programm"[218] umgesetzt wurden: „Ohne Bindung an die Lösung realer Probleme stellen diese Blätter ‚reine' Form dar."[219]

Das fehlende Programm mag neben der Auseinandersetzung mit der „reinen Form", die durch eine vorgegebene Nutzung (die auch Grundrisse erfordert) verunklar würde, auch noch einen anderen Grund haben. Severini erläutert im Manifest „Die bildnerischen Analogien des Dynamismus" die auf assoziativen Vorstellungen aufgebaute Bilderwelt des Futurismus; man könne „ein Stück Wirklichkeit nicht mehr von den Erinnerungen, den bildnerischen Anziehungen oder Abstoßungen trennen, die seine *expansive Aktion gleichzeitig* in uns wachruft".[220] Daraus folgt die Mehrdeutigkeit der Inhalte der bildenden Kunst wie auch der Architekurskizzen Sant'Elias: „Formen und Farben, die unsere Eindrücke von der Wirklichkeit ‚Überseedampfer' ausdrücken, können auch die Eindrücke einer vollkommen andersartigen Wirklichkeit, wie zum Beispiel der Wirklichkeit ‚Galerie Lafayette', ausdrücken."[221]

Das gibt die Möglichkeit, strukturelle Ähnlichkeiten der Sant'Eliaschen Formensprache zum Schiff zu klären, ohne daß damit die bewußte Assoziation angedeutet werden soll; diese ist vielmehr aus den vorhandenen Texten nicht herzuleiten. Der Vergleich mit Schiffsbildern läßt diese strukturelle Ähnlichkeit offenbar werden; die gleich gewählte Perspektive verstärkt den Eindruck. Die aufwärtsgerichtete Schräge vorn und hinten findet ihre Parallele im Schiffsbug, zeigt aber auch den Unterschied; der Schiffsbug als ausladende Form ruft den Eindruck der Leichtigkeit hervor, der Ablösung von der Basis, und betont die Horizontalität des Gesamteindrucks, während die Sant'Eliasche Form gerade die Schwere betont und in der konisch zulaufenden Form die Vertikalität akzentuiert. Diese wird jedoch durch die Horizontale des unteren Baukörpers gebrochen, auf den die Schornsteine aufgesetzt sind — hier lassen sich wieder Parallelen zum Schiff sehen.

Die Ähnlichkeiten beziehen sich also auf die Linienführung und den Aufbau der baukörperlichen Massen, die den Eindruck von Dynamik und Kraft hervorrufen. Die Inhalte des Passagierdampfers — Hotel, Servicebetrieb, Transport von einem Ort zum anderen — bleiben ausgeklammert; die Hochhäuser der „Città futuristica", die man allenfalls mit diesen Funktionen in Verbindung bringen kann, lassen keine formalen Anklänge an das Schiff zu.

„Dynamik" und „Kraft" sind vielmehr Kennzeichen der von Sant'Elia genannten Nutzung „Elektrizitätswerk", das wiederum als pars pro toto für die dynamische Großstadt verstanden werden kann. Marinetti hat Prägnanz und zusammenstimmende Präzision und „ihre ‚mechanische Großartigkeit' (...) zum erstenmal auf der Kommandobrücke eines Schlachtschiffes, einem typisch futuristischen Ort, wahrgenommen."[222] Das deutet eine Zugehörigkeit der Sant'Eliaschen Architekturen weniger in den Assoziationsbereich „Passagierdampfer" mit dessen gesellschaftlichem Umfeld, sondern eher zum „Kriegsschiff" an, das dem Eindruck von drängender Kraft angemessener ist (übrigens sind auch die nach außen gerichteten Schrägen eine typische Kriegsschiffsform!).

So läßt sich der Stellenwert der futuristischen Bewegung und der Architektur Sant'Elias im Hinblick auf unser Thema in der Umsetzung von „Bewegung" und „Maschine" in Form sehen; diese Formen haben strukturelle Ähnlichkeiten mit dem Dampfer und dem Schlachtschiff, ohne daß sich eine bewußte Übernahme feststellen ließe. Gerade in der rückhaltlos positiven Akzeptierung der Maschine — gegenüber der zögernd-ambivalenten Haltung in Deutschland — liegt das zukunftszugewandte Moment; die gesellschaftliche Utopie wurde hingegen nicht einbezogen. Aber Sant'Elia war, wie es Banham sagt, „the very first to combine a complete acceptance of the machine-world with an ability to realize and symbolize that acceptance in terms of powerful and simple geometrical form"[223] und schuf so "characteristic dream-images"[224] auch für die Architektur der zwanziger Jahre.

## Ansätze 2 — Expressionismus: Gemeinschaft und „Stadtkrone"

Der italienische Futurismus kann als Vorläufer einer formalen Auseinandersetzung mit Motiven des Dampfers gesehen werden, selbst wenn der Bezug zum Schiff nicht ausdrücklich hergestellt wurde; bei Mendelsohn ist später die deutlichste Verbindung zwischen einer Formensprache, wie sie im Futurismus vorgeprägt wurde, und der bewußt zitierten Dynamik des Dampfers zu erkennen.
Die Entwicklung der Architektur der unmittelbaren Nachkriegszeit in Deutschland hat mit den Formen des Futurismus oder denen der späteren formalen Dampferassoziation nichts zu tun; die Form des Expressionismus war das Kristall, nicht die dynamische Kurve. Dennoch müssen Aspekte des architektonischen Expressionismus in Deutschland zu den Voraussetzungen der Umsetzung des Dampfermotivs in architektonische Form gezählt werden — schließlich waren es die gleichen Architekten, die die spätere Entwicklung bestimmten.
Aber es war nicht die expressionistische Form, die Architektur, sondern die Ideologie, der schwärmerische Sozialismus in den gesellschaftlichen Vorstellungen der Architekten, die das bürgerliche Harmonie-Ideal aufgegriffen (ohne es als solches zu reflektieren) und gestalten wollten.

Die Utopien der expressionistischen Architektur des „Arbeitsrats für Kunst" und der „Novembergruppe" (beide 1918 gegründet) und wenig später der „Gläsernen Kette" (1919) lassen als Konsequenz einer Neubesinnung nach der Destruktion des Weltkrieges die Hoffnung auf die „Befreiung durch die Maschine" vorläufig fallen, auf deren Grundlage „mit der Herausbildung neuer kultureller Mittel der Verständigung die Angleichung des Proletariats an das Bürgertum"[225] betrieben werden sollte. Insofern ist die formale Negation jeder Dampferform (als pars pro toto der Maschinenwelt) nur folgerichtig.
Die Architekten stellten sich jedoch nicht auf die Seite des Proletariats, was in diesem historischen Augenblick vielleicht möglich gewesen wäre. So stellt Karin Wilhelm in ihrer Untersuchung der funktionalistischen Architektur fest, gerade „die Verfechter einer zweckgerichteten, rationell praktischen Bauweise, deren künstlerisches und soziales Engagement schon vor dem Ersten Weltkrieg zu veränderten Formvorstellungen geführt hatte, verweigerten zum Zeitpunkt gesell-

schaftlicher Veränderungen, die in der Novemberrevolution sichtbar wurden, ihre praktisch gestaltete Mitarbeit".[226] Vielmehr versuchten die meisten Architekten, „die vorbürgerlichen Werte" wiederzuerlangen: „Gegen die Stadt und die Technologie wird der Mythos der organisch und mystisch gefestigten, von der Arbeitsteilung befreiten Gemeinschaft wieder empfohlen."[227] Gerade der Rückzug in den Elfenbeinturm der „Gläsernen Kette" im historischen Moment einer Umbruchssituation erweist die gesellschaftlichen Vorstellungen der Architekten als scheinradikal, als „Sozialismus der Bourgeoisie".[228]
Der „Arbeitsrat für Kunst" mit Bruno Taut an führender Stelle proklamierte im Frühjahr 1919: „Kunst und Volk müssen eine Einheit bilden. Die Kunst soll nicht mehr Genuß Weniger, sondern Glück und Leben der Masse sein. Zusammenschluß der Künste unter den Flügeln einer großen Baukunst ist das Ziel."[229]
Und Taut schrieb in seinem Buch „Die Stadtkrone", das ebenfalls 1919 erschien: „Der Sozialismus im unpolitischen, überpolitischen Sinne, fern von jeder Herrschaftsform als die einfache schlichte Beziehung der Menschen zueinander, schreitet über die Kluft der sich befehdenden Stände und Nationen hinweg und verbindet den Menschen mit dem Menschen."[230] Ein solcher „Sozialismus" hatte mit der konkreten politischen Situation der unmittelbaren Nachkriegszeit nichts zu tun; er war Ausdruck romantischen Wunschdenkens: Nicht mehr hin zur „Befreiung durch die Maschine", nicht mehr „Großstadt" und „Bewegung", sondern zurück zur Natur, zu „Wäldern und Feldern"[231], und zur Gartenstadt – die mittelalterliche Stadtgemeinschaft als Ideal, in der jeder seinen Platz hat, die Kathedrale in säkularisierter Form als Zentrum.
Aber neben der mystizistischen Ideologie, die, wie Gropius, „das urwüchsig heitere Volksgemüt als Inspirationsquelle"[232] pries, neben Kulturpessimismus und dem reaktionären Versuch, die vorbürgerliche Idylle zu restaurieren, stand die formale Avantgarde der Architekturentwürfe der „Gläsernen Kette", der Architektur des Kristalls und des Glases, stand die „Stadtkrone" Bruno Tauts. Im formalen Avantgardismus, in der „Stadtkrone" lag als frühe Antwort auf die konturlose Großstadt das Bedürfnis nach Identifikation mit dem gebauten Symbol, das von allen als solches anerkannt wurde. Dieser Kern sollte bei aller Kritik an der verschwommenen und rückwärtsgewandten Ideologie des Expressionismus nicht verlorengehen; Taut selbst hat seine Stadtkrone als Versuch, als Idee verstanden: wir „haben die Idee der neuen Stadt, zwar einer Stadt ohne Haupt. Nun wissen wir aber, wie ihr Haupt, ihre Krone sein muß."[233] Er wußte es nicht; sein Versuch war ein Versuch mit falschen Mitteln, weil er von falschen gesellschaftlichen Voraussetzungen ausging.[234] Das einfache Postulat nach der befreiten Gesellschaft kann die gesellschaftlichen Widersprüche nicht lösen; die Utopie, die einen zu großen Sprung macht, wird zum realitätsfernen Eskapismus.
Das wichtige an Tauts Expressionismus-Visionen bleibt jedoch (und in der heutigen Zeit immer wichtiger) das Bewußtsein, „wie notwendig auch dem Städtebau architektonische Symbole sind"; sein Ansatz war insofern richtig, als er erkannte, daß „nur durch das Sichtbarmachen, Klären und Bestärken objektiv vor-

handener und die Menschen bereits verbindender Vorstellungen"[235] die Aufgabe gelöst werden konnte. Sein Ansatz, so muß jedoch ergänzt werden, war insofern falsch, als die große soziale Massenbewegung, in der sich die „Sehnsucht der Menge äußert", der „Wunsch, die Gemeinschaft zu empfinden"[236] auf Wunschdenken, nicht auf politischer Analyse beruhte.

Es entspricht der rückwärtsgewandten Ideologie des architektonischen Expressionismus, der Abwendung von der Großstadt und der Maschine und der Hinwendung zur Gartenstadt und zum Handwerk, daß in der Formensprache die Metaphern der Vorkriegszeit, das „Saubere, Glatte, Blanke" der Maschine nicht mehr, die des Schiffs noch nicht vorkommen, die die Architektur nach 1923 prägen sollten.

Schumpp ist der Auffassung, daß in der „Hinwendung zur Realität" 1923 der Entwicklung der Architektur „gerade die Elemente verloren (gehen), die in Auseinandersetzung mit der Gesellschaft und nicht in der Isolation von ihr zu einer besseren Umwelt hätten führen können".[237] Es wird dagegen im folgenden zu zeigen sein, daß das utopische Element der neuen Architektur nicht verlorengeht, sondern in der erneuten Hinwendung zur Maschine einen zukunftsgewandten Aspekt erhält, der im Formenkanon der Maschinenästhetik und im engeren Sinne im Dampfermotiv auch ästhetisch adäquat umgesetzt wird.

# Verwirklichung I

*Deutschland oder: Wohnen und Maschine*

In seinem Aufsatz „Woher kommt der Funktionalismus?" nennt Adolf Max Vogt sieben Eigenschaften zur Kennzeichnung der Architektur, die für die zwanziger Jahre prägend war: „klar, rein, streng, heiter, weiß, schwebend und, wie ein letztes Leitwort hieß, transparent."[238] Diese Charakteristik trifft auf die Entwicklung seit etwa 1923 zu, nachdem in Deutschland der Expressionismus (und die Inflation) überwunden ist; im gleichen Jahr erscheint Le Corbusiers "Vers une architecture" in Paris in Buchform, und in Berlin erscheint die erste Nummer von „G", einer „Zeitschrift für elementares Gestalten", an der Mies van der Rohe, Hugo van Doesburg und Naum Gabo mitarbeiten. Ebenfalls 1923 findet die erste große Bauhaus-Ausstellung statt; dessen neue Entwicklungsphase markiert sich äußerlich im Kommen Moholy-Nagys und dem Weggang Ittens. Ein Jahr zuvor hatte in Berlin eine große Ausstellung russischer Kunst stattgefunden, die die Bekanntschaft mit dem Konstruktivismus brachte.
Damit sind einige äußere Markierungen einer neuen Architektur bezeichnet, die mit den genannten sieben Eigenschaften bezeichnet wurde. Vogt weist jedoch noch auf ein weiteres „architektonisches Zeichen" hin: „Die Zeichen des Funktionalismus (der Begriff umfaßt hier die gesamte Bandbreite der Entwicklung, A.d.V.) weisen, wenigstens in der Frühzeit, nicht ungern auf Motive des eisernen Meerdampfers."[239] Denn das „Schiff, das moderne metallene selbstverständlich, scheint als ein fahrendes Haus eine Art Zielvorstellung dieser Architektengeneration gewesen zu sein".[240] Diese Feststellung, die sich mit der Untersuchung der Formen einiger „Leitbauten" jener Zeit deckt, wie sie im vorangegangenen Kapitel durchgeführt wurde, ist im weiteren zu überprüfen.
Die Untersuchung dieses Zusammenhanges wurde besonders von Vogt und von Stanislaus von Moos begonnen (warum ausgerechnet zwei Schweizer hier an erster Stelle genannt werden müssen — abgesehen von einem grundlegenden Aufsatz von Peter Serenyi über das Schiffsmotiv be Le Corbusier[241] —, wird wohl ein Rätsel bleiben). Dabei wird der Begriff des „Funktionalismus", wie ihn auch Vogt in dem genannten Aufsatz verwendet, hier mit einem gewissen Zögern gebraucht, weil die definitorische Abgrenzung noch immer unklar und im einzelnen widersprüchlich ist.
Es besteht heute die Tendenz, die gesamte Epoche, ja, die gesamte moderne Architektur als „Funktionalismus" zu bezeichnen. Hier wird nicht weiter auf die

Frage der begrifflichen Einordnung eingegangen, da sie für unsere Untersuchung nur eine marginale Bedeutung hat — wichtiger sind die dahinterstehenden, im allgemeinen personenbezogenen Theorien. Jedoch soll darauf hingewiesen werden, daß der Funktionalismus nicht als eine geschlossene Bewegung verstanden wird — weder im praktischen Ergebnis noch in der theoretischen Fundierung; die individuellen Unterschiede der Architekten — auch in den gesellschaftspolitischen Überzeugungen — waren eher größer als die Gemeinsamkeiten, die über die gemeinsame Frontstellung gegen die überkommene Architektur hinausgingen.[242]
Aber unabhängig von diesem begrifflichen Problem bleibt die Fragestellung unserer Untersuchung bestehen: Wir hatten gezeigt, daß in früheren Zeiten und in anderen Kulturkreisen Motive aus dem nautischen Umfeld als Architekturformen umgesetzt wurden. Das war — wenn wir einmal von den christlichen Verweisen absehen — schon deswegen verständlich, weil Boot oder Schiff zum unmittelbaren Lebensumkreis der betreffenden Völker gehörte — seien es nun die Wikinger oder indonesische Völkerstämme. Hier wurden durch mythische Überhöhung von Gegenständen des täglichen Gebrauchs symbolische Bedeutungen entwickelt — ein Vorgang, der nicht auf Schiffe beschränkt ist, sondern vielen Mythen zugrunde liegt. In der Architektur der zwanziger Jahre nun werden Schiffsformen zum Architekturmotiv in einem kulturellen Umkreis, der keineswegs maritime Assoziationen nahelegt — in einer Architektur, die zudem das Ornament ablehnt und zur abstrakten Form tendiert.

Die ,,Phasen der geschichtlichen Entwicklung: imperialistischer Kapitalismus — Rückschlag — Wiedererstarken der Industrie" ließen dem Architekten ,,in Wahrheit keine Wahl", es gab für ihn nur: ,,den Weg der Industrie".[243] Was Posener hier lapidar feststellt, stellt den Zusammenhang zwischen der allgemeinen wirtschaftlichen und politischen Situation in Deutschland nach der Inflation und der der Architekten her; er stellt die Kontinuität einer Entwicklung fest, die äußerlich eher aus Brüchen zu bestehen scheint: auf der einen Seite der architektonische Expressionismus als Negierung der Vorkriegsentwicklung (Abwendung von der Maschine, Hinwendung zu Handwerk und utopischem ,,Sozialismus") — andererseits die Architektur der ,,Neuen Sachlichkeit" nach 1923 als krasser Gegensatz zum schwärmerischen Expressionismus — und zwar durch dieselben Architekten!; sozialdemokratischer Siedlungsbau und die ,,Wohnung für das Existenzminimum" kontra ,,Stadtkrone" und ,,alpine Architektur"; anstelle von ,,Kunst und Volk müssen eine Einheit bilden" des ,,Arbeitsrats für Kunst" (1919) heißt es jetzt vom Bauhaus ,,Kunst und Industrie — die neue Einheit" (1923) — eine Entwicklung vom Mystizismus der kristallinen Glasarchitektur zu einer technischen Ästhetik, zur ,,Sprache der Maschinen".[244]
Diese Brüche waren jedoch nur scheinbar so total, wie sie sich äußerlich darstellen; aus der Hinwendung zur Industrie, zur Rationalisierung und Typisierung wurde zwar eine gegenüber dem Expressionismus neue Ästhetik entwickelt, die zugleich die Hoffnung auf die ,,Befreiung durch die Maschine" aus der Vorkriegs-

zeit aufgriff und gestalterisch umsetzte; die ideologische Grundlage des „schwärmerischen Sozialismus" jedoch blieb erhalten, ein bürgerlicher Traum von der Gemeinschaft aller, das „Bild einer Gesellschaft, in der alle Widersprüche in technischen Kategorien erfaßt, und die Klassen unkenntlich gemacht worden sind".[245]

> „Die Idee der heutigen Welt ist schon erkennbar, unklar und verworren ist noch ihre Gestalt. Das alte dualistische Weltbild, das Ich — im Gegensatz zum All — ist im Verblassen, die Gedanken an eine neue Welteinheit, die den absoluten Ausgleich aller gegensätzlichen Spannungen in sich birgt, taucht an seiner Statt auf (...). Nichts besteht mehr an sich, jedes Gebilde wird zum Gleichnis eines Gedankens, der aus uns zur Gestaltung drängt (...)."[246]

In diesen Sätzen Walter Gropius' ist alles enthalten, was in der Architektur ausgedrückt und durch sie gefördert werden sollte: der Ausgleich aller gesellschaftlichen Spannungen in einer neuen Harmonie, die keine Klassengegensätze kennt, und eine Architektur, die diesen Zustand bereits im Heute vorformt. In — vielleicht unzulässiger — schlaglichthafter Verkürzung ist hier die Umsetzung der Formel der Herrschenden — „wir sitzen doch alle in einem Boot" — in eine Architektur zu erkennen, die sich der Motive des Schiffs bedient.

Die Kunst und damit auch die Architektur versucht, die politischen und gesellschaftlichen Bedingungen unter den Voraussetzungen und mit dem Versprechen des neuen industriellen Zeitalters zu gestalten. Wirtschaft und Kunst sollen sich im Sinne des „absoluten Ausgleichs" gegenseitig durchdringen mit dem Ziel

> „der Befreiung des schöpferischen Menschen aus seiner Weltabgeschiedenheit durch seine Verbindung mit der realen Werkwelt und gleichzeitig der Auflockerung und Erweiterung des starren, fast nur materiell gerichteten Geistes in der Wirtschaft".[247]

Der „materielle Geist" der Industrie und Wirtschaft wird also durchaus erkannt, aber die Hoffnung auf einen Ausgleich besteht noch, der gleichzeitig den Künstler aus seiner Isolation herausführt, in die er zunehmend durch die Folgenlosigkeit und gesellschaftliche Irrelevanz seiner Produktion geraten war. Die Maschine stellt Auslöser und Mittel zur Verwirklichung dieser Utopie dar; in ihr konzentrieren sich die gesellschaftlichen Hoffnungen. Also nicht „Mechanisierung des Individuums, sondern im Gegenteil Befreiung des Lebens von unnötigem Ballast, um es desto ungehemmter, freier und geistiger sich entfalten zu lassen, (...) um zu einem Maximum an persönlicher Freiheit und Unabhängigkeit zu gelangen".[248] Ziel ist die Entwicklung von „Lebens- und Wohnformen", die sich „vom Individuellen zum Allgemeingültigen, Reifen herauskristallisieren (...), ein neues Ethos, ein neues Gemeinschaftsgefühl".[249]

Dahinter steht nicht, wie vielfach mißverstanden wurde, die Vorstellung einer nivellierten Gesellschaft der Gleichen, sondern die Einbindung des unabhängigen Individuums mit einem „Maximum an persönlicher Freiheit" in eine Gemeinschaft, die sich zum „Allgemeingültigen" hin entwickelt mit Hilfe der Maschine, die die Entwicklung von Typen und deren Reproduktion erlaubt. Gropius' bekannter Satz von der Gleichartigkeit der Lebensbedürfnisse der Mehrzahl der Menschen.[250] nennt eben die Bedürfnisse gleich*artig*, nicht *gleich*; und Gropius fährt fort: „Die Typen schaffende Maschine ist ein wirksames Mittel, das *Individuum* durch mechanische *Hilfskräfte* (...) von eigener materieller Arbeit zur Befriedigung der Lebensbedürfnisse zu *befreien*"[251] (Hervorhebungen d.V.). Die Befreiung des Individuums durch die Maschine als Hilfsmittel und seine Einbindung in eine neue, klassenüberwindende Gemeinschaft war das gesellschaftliche Ziel, das in der Architektur vorweggenommen werden sollte.

Die Kritik an dieser Utopie einer idealen Gesellschaft bezieht sich auf den Abstand zur Realität der zwanziger Jahre und muß auf den bürgerlichen Hintergrund der Harmonisierung von sozialen Gegensätzen zur Verteidigung eigener Positionen verweisen; sie sollte jedoch nicht außer acht lassen, *daß* eine gesellschaftliche Utopie, das Streben nach einem Ideal bestand, und möge dann dies an der heutigen Situation messen.

## Fünf Architekten als Beispiele

In dem Abschnitt über den modernen Passagierdampfer wurden bereits die einzelnen gestalterischen Grundlagen für das Dampfermotiv in der Architektur untersucht. Im folgenden soll an einigen typischen Beispielen versucht werden, die einzelnen Formelemente im Zusammenhang des gebauten Hauses zu analysieren. Dabei ist, noch einmal, der Hinweis auf die schleifenden Übergänge von einer allgemeinen Maschinenästhetik zum spezifisch vom Dampfer hergeleiteten Formmotiv wichtig. Zum einen ist das Motiv des Passagierdampfers immer im Rahmen der Maschinenform zu sehen. Nur aus der Summe der einzelnen Formelemente, aus der Addition mehrerer schiffsspezifischer Formen und der Gesamtcharakteristik des Hauses lassen sich daher einigermaßen gesicherte Erkenntnisse herleiten.

Zum anderen ist aus den Selbstaussagen der Architekten nur selten die Herleitung eines bestimmten Formmotivs aus Maschine oder Schiff möglich. Ob also, zum Beispiel, das Weiß der Häuser nur den allgemeinen Eindruck des Sauberen und Klaren hervorrufen sollte oder tatsächlich vom Weiß der Dampfer inspiriert wurde, läßt sich nicht positiv nachweisen (obwohl dies, in diesem konkreten Fall, unwahrscheinlich ist, weil auch Häuser in weiß gehalten waren, die keine Schiffsassoziation zulassen). Die Frage ist jedoch auch nur von begrenztem Aussagewert, weil — um beim Beispiel zu bleiben — auch das Weiß des Dampfers Klarheit und Sauberkeit ausstrahlt; es bestehen Affinitäten in der Wirkung, die nicht abgrenzbar sind.[252]

# Walter Gropius

Walter Gropius hatte in einer seiner ersten Vorlesungen am Bauhaus das Heraufkommen der neuen Architektur folgendermaßen beschrieben: „Es werden keine großen geistigen Organisationen errichtet werden, sondern kleine, geheime und autarke Verbände, Logen, Hütten und Verschwörungen, um künstlerisch ein Geheimnis, ein Körnchen Glauben, zu hüten und zu gestalten."[253]
Als Prototyp dieser neuen Form des Zusammenlebens kann das Bauhaus selbst angesehen werden: die Gemeinschaft von Meistern und Schülern mit dem Ziel der Schaffung eines Gesamtkunstwerkes: „Das Bauhaus war zunächst als eine durch geistige Klostermauern von der Gesellschaft abgetrennte Lebensgemeinschaft konzipiert, die eine für die Allgemeinheit gedachte Lebensweise modellhaft vorleben sollte."[254] (Das Kloster als Vorbild werden wir bei Le Corbusier wie auch in Rußland wieder sehen.) Der Künstler sah sich als Handwerker, der seinen Genie-Anspruch aufgab und in der Gemeinschaft aufgeht: „Es ist das Bild einer idealen kommunistischen Gesellschaft, in der es keine Klassenunterschiede gibt und deshalb keine Klassengegensätze."[255]
Das äußerst vielfältige Gebäude des Bauhauses, 1926 fertiggestellt, differenziert äußerlich die verschiedenen Takte: der Werkstatteil mit der mehrgeschossigen Glasfassade, Fachschule und Verwaltung mit ihren Fensterbändern, die Aula als Lochfassade. Der Wohn- und Atelierteil, gleichzeitig der höchste Bautrakt, ist äußerlich gekennzeichnet durch die als einzelne Einheiten gezeigten Wohn-Ateliers, deren Balkone ein aus Stahlrohr gefertigtes, relingähnliches Geländer haben. Außerdem sind einige runde Bullaugen-Fester in der Fassade angeordnet; der weiße Baukörper ist durch einen dunklen Sockel vom Boden abgehoben. Durch diese sparsamen Mittel – Reling, Bullauge, weißer Baukörper auf dunklem Sockel – wird der Dampfer konnotiert, und zwar nur bei dem Wohn- und Ateliertrakt, also dort, wo die Beziehung von Gemeinschaft, Wohnen und Arbeiten am engsten, die Beziehung zum Kloster als Lebensgemeinschaft am deutlichsten ist.
Daß ein gewisses Sendungsbewußtsein, der Wille zum gemeinschaftlichen Symbol, bei Gropius vorhanden war, darauf weist Hübner hin, der die Aufgabe des Bauhauses (mit seiner „klösterlichen Priesterkaste") so sieht: „(...) einmal mußte die Initiative ergriffen und für einen bestimmten Gesellschaftsentwurf ein entsprechendes gestalterisches Symbol geschaffen werden."[256] Die Rolle des Architekten als Gesellschaftsgestalter ging über die Formulierung seiner subjektiven Vorstellungen hinaus: „in der Synthese der Architektur sollte er das Gleichnis der objektiven Weltordnung aufrichten, die in der Natur enthalten war. Seine Aufgabe war es, diese Ordnung zu erkennen und so zu formulieren, daß sie von der Gesellschaft verstanden wurde."[257] Die Maschinenästhetik und damit auch das Schiffsmotiv sollte diese Aufgabe erfüllen: Es war objektiv (weil funktionell ermittelt), und es war verständlich.

13 Walter Gropius: Bauhaus Dessau, 1925/26 (Ateliertrakt)

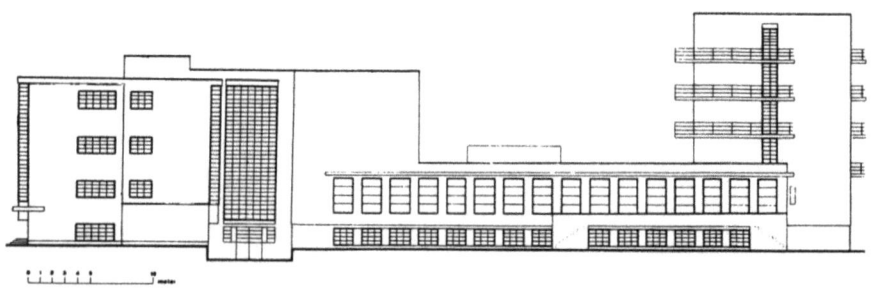

14 Walter Gropius: Bauhaus Dessau, 1925/26 (Ansicht)

Die Lebensgemeinschaft als autarke Einheit kann nicht in der Großstadt entstehen, sie erfordert nicht den Großstadtmenschen: frei, weltoffen, aber auch unverbindlich bis zur Anonymität, wie z.B. Scharoun vorschwebt. Dementsprechend war Gropius' Thema nicht die Stadt, sondern die Wohnung als Typus. Der „soziale Gedanke" war Ausgangspunkt „einer neuen, von der des Bürgertums ausdrücklich verschiedenen Wohnform"[258], die auf dem Wege über die Gemeinschaft, die kollektive Verbundenheit, auch ein neues soziales Verständnis und Gefühl der Solidarität erzeugen sollte. Hierin lag ein utopisches Moment, das graduell anders war als das von Scharoun, das in dem Grundmuster — Befreiung durch die Maschine zu einer Gemeinschaft von Freien hin — jedoch vergleichbar war.[259]

Die Unterschiede zeigen sich in der architektonischen Umsetzung. Gropius' typologische Auseinandersetzung galt nicht dem Wohnen in der Großstadt, dem Junggesellenhaus, sondern der Familie als kleinster Einheit, der „Wohnung für das Existenzminimum". Argan weist darauf hin, daß das Existenzminimum als beherrschendes Thema der Architektur „ganz und gar nichts mit einem unter dem Druck eines wirtschaftlichen Kollapses formulierten Fürsorgeprogramm" zu tun habe: „es ist ein Problem, das die neue Baukunst dem allgemeinen öffentlichen Bauwesen entlehnt und als eine Stilbezeichnung sich zu eigen gemacht hat. Es ist das *Quantum*, das der soziale Organismus in seiner wirtschaftlichen Entwicklung dem Leben des einzelnen zubilligt (...). Das Existenzminimum ist folglich die Grundbedingung für das eigene Leben jenes modernen Asketen (...)."[260]

Das bezeichnete die „Wohnung für das Existenzminimum" als dauernde Aufgabe, als „Programm", das „von den biologischen und soziologischen Minimalansprüchen der Bewohner auszugehen" hat; dieses Minimum ist „ebensosehr kulturell erwünscht"[261], unabhängig von der Frage der momentanen wirtschaftlichen Bedingungen (und schließt keineswegs aus, daß im Augenblick der wirtschaftlichen Krise, 1929, das Thema besonders aktuell war). Als Ziel fordert Gropius, wie F. und L. Kramer vom CIAM-Kongreß 1929 berichten, „eine Ration Wohnung, die jedermann mieten konnte wie eine Schiffskabine".[262] Die Gedankenverbindung ist nicht zufällig; denn die Schiffskabine ist der minimierte Individualbereich, dem großzügige Gemeinschaftseinrichtungen gegenüberstehen. Die spannungsvolle Polarität von Individuum und Gemeinschaft, von Einzelwohnbereich und Gemeinschaftseinrichtungen ist das Thema der Gropiusschen Siedlung wie der Scharounschen Appartment-Hotels — und der Passagierdampfer ist für beide das tatsächlich existierende Vergleichsobjekt: Ideal und Grundmuster zugleich.

Gropius' Überlegungen müssen in ihrer Konsequenz zur Frage nach dem Typus werden, denn jedes Abweichen von der „Wohnung für das Existenzminimum" schafft Ungleichheit (ignoriert wird die tatsächlich bestehende Ungleichheit der Klassen eines Passagierdampfers — dessen Ideal eines verwirklichten Demokratieanspruchs besteht nur *innerhalb* einer Klasse). Die soziale Utopie einer Gemeinschaft der Freien und Gleichen muß in neuen architektonischen Formen

15 Walter Gropius: Siedlung Dessau-Törten, 1926–28

realisiert werden, in denen sich „der aus der Utopie weiterwirkende Glaube an die weltverändernde Kraft neuer Formen"[263] ausdrückt.
Insofern ist es konsequent, wenn, wie in der Siedlung Törten bei Dessau (1926 – 1928), die Wohnhäuser die asketische Strenge des „Existenzminimums" zeigen, in den Gemeinschaftseinrichtungen aber die architektonischen Symbole aufgerichtet werden, die der Gemeinschaft als „Regulator sozialer Prozesse"[264] dienen.
Hier sind die Formen des Passagierdampfers ablesbar: die Reihung von Bullaugen als Fenster, Mast, Reling und Fensterband. Daß der architektonische Ausdruck des Hauses eher vertikal betont ist – gegenüber der horizontalen Betonung des Dampfers – zeigt, daß nicht das *Abbild* des Dampfers gemeint ist, sondern dieser nur konnotiert, mit-gemeint ist. Die räumlich-gestalterische Lösung eines städtebaulichen Problems ist das Dominierende dieses Gebäudes; die Formensprache der baukörperlich-architektonischen Umsetzung assoziiert den Dampfer als Metapher der abgeschlossenen, in sich funktionierenden gesellschaftlichen Einheit von Gleichen.

## Ernst May

Formal ähnlich wie Gropius, jedoch mit einer etwas anderen Haltung der Großstadt gegenüber, verwirklicht Ernst May seine Frankfurter Siedlungen. Ihnen liegt nicht mehr das Ideal der Gartenstadt zugrunde, der völlig autarken Siedlung, sondern das von Unwin hergeleitete Konzept einer Trabantenstadt, das eine „Überwindung der antiurbanen Ideologie"[265] darstellt insofern, als dem Konzept der Dezentralisierung gleichzeitig durch entsprechenden Ausbau der Verkehrsverbindungen eine neue Gesamteinheit der Großstadt gegenübersteht:

> „Mit unwiderstehlicher Kraft und Überzeugung prägte sich vor meinem geistigen Auge das Bild einer alle Sparten des Lebens zusammenfassenden lebendigen Kultur. Wie Mittelalter und Renaissance noch geschlossene Kulturperioden verkörperten, so sollten auch in unserer Zeit die verschiedenen Instrumente unseres sozialen, wirtschaftlichen und kulturellen Lebens wieder in einem Orchester zusammenklingen."[266]

Die Idealvorstellung der mittelalterlichen Stadt bestand also auch bei May; er suchte den Weg zur Verwirklichung jedoch nicht in der rückwärtsgewandten dörflichen Idylle — wie es die konservativen Architekten taten —, sondern in der Weiterentwicklung des großstädtischen Konzepts, das von ihm als „Brennpunkt menschlicher Siedlung"[267] akzeptiert wurde. Er sah das Entstehen einer neuen Kultur, eine „veränderte geistige Einstellung des Menschen zum Lebensproblem"[268], die ein neues Wohnen und ein neues Wohnhaus zur Folge haben mußte; der neue Wohnungsbau unter Einbeziehung der Industrie war bereits Ausdruck der neuen Kultur, die das Ergebnis einer demokratischen Gesellschaft war. Aber auch bei May waren es einzelne Männer, Architekten, die die Funktion der Avantgarde übernahmen; nur der „starke Wille verantwortungsbewußter und verantwortungsfreudiger Männer"[269] konnte vollbringen, was früher der einheitliche Kulturwille erreichte — das Bewußtsein der zerbrochenen Kultur (und Gesellschaft) war vorhanden, gleichzeitig aber, und das macht die Utopie erst möglich, die Hoffnung, die Vision einer zukünftigen, die neue Gemeinschaftsformen hervorbringt: „Auch die Entwicklung der soziologischen Verhältnisse drängt immer eindeutiger nach kollektivistischer Unterbringung des Menschen. Alle Versuche, künstlich den Individualbau am Leben zu erhalten oder bevorzugt zu fördern, widersprechen dieser Evolution (...). Die Wohnsiedlung unserer Tage wird ähnlich den Bienenwaben (...).[270]

Diese Utopie — und es war eine, da die tatsächlichen gesellschaftlichen Verhältnisse und das gesellschaftliche Bewußtsein der Weimarer Republik dem keineswegs entsprachen — drückte sich in der Architektur der Siedlungen aus, ohne sie vollständig — auch architektonisch — umsetzen zu können. Der Stand des gesellschaftlichen Bewußtseins erlaubte, die radikalen Utopien zu denken, es erlaubte auch, sie in Ansätzen, bei progressiven sozialdemokratischen Bauherren zu verwirklichen; aber weder die SPD insgesamt noch die Bewohner standen rückhaltlos hinter diesem Konzept (das gilt nicht nur für die Frankfurter Siedlungen, son-

16 Ernst May: Siedlung Frankfurt-Bruchfeldstraße, 1927–30

dern für den gesamten Siedlungsbau der Weimarer Zeit durch die radikalen Architekten. Das gebrochene Verhältnis zur gesellschaftlichen Utopie findet — ohne daß man einen kausalen Zusammenhang herstellen sollte — eine Entsprechung in der gebrochenen Beziehung zum Dampfermotiv).

Die Architektur der Siedlungen Mays war radikal anders als die bisherige Frankfurter Architektur, und bereits in diesem Neu-Sein drückte sich der Wunsch nach dem gesellschaftlich Neuen aus; dadurch, daß eine Architektur für etwas Neues geschaffen wurde, stellte sie sich gegen die alten Formen, die für eine überholte Gesellschaft standen. Die Häuser sollten, als Reihenhäuser, „durch Wiederholung gleicher, vereinfachter Formen die Gleichheit einer neuen, demokratischen Gesellschaft zum Ausdruck bringen".[271] In den Gemeinschaftseinrichtungen wird, wie bei Gropius, das Schiffsmotiv aufgenommen, denn in ihnen kristallisiert sich der soziale Kern der Utopie. Zum Bau eigentlicher „Volkshäuser" als Gemeinschaftsanlagen kam es zwar aus Kostengründen nicht; diese waren nur projektiert, so daß andere zentrale Versorgungseinrichtungen diese Funktion übernehmen mußten.

17 Ernst May: Siedlung Frankfurt-Römerstadt, 1927–28

In der Siedlung „Bruchfeldstraße" war es noch die geschlossene Gesamtanlage, die den Gemeinschaftsbezug ausdrückte; Dachterrasse als Sonnendeck, Balkongitter (Reling) und Mast deuten auf Bezüge zum Dampfer hin, die in der Gesamtanlage der Siedlung noch durch den dunklen Sockel betont werden, der die weißen Häuser vom Boden losgelöst erscheinen läßt.

In der Siedlung „Römerstadt" ist es das Ladenzentrum mit darüberliegenden Wohnungen, das auch durch die zentrale Lage städtebaulich hervorgehoben ist, in dem das Dampfermotiv noch deutlicher wiederkehrt: der geschwungene Baublock mit dem runden Eckabschluß, die zusammengefaßten Fensterbänder, durch Reihen von „Bullaugen" unterbrochen, die formale Ausbildung der Höhenstaffelung und besonders das im obersten Geschoß liegende „Promenadendeck" der Balkons, das eindeutig formal bedingt ist – alles zusammen stellt nicht nur eine Hervorhebung des Zentrums durch reichere formale Gliederung dar, sondern setzt im Bild des Passagierdampfers ein Zeichen für eine demokratische Gesellschaft der Freien und Gleichen, die das soziale Ideal der gesamten Siedlung ist: „eine Raumschöpfung, in der die verschiedenartigen Bedürfnisse des Individuums wie des öffentlichen Lebens wirkungsvoll verschmolzen wurden (...). Diese neuen Formen sind prophetisch für eine neue Zivilisation (...)."[272]

## Hans Scharoun

Im Deutschland der zweiten Hälfte der zwanziger Jahre — der Beginn der Entwicklung wurde auf 1923 datiert, die ersten Bauten waren etwa 1925 fertig — ist das Motiv des Passagierdampfers am stärksten bei Hans Scharoun ausgeprägt. Bereits in den drei- bzw. viergeschossigen Miethäusern am Parkring in Insterburg/Ostpreußen (1924), einem seiner ersten ausgeführten Projekte, sind Ansätze dazu zu erkennen — die Reling als Balkongitter, die runden Balkonvorsprünge und die bandartigen Brüstungen —, die im Repertoire später in verfeinerter und klarer artikulierter Form wiederkehren, wenn auch hier noch im Stile Mendelsohns realisiert. Das wird besonders deutlich in den Wettbewerbsentwürfen zum Münsterplatz Ulm (1924) und zur Feuerwache Breslau (1927).
Gerade die Feuerwache betont in den geschwungenen Formen und der Terrassierung sowie im Absetzen des Gebäudes vom Boden den Charakter des Leichten, Fahrenden. Aus der Verwandtschaft zu der Architektur Mendelsohns läßt sich auch schließen, daß die Inhalte dieser formalen Hinweise ähnlich wie bei diesem sind, also weniger die gesamt-gesellschaftliche Utopie meinen, vielmehr auf allgemeine Bewegungsdynamik als Zeichen einer neuen Zeit beschränkt sind.
In den Bauten seit 1929 kommt dann das Motiv des Dampfers bei fast allen Bauten Scharouns klar zum Ausdruck. Die Appartementhäuser am Kaiserdamm in Berlin (1929), das Wohnheim der Werkbundausstellung „Wohnung und Werkraum" in Breslau (1929) und das Wohnhaus am Jungfernheideweg in Berlin-Siemensstadt (1930) sind typische Beispiele. Alle drei Gebäude verwenden das Motiv des Bullauges (meist als rundes Fenster im Treppenhaus), der Reling als Balkongitter, des runden, richtungsbetonenden Schwungs von Brüstungen (ein Motiv des Promenadendecks des Dampfers). Soweit möglich, wird die Deckstaffelung (Terrassierung) als Dachgarten zitiert.
Scharoun ist einer der wenigen, die die Beziehung zum Schiffbau bewußt hergestellt haben; seine Begründungen lassen sich ziemlich genau nachvollziehen.[273]
In einem von ihm nicht veröffentlichten Manuskript, entstanden um 1928, schreibt er von einer Wechselwirkung zwischen Schiffbau und Haus- bzw. Städtebau.[274] Dabei bezieht er sich einmal auf die Vorteile, die der Hausbau aus dem Schiffbau im Konstruktiven ziehen kann. Er fordert dann,

> „die Bezeichnung ‚schwimmende Stadt' ihrem eigentlichen Sinn nach Begriff werden zu lassen. Dies macht sich bei neuen Schiffsbauten bereits zögernd bemerkbar (Ladenstraße, Aussichtscafé) und wird bald konsequenter durchgeführt werden mit dem Ziel, ‚organisierte Stadt — gesetzt gegen die Ebene des Meeres'.
> Innerhalb der Stadtmauer = Schiffswand die weite Straße, an der anstatt an Kabinengängen die ‚Laubenganghäuser' liegen werden, in ihr die Massenverkehrsplätze (Speiseräume, Restaurants, Sportplätze, Gärten) als Platzerweiterungen (...).
> Wenn die Ergebnisse dieser Übertragung noch reichlich formal erscheinen, so ist dies erklärlich, weil mit Hilfe prägnanter Formelemente der dahinterstehende Ideenkomplex deutlicher vermittelt werden soll."[275]

18 Hans Scharoun: Miethäuser, Insterburg 1924

19 Hans Scharoun: Verwaltungsgebäude und Feuerwache, Breslau 1927 (Projekt)

Und in einem Schreiben an einen Werftbesitzer nach einer Besichtigung der Werft (!) bittet Scharoun 1927 um die Überlassung von Konstruktionszeichnungen, die auf „den Hausbau ohne weiteres"[276] zu übertragen seien: für Oberlichte, eiserne Treppen, Schiebefenster, Wandausbildung etc. Die Erklärung für den Wunsch nach den schiffsmäßigen Konstruktionen dürfte jedoch weniger im Bestreben nach Wirtschaftlichkeit und Funktionalität liegen, vielmehr im Formalen: der Dampfer als Stadt, das Haus als Dampfer. Das Schiff, der moderne Dampfer, kann deshalb Vorbild sein, weil Scharouns Meinung ist, „daß die Großstadt nicht überholt ist, sondern, daß sie bisher eine ihr gemäße wahre Form noch gar nicht gefunden hat"[277]; für diese wahre Form biete sich das Leben auf dem Passagierdampfer an. Denn den neuen Bewohner gibt es schon, den „Großstadtmen-

20 Hans Scharoun: Appartementhaus am Kaiserdamm, Berlin 1929

21 Hans Scharoun: Wohnhäuser, Berlin-Siemensstadt, 1930

schen", der anders ist als Bewohner von Klein- und Mittelstädten. Und für ihn „wurde bereits vor dem (Ersten, A.d.V.) Kriege nach typisch anderen Wohnarten gesucht".[278] Dieser Wohntyp ist das hotelmäßige Appartmenthaus:

> „In Hotels wohnte (...) bereits eine bestimmte Art Mensch dauernd. Das Hotel war als eine Form des Wohnens entdeckt. Es lag darin auch sowohl ein Bekenntnis zur Anonymität der Großstadt, als auch ein Bekenntnis zum Weltbürgertum und damit ein Bekenntnis zu einem erweiterten Heimatbegriff, dem selbstverständlich nur eine besondere Art Mensch gewachsen war."[279]

Das Hotel und der Passagierdampfer als vorhandene Ausgangspunkte von Scharouns typologischen Überlegungen führen zum Junggesellenheim oder Appartmenthaus. Anonyme Hotelzimmer werden zu selbständigen Kleinwohnungen, „denen genügend weiträumige Gemeinschaftsanlagen gegenüberstehen sollten".[280] Der „straßenähnliche Korridor" stellt eine kommunikative Verbindung zwischen Wohnung und Gemeinschaftsräumen dar.

Scharoun beschreibt hier die großstädtische Version der Siedlung der Freien und Gleichen, wie sie Le Corbusier ebenfalls vorschwebte — beide haben eine merkwürdige Affinität zum Junggesellenhaus, zur Bindungslosigkeit von der Familie. Beide sehen als Parallele in der vorhandenen Umwelt das Schiff, das „Servicehaus" für ein paar Tage ist — und bei Scharoun ausdrücklich Großstadtcharakter haben soll!

Die Scharounsche Vision unterscheidet sich von der Gropius' oder Mays, die mehr den Siedlungscharakter ihrer Anlagen betonen, in dem sich Reste von Großstadtfeindlichkeit erhalten haben: Bei beiden ist das Motiv des Dampfers konsequenterweise bei weitem nicht so ausgeprägt. Aber der Scharounsche „Wunschtraum von einer freien Gemeinschaft, die sich unter leichten Segeln

22 Hans Scharoun: Philharmonie, Berlin, 1963

sicher über die gebaute Landschaft bewegt"[281], fügt sich nahtlos in die Vorstellungswelt dieser Architekturepoche; seine Gebäude sind als Ausdruck der Hoffnungen der Gemeinschaft eine Art „sozialistische Kathedrale", die bis zu Taut zurückführbar ist[282]; bezeichnenderweise stellt Scharoun selbst die Verbindung zur mittelalterlichen Stadt und ihrem sozialen Gefüge her und vergleicht die Aufgaben der Jahre 1915 – 1933 mit dieser.[283]

Scharoun – wie Le Corbusier! – hat sich nie vollständig von dieser Utopie gelöst; das architektonisch verwandelte Formmotiv aus dem Dampfer ist bis in seine letzten Jahre zu verfolgen; bezeichnenderweise sind es aber immer nur bestimmte Nutzungen, die es tragen: die Wohnbauten vor allem, aber auch das Gebäude der Philharmonie – Ausdruck der Gemeinschaft der Gleichen, wie er sich im Inneren des Saales in ganz anderer Formensprache fortsetzt: das Thema ist angeschlagen, die Durchführung folgt anderen Gesetzen; Beleg dafür, daß der Dampfer als Symbol verstanden werden soll.

## Otto R. Salvisberg

Die „Normalität" des Dampfermotivs in der zweiten Hälfte der zwanziger Jahre, die keinesfalls mit „Beliebigkeit" verwechselt werden darf, soll am Beispiel der Bauten für das Gesundheitswesen des Schweizer Architekten Otto R. Salvisberg gezeigt werden. Das Beispiel wird aus zwei Gründen gewählt. Einmal geht es darum zu zeigen, daß das Motiv nicht nur auf einige herausragende Architekten beschränkt war, diese nur in besonders deutlicher Form durch die Kraft ihrer utopischen Vision wie durch die Fähigkeit, diese formal umzusetzen, im Vordergrund stehen. Zum anderen hatten wir bisher die gesellschaftliche Utopie nur im Wohnbau als Dampfermotiv gestaltet gesehen; bei Salvisberg handelt es sich um Krankenhäuser und Sanatorien, und es ist wichtig zu zeigen, daß die symbolische Bedeutung des Schiffsmotivs ohne inhaltliche Veränderung auf diese übertragbar sind – daß die unterschiedslose Verwendung des Formmotivs bei *allen* Gebäudearten jedoch den möglichen Symbolwert zerstört.

Von Moos bestreitet bei Salvisberg die gesellschaftliche Neuordnung als architekturbeeinflussendes Moment: „Es fehlt ihm das Grundsätzliche, das Modellhafte, und der Wille zur Utopie."[284] Seine Bauten seien „niemals utopische Vorwegnahme einer künftigen Ordnung, sondern die fast emphatisch gesteigerte Vision der Technik und der Großstadt von heute (d.h. der Zwischenkriegszeit)".[285] Salvisberg stellt sich also auf den Boden der neuen Zeit; er selbst schreibt über die neue Architektur:

> „Es ist ja nicht mehr der Palast, das Grabmal des Einzelnen, das sich als bedeutsamstes Bauwerk in den Vordergrund drängt.
> Es sind Werke der Allgemeinheit, Bauten zur Erhaltung des Volksganzen, der Volkserziehung, Bauten, die einer Menschlichkeit Rechnung tragen (...)."[286]

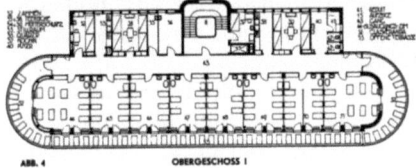 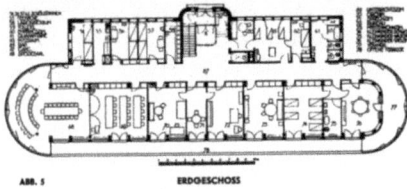

23 Otto R. Salvisberg (mit O. Brechbühl): Säuglings- und Mütterheim „Elfenau", Bern 1929–30 (Ansicht und Grundrisse)

24 Otto R. Salvisberg (mit O. Brechbühl): Loryspital, Bern 1926–29

Das sind sicher nicht Sätze eines gesellschaftlichen Visionärs, eher die eines Pragmatikers. Aber gemessen an der gesellschaftlichen Wirklichkeit ist in ihnen dennoch die Vorwegnahme eines Zustandes enthalten, der keineswegs allgemein anerkannter Bestand war. Die „gesteigerte Vision", von der von Moos spricht, bedeutet schließlich, in Architektur umgesetzt, die Vorwegnahme eines gewünschten Zustandes und ist damit nicht so sehr weit von der Utopie entfernt. Es entspricht der vorsichtigeren, nicht den Extremen zuneigenden Haltung Salvisbergs, die Großstadt-Vision nicht in den von ihm gebauten Wohnungen zum Ausdruck zu bringen, die Realität der Wohnungen und der Wohnbedürfnisse hätte die Distanz zur Utopie für ihn zu groß werden lassen (an dieser Distanz nicht zuletzt sind Gropius oder May gescheitert). Am konkreten Objekt eines Sanatoriums oder eines Krankenhauses ließ sich diese Differenz überbrücken, weil für Salvisberg hier, anders als bei den Wohnbauten, die Nutzung den architektonischen Ausdruck nahelegte — das Wettbewerbsprojekt für das Säuglings- und Mütterheim „Elfenau" trug das bezeichnende Kennwort „geordneter Betrieb".

In der „Elfenau" (Bern, 1929 — 1930, mit O. Brechbühl) kommt die Beziehung zum Dampfer am reinsten zum Ausdruck. In der Ansicht fällt der vom Boden gelöste Baukörper auf, die starke horizontale Schichtung mit den deckähnlichen Umgängen, die Liegeterrassen sind, wie die Promenadendecks der Schiffe; ferner die Reihung der Fenster im obersten Geschoß und dessen Staffelung, im Grundriß die Rundung auf den Schmalseiten des Baukörpers und die Reihung der Bettenzimmer im Inneren, während außen ein „Promenadendeck" herumgeführt ist. Damit ist (allenfalls vergleichbar dem Wohnheim in Breslau von Scharoun) eine Beziehung zwischen Grundriß und Ansicht zum Dampfermotiv hergestellt, die bei den Wohnbauten Mays oder Gropius' nicht vorhanden war, die sich hier jedoch aus der Nutzung entwickeln ließ.

Die anderen beiden vergleichbaren Bauten Salvisbergs, das Loryspital in Bern, 1926 — 1929, und das Bezirksspital St.-Imier, beide mit O. Brechbühl, arbeiten zum Teil mit gleichen, aus der Nutzung entwickelten Formelementen, wie den Promenaden, sind aber in ihrer Gesamterscheinung nicht so geschlossen.

Da die gewählte Grundrißform sich keineswegs zwingend aus den Funktionen des Krankenhauses oder Säuglingsheims ergibt — andererseits die Assoziation zum Schiff allgemein verstanden wurde (das Gebäude der „Elfenau" erhielt im Volksmund den Spitznamen „Ozeandampfer"[287]), müssen bestimmte Ausdruckswerte mit dieser Metapher verbunden gewesen sein.

Der Dampfer konnte nicht das Bild der freien Gesellschaft sein, er war vielmehr der Ort der Heilung, der in einem gemeinsamen Schicksal zusammengeschlossenen Gemeinschaft: das Schiff als Heilsbringer und Rettungsboot — ein Motiv, das dann bei Le Corbusier wiederkehrt in den Bauten für die Heilsarmee, aber auch in anderen Sanatoriumsbauten jener Zeit als Schiffsmotiv konnotiert wird, so in Duiker und Bijvoets Tuberkulose-Sanatorium „Zonnestraal" (1925 — 1928) oder in Aaltos Lungensanatorium in Paimio/Finnland (1929 — 1933).

Die therapeutische Funktion von „Licht, Luft und Sonne" für die Großstädte wie für die Krankenhäuser war aber gleich, von Moos hat darauf hingewiesen; die „Vorstellung einer Architektur, die eine aktive, therapeutische Rolle im Heilungs- und Regenerationsprozeß der Großstadt übernimmt"[288], „der Komfort und die tadellose Hygiene des freistehenden, von Licht und Luft umfluteten Lungensanatoriums als Ideal städtebaulicher Erneuerung"[289] gehörten zum Glaubensbekenntnis der Architekten, so daß das gleiche formale Motiv, der Dampfer, bei einer unter diesem Aspekt so ähnlichen Aufgabe wie der Heilung des Menschen durch Sanierung der Großstadt im sozialen Bereich oder durch seine Gesundung im physischen schlüssig ist.

Insofern ist das Sanatorium trotz anderer Akzente im Motivkreis Schiff (der Aspekt der „Rettung" tritt vor den des „Zusammenlebens") mit der Leitbauaufgabe „Wohnen" verbunden; bei beiden standen „Licht, Luft und Sonne" als sozial-ethische Forderung im Mittelpunkt. Das Sanatorium sollte die durch die Mietskasernen (also durch Architektur!) Erkrankten heilen; die neuen Wohnungen sollten das Krankwerden verhindern.

### Erich Mendelsohn

„Die Einfahrt der ‚Mauretania' in den Berliner Westhafen"[290] oder „S.M. Rudolf Mosse dampft in die Jerusalemer Straße" — so nannte der Berliner Volksmund die Aufstockung des Mosse-Hauses 1923 von Erich Mendelsohn. Offensichtlich waren in der Fassadengestaltung Architekturformen verwendet, die die Gedankenverbindung zum Dampfer nahelegten.

Dennoch ist die formale Ähnlichkeit mit den Bauten des Bauhauses, Mays oder auch den späteren Bauten Scharouns nicht sehr groß. Wenn man der Hypothese dieser Untersuchung folgt, die von der zeichenhaften Bedeutung des Dampfermotivs in der Architektur der zwanziger Jahre ausgeht, müssen bei Mendelsohn also andere Bedeutungsinhalte zugrunde gelegen haben. Nun haben — unabhängig von der Verwendung des Formmotivs „Dampfer" — Mendelsohns Bauten all-

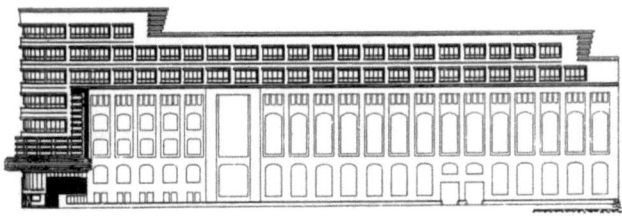

25  Erich Mendelsohn: Mosse-Haus, Berlin, 1923

gemein wenig Ähnlichkeit mit den Bauten der anderen Architekten der Avantgarde in Deutschland; und das bezieht sich sowohl auf die äußere Erscheinungsform als auch auf die Nutzung: Sie haben nicht das strahlende Weiß der Klarheit und Rationalität, die Losgelöstheit vom Boden, den Charakter der gebauten Utopie — sie sind vielmehr unmittelbare Auseinandersetzung mit der Großstadt, mit dem Verkehr; Kinos, Kaufhäuser, Bürogebäude als wichtigste Themen. Sie sind jedoch genauso kompromißlos modern in der Formensprache, obwohl Mendelsohn der Vorwurf der „Reklamearchitektur" (Behne) gemacht wurde, worin der Vorwurf enthalten ist, für eine kapitalistische Wirtschaft verwertbare Bauten zu errichten.

Der Vorwurf mag berechtigt sein oder nicht — es ist die Frage, ob andere Architekten etwa entsprechende Aufträge abgelehnt hätten, wenn sie ihnen angeboten worden wären? —, jedenfalls zieht Mendelsohn 1919 andere Schlußfolgerungen aus den gesellschaftlichen und politischen Umwälzungen als die genannten Architekten, die er, wie sie, zum Ausgangspunkt seiner Überlegungen macht. Seine Reaktion ist nicht der schwärmerische Ruf nach „Glasarchitektur" oder „Stadtkrone", er sieht vielmehr pragmatisch „neue Aufgaben durch die veränderten Bauzwecke des Verkehrs, der Wirtschaft und des Kultes"[291] — in dieser Reihenfolge!

Bereits 1919 also hat Mendelsohn seine Arbeit genau bezeichnet. Das „Neue Wohnen", die Auseinandersetzung mit den sozialen Widersprüchen der Weimarer Republik kam darin nicht vor.

Die Verbindung mit der Wirtschaft war (nicht nur bei Mendelsohn!) sicherlich naiv; ihre Zielsetzung immerhin war nicht kritiklose Auslieferung, sondern „etwas völlig anderes, nämlich der Aufbruch zu einer überfälligen Versöhnung mit der modernen Arbeitswelt, der Industriewelt".[292] 1923 prophezeit Mendelsohn den Tod der großen Wirtschaftsgebilde, der Konzerne und Trusts, die „den Tod schon in sich" tragen, ihre hierarchische Gliederung „erzeugt *naturgemäß* revolutionäre Spannungen und weicht allmählich der Horizontaltendenz der *nebeneinander*geschalteten Elemente im zukünftigen Produktionsorganismus".[293]

Aus dieser Vorstellung heraus findet Mendelsohns Auseinandersetzung mit der Großstadt statt; seine Entscheidung, „im Auftrag des Großkapitals zu arbeiten", ermöglicht ihm erst „ein Vordringen bis ins Herz der Großstadt".[294]

Die Großstadt jedoch war im Verständnis Mendelsohns nicht zuerst die Ansammlung von Menschen, die eine neue Form des Zusammenlebens entwickeln mußten — wie beim „Großstadtmenschen" Scharouns zum Beispiel —, sie ist auch nicht Herausforderung zur Veränderung der gesamten Gesellschaft. Vielmehr war er überzeugt, die Probleme durch die sinnvolle Anwendung der Technik und deren Ausbreitung lösen zu können; Mendelsohn hat „die durch die Technik hervorgerufenen Umwälzungen in erster Linie geistesgeschichtlich beurteilt und als Beginn einer neuen Harmonie gedeutet".[295]

Er sagt selbst, die „Maschine, bisher der gefügige Handlanger der toten Ausbeutung, wird zum konstruktiven Element eines neuen lebendigen Organismus".[296]

Das „konstruktive Element" wird in den Skizzen Mendelsohns als „technokratische Utopie, eine industrielle Zukunftskathedrale"[297] umgesetzt. Huse verweist auf den ideologischen Charakter solcher Äußerungen, die „zu dem Prozeß der ideologischen Bewältigung und Aneignung der Technik durch die bürgerlichen Schichten, zu denen nach Herkunft oder Beruf auch die Architekten zählten"[298], gehören; trotz anderer architektonischer Schwerpunkte ist die ideologische Grundlage der Architekten der Avantgarde der zwanziger Jahre darin ähnlich.
Die Synthese der beiden Vorstellungswelten „Großstadt" und „Maschine" liegt im Thema „Verkehr"; eine Verbindung, die bereits im Futurismus an zentraler Stelle stand. Die Ähnlichkeiten zwischen den Zeichnungen Sant'Elias und Mendelsohns sind häufig aufgezeigt worden; sie bezogen sich nicht nur auf äußerliche graphische Effekte, sondern auch auf parallele Vorstellungen von der Bedeutung des Verkehrs und der Stadt.

Das Mossehaus mit seinem „transatlantischen Vordersteven"[299], das den Eindruck des fahrenden Schiffes hervorrief, beschreibt Mendelsohn folgendermaßen:

> „Wie es im ganzen Ausdruck sichtbar das schnelle Tempo der Straße, die bis zum äußersten gesteigerte Bewegungstendenz zur Ecke aufnimmt, so bändigt es gleichzeitig durch die Ausgeglichenheit seiner Kräfte die Nervosität der Straße und der Passanten (...)."[300]

Der Bau wird zum „Symbol der Großstadt".[301]
Mendelsohn versuchte, das Lebensgefühl der Großstadt zu artikulieren in dem, was er „funktionelle Dynamik" nannte. Das war nicht die Darstellung von Bewegung als Selbstzweck oder „im Sinne eines mechanischen Bewegungsvorganges"[302], vielmehr bestand die Aufgabe darin, „die von der Großstadt ausgelöste nervliche Stimulierung zu akzentuieren"[303], die „dionysische Seite der Großstadt"[304] gestalterisch umzusetzen. In diesem Sinne ist der von Behne verwendete Begriff der „Reklamearchitektur" zu verstehen, die sich weniger auf Werbung für bestimmte Firmen stützt, sondern „die Kräfte der zeitgenössischen Großstadt selbst"[305] zum Gegenstand macht. Diese Interpretation wird dadurch gestützt, daß — abweichend von den heutigen Solitärbauten für einzelne Firmen — die Bauten Mendelsohns immer in den städtebaulichen Kontext eingebunden sind; es sind keine Bauten, die nur aus sich selbst heraus ihre Berechtigung gewinnen, sondern Bauten, die städtische Situationen — Ecke, Straße, Platz — aufnehmen und im Baukörper selbst umsetzen.
Das Kaufhaus Petersdorff in Breslau, 1928: „Die strömende Linie und Wand (das heißt die sogenannte Stromlinie, eine Wortbildung der 20er Jahre), nun sachlicher, kühler, rationaler (als beim Einsteinturm, A.d.V.), aber das Schiff bleibt konnotiert. Der Auslöser auf die Assoziation Schiff muß bei Erich Mendelsohn bewußt gesetzt worden sein".[306] Es sind die „Stromlinien", die Fensterbänder und vor allem die Staffelung der betonten, runden Ecke, die die Assoziation zum Schiff nahelegen. Jedoch werden keine spezifisch vom Schiff übernommenen Formen verwendet.

26 Erich Mendelsohn: Kaufhaus Petersdorff, Breslau, 1928

27 Erich Mendelsohn: Kaufhaus Schocken, Chemnitz, 1928–29

Beim Kaufhaus Schocken in Chemnitz, 1928 – 1929, ist die Assoziation dagegen im formalen Detail deutlicher – die Terrassierung der oberen Geschosse, die Reling und die Masten –, während der Baukörper nicht auf Schiffsformen zurückgeführt werden kann.

Im gesamten Werk Mendelsohns aus dieser Zeit sind die konkreten, auf das Schiff hinweisenden architektonischen Formelemente eher zurückhaltend eingesetzt, obwohl, wie die Zitate zeigen, dennoch das Schiff immer mit-verstanden wurde. Und die Formen sind andere als bei den bisher genannten Architekten (und sind ebenfalls nicht mit den russischen Schiffszitaten oder denen Le Corbusiers zu vergleichen) – nicht das Bullauge, nicht das schwebende Weiß des Dampfers.

Damit wäre auch eine Gleichsetzung der inhaltlichen Bedeutung des Schiffsmotivs nicht zwingend. Ist bei Scharoun das Schiff Metapher für den unabhängigen, zur Anonymität wie zur freien Selbstbewußtheit strebenden Menschen der Großstadt, deren Servicebetriebe diese Unabhängigkeit als Befreiung ermöglichen, ist es bei Gropius oder May das Schiff als Metapher für die Einfügung des freien und gleichen Einzelnen in die Gemeinschaft (auch die Familie) oder bei Salvisberg als Bergendes, als schützende Arche wie als Ermöglichung von Licht, Luft und Sonne (wobei diese Inhalte miteinander verbunden sind, wie man am ähnlichen Formenkanon erkennen kann, und nur theoretisch getrennt werden können), so ist das Schiff bei Mendelsohn vom Menschen gemachtes Sinnbild von Dynamik und Bewegung.

Die Beziehung zum Futurismus ist deutlich; hatte dort das Kriegsschiff noch dominiert, so ist es bei Mendelsohn ein Fortbewegungsmittel „Schiff", das aber auch nicht eindeutig der Passagierdampfer ist, d.h. der Ort des Zusammenlebens gleicher Individuen. Dieser Schluß kann schon aus den Nutzungen der Mendelsohnschen Gebäude gezogen werden: Bürohaus, Kino, Kaufhaus, Fabrik, die kei-

28 Erich Mendelsohn: Skizze, 1917

nen Ansatz für eine solche Interpretation bieten; die Fassaden und Baukörper, die die Assoziation zum Schiff hervorrufen, stehen im Kontext der Großstadt, sie sind „formale Verherrlichungen der Großstadtpolyphonie"[307], haben aber keinen zwingenden Bezug zum *Inhalt* der Gebäude, wie er im Thema „Wohnen" — Junggesellenheim oder Kollektivwohnen — oder beim Sanatorium vorhanden war.

Mit dieser Feststellung ist keine qualitative Anmerkung zur Architektur Mendelsohns beabsichtigt; sie dient dazu, den Unterschied herauszuarbeiten zwischen ihm und den anderen Architekten der Avantgarde. Mendelsohn läßt sich nicht in dieselbe Kategorie einordnen wie diese — auch ablesbar an der unterschiedlichen formalen Umsetzung und Bedeutung des Schiffsmotivs. Er versucht nicht, wie die eigentlichen Funktionalisten, für jede Nutzung eine eigene, den Bau prägende Gestalt zu entwickeln, bei ihm gibt es formale Ähnlichkeiten in allen Gebäudetypen, so daß eine bewußt vereinheitlichende Architektur der Großstadt entsteht.

Seine Arbeiten sind ein weiterer Hinweis für die Verbreitung des Schiffsmotivs, trotz je unterschiedlicher Bedeutungen, die sich jedoch nicht grundsätzlich widersprechen; sie sind Zeichen für den Versuch, dieses im Formenvokabular der modernen Architektur zu kanonisieren, um ihm damit eine als Symbol zu verstehende Bedeutung zu geben.

## Bedingungen des Dampfermotivs

Am Beispiel verschiedener Architekten haben wir die Verwendung von Architekturformen aus dem Umkreis des modernen Passagierdampfers betrachtet und die dahinterliegende Bedeutung zu erfassen versucht; dabei wurden individuelle Unterschiede und thematische Schwerpunkte aufgezeigt, die jedoch — mit Ausnahme Mendelsohns, der auch formal am stärksten abweicht — sich zu einem größeren Zusammenhang fügen lassen.

Bei der Erläuterung dieses Kontextes, der eine umfassendere Deutung des Dampfermotivs versucht, ist auf zwei thematische Schwerpunkte einzugehen, die sich aus der Einzeluntersuchung ergeben. Zum einen ist die allgemeinere Thematik der Maschinenästhetik zu umreißen, da das Dampfermotiv nur in ihrem Rahmen zu verstehen ist; ohne den Versuch, den Rahmen zu beschreiben, kann dessen Erläuterung nicht schlüssig und vollständig sein. Zum anderen ist auf die Tatsache hinzuweisen, daß — wiederum mit Ausnahme Mendelsohns — die gezeigten Beispiele dem Bereich des Wohnens entstammen; die Krankenhausbauten Salvisbergs, ohnehin auch dem Aufenthalt von Menschen dienend, müssen in diesen Themenkreis einbezogen werden.

Im folgenden werden diese beiden Komplexe im Hinblick auf ein besseres Verständnis des Dampfermotivs zu klären versucht. Daß beide miteinander verbun-

den sind, geht schon aus dem vielfach mißverstandenen Begriff der „Wohnmaschine" hervor, der beide verbindet. Denn in der Architektur der zwanziger Jahre wurde zwar die Hinwendung zum Profanen ausdrücklich betont, diesen Aufgaben aber die Position des An-die-Stelle-Tretens gegeben: „Dome der Arbeit haben die frühere Formkraft von Kathedralen der Kirche und von Palästen der Könige übernommen, profane Bauten eines kollektiven Wirtschaftsprozesses."[308]
Der Widerspruch zwischen der Überhöhung profaner Aufgaben, dem "Heroism of everday life"[309], („Sportpalast", „Palast der Arbeit") einerseits und der Reduktion komplexer Inhalte auf technische und funktionale Herleitungen andererseits, die im (nicht nur von Le Corbusier verwendeten) Begriff der Wohnmaschine gipfelte, ist nur scheinbar.
Denn der Begriff der Maschine als Metapher einer rationalen Lebensform wird nicht nur als „Wohnmaschine" verwendet: Valéry spricht vom Buch als „Maschine zum Lesen", J.A. Richard von ihm als „Maschine, mit der man denkt" und Eisenstein bezeichnet das Theater als „Maschine zum Schauspielern".[310]
Wenn aber im Begriff der Maschine ein Ausdruck von Hoffnung, der Ansatz zur Verwirklichung einer gesellschaftlichen Utopie gesehen wird, dann ist eine Sprache, die sich an einem technisch-funktionalen, damit Maschinen-Eigenschaften aufnehmenden Vokabular orientiert, Ausdruck dieser Hoffnung; sie ist damit nicht Zeichen für die Unterdrückung emotionaler Gehalte in der Architektur (wie es z.B. Sedlmayr verstanden hat), sondern Ausdruck des Glaubens an die Utopie einer besseren Welt, die auf rationalen Grundlagen beruht.


## Zur Begründung einer Maschinenästhetik

Die Aufgabe, die die Architekten der Avantgarde der zwanziger Jahre sich stellten, war die Schaffung einer Gesellschaft, die die Klassengegensätze überwunden hat und in einem Zustand der aus der Rationalität der Maschine erwachsenden Harmonie, der Gleichheit aller lebt; zumindest sollten durch die Architektur die Voraussetzungen dafür geschaffen werden. Da diese Gesellschaft eine andere als die bestehende war, mußten neue Formen, eine neue Architektur entwickelt werden, die das Ziel ausdrücken konnte.
Ein Mittel dazu war die Ablösung des bürgerlichen Ornaments, das die Klassengegensätze nicht aufheben konnte, sondern nur der bürgerlichen Individualisierung diente und „von Herrschaft" erzählte.[311] Stattdessen sollte die Gleichartigkeit aller auch äußerlich, durch den Verzicht auf individualisierende Schmuckelemente dargestellt werden, wodurch gleichzeitig das Entstehen eines Gemeinschaftsgefühls erwartet wurde. Das „Massenornament" galt „als Zeichen einer einheitlichen Kultur- bzw. Architektur*sprache*".[312]
Müller kritisiert das Massenornament und die Entwicklung einer Architektur der Gleichartigkeit als Verschleierung tatsächlich bestehender gesellschaftlicher Widersprüche; Aufgabe der Architektur sei es gewesen, „gesellschaftliche *Synthese*

zu suggerieren. Kann sich der Arbeiter schon nicht die von ihm produzierten Werke wirklich aneignen, so soll wenigstens die mythische Vereinigung aller am Produktionsprozeß Beteiligten zur homogenen Produktionsgemeinschaft im Massenornament stattfinden".[313] Das jedoch wird der Architektur der zwanziger Jahre insofern nicht voll gerecht, als es das utopische Moment ignoriert, das in Ansätzen jenseits des „Massenornaments" auch architektonisch umgesetzt wurde (im Schiffsmotiv, wie zu zeigen sein wird).

Wenn man auf die Ornamente und Formen der Vergangenheit verzichtete, weil diese nicht geeignet waren, das Neue der gesellschaftlichen Utopie darzustellen, stellte sich jedoch die Frage, auf welcher Grundlage die Formen einer Architektur entwickelt werden sollten, die diese Voraussetzung erfüllt und zugleich die Darstellung der Utopie verständlich macht. Neue Bedeutungen können nur unter Rückgriff auf bekannte Codes vom Rezipienten entschlüsselt werden, nicht aber neue Bedeutungen mit neuen Codes verständlich werden. Die Notwendigkeit der Entwicklung neuer, verstehbarer Symbolformen war den Architekten auch bewußt; so spricht Gropius von der Notwendigkeit, „Formen zu erfinden und zu gestalten, die diese Welt symbolisieren".[314]

Formen zu entwickeln, die die (wenn auch noch so verschwommene) gesellschaftliche Utopie der neuen Einheit der Kultur zu symbolisieren vermochten und deswegen aus der vorhandenen Umwelt der Menschen genommen werden mußten: das war die Aufgabe der Architekten. Das Ergebnis war die sogenannte „Maschinenästhetik" — ein logischer Schritt, weil in der Maschine sich die tägliche Lebensumwelt der Menschen immer stärker kristallisierte — von der Fabrik bis zum Massenverkehr — und weil gleichzeitig die Maschine wichtiger Bestandteil der Utopie war; sie wurde „als eine vom menschlichen Wollen fast losgelöste gesellschaftliche Kraft gedacht (...)".[315] Ihre Möglichkeiten schufen nach Auffassung der Architekten erst die Voraussetzungen zur Verwirklichung der neuen Gesellschaft. Die Maschine sollte — nicht nur in Deutschland — zum "destroyer of class and national boundaries and creator of a democratic, collective brotherhood" werden.[316]

Die Maschine führte die neue Kultur herauf, „aber das wußten die nicht, die die Maschine einsetzten. Der Architekt glaubte es zu wissen und Wesen und Form dieser Kultur aus der Arbeitsweise der Maschinen ableiten zu können."[317] Venturi und Brown vergleichen geradezu die Idealisierung des Industriezeitalters, aus der heraus die „Grammatik von Formen und Symbolen"[318] entwickelt wurde, mit der Adaption des Goldenen Zeitalters von Rom durch Bramante in der Renaissance, ein Vergleich, der seine Parallele findet im Rekurs der Architekten auf die idealisierte Gesellschaft des Mittelalters.

Was Tafuri und Dal Co zum Entwurf des Totaltheaters von Gropius sagen, gilt allgemein für die Entwicklung von architektonischen Formen aus der Maschine (wobei die Frage nur untergeordnete Bedeutung hat, ob diese Formen den Charakter der Maschine richtig wiedergeben; Posener weist auf die Notwendigkeit der Unterscheidung von Maschinenform und Maschinenästhetik hin[319]); sie sehen die Maschine als „Instrument einer Ideologie des Konsensus, die (...) die politische Utopie veranschaulicht, die den Forschungen der radikalen Architekten der Weimarer Republik zugrunde liegt".[320] Insofern ist also Horn zu widersprechen, der in der Ästhetisierung der Technik nur das Moment der Zweckrationalität sieht und kritisiert, „daß die rein sachliche Darstellung der Technik schon als Architektur gilt"[321] – die Darstellung ist nicht rein sachlich, selbst wenn gelegentliche Äußerungen der Architekten diesen Verdacht zu nähren scheinen (es gibt aber eine taktische Diskrepanz zwischen Theorie und Praxis[322]); sie ist vielmehr Ausdruck von Hoffnung. Ein Beleg dafür liegt allein in der Tatsache, *daß* Formen der Maschinenästhetik entwickelt wurden, *daß* also die Maschine ästhetisiert wurde; die „rein sachliche", selbstverständliche Hinnahme ihrer Existenz würde auf die symbolhafte Darstellung verzichten können. (In diesem Sinne könnte übrigens die Architektur Mies van der Rohes interpretiert werden, der nicht die Ästhetik der Maschine artikuliert, sondern ihre Ergebnisse als gegeben akzeptiert.)

Die Form, die aus der Maschine entwickelt ist, ist gleichzeitig die Konkretisierung des abstrakten Moments der Bewegung, das die Architektur zum Ausdruck bringen will, und nimmt damit den Ansatz auf, der in diffuser Weise schon um 1900 vorhanden war: die „Welt, von der die Architektur Besitz nimmt, ist keine unbewegliche feierliche Natur, sie ist die lebendige und bewegliche Welt unserer Gesellschaft".[323] Auch die Darstellung der Utopie enthält die Aufforderung, zu ihr hinzugelangen, umfaßt also ein prozessuales Moment. Gleichzeitig ist die Maschine etwas, das sich bewegt; ihre Bewegung zeigt ihre Produktivität, ihr Funktionieren an. Beide Bewegungselemente sind miteinander verbunden und nicht trennbar.

Bereits Behne hat 1923 erkannt, daß die „Versuche der Funktionalisten, ihren Bauten die Einheit (...) auch nach außen hin zu geben, dazu führen, das Moment der Bewegung (...) zu ergreifen".[324] Er interpretiert die Darstellung der Bewegung als Versuch, über die Einheit des Einzelhauses zu einer neuen Einheit vieler Häuser zu gelangen, nachdem er festgestellt hat, daß die funktionalistische Architektur zur Individualisierung und zur Beziehungslosigkeit in der Umgebung gerade wegen ihrer Analogie zur Maschine führt: „(...) wo eine Maschine steht, ist völlig gleichgültig (...). Wenn der Leitfaden für die Bildung eines Hauses also nur die beste Funktionserfüllung ist, so endet die Sorgfalt der Rücksichtnahme auch bei diesem Hause an seinen vier Wänden."[325]

Wir hatten aber bereits festgestellt, daß die Absichten der sogenannten Funktionalisten weiter gingen als nur zur Erfüllung der Funktion. Insofern ist die Darstellung der Bewegung, die, wie Behne sagt, selbstverständlich nur „Surrogat einer Bewegung"[326] sein kann, ein zumindest in Ansätzen gelungener Versuch, die Vereinzelung aufzuheben und das Bild der harmonischen Gemeinschaft, die Utopie, zu entwerfen.

## Zum Wohnungsbau der Weimarer Republik

Der Wohnungsbau als Leit-Bauaufgabe der zwanziger Jahre wurde in verschiedenen Formen realisiert, in denen sich unterschiedliche Vorstellungen vom zukünftigen Wohnen und der zukünftigen Gesellschaft ausdrücken; das Verhältnis zum Architekturmotiv des Dampfers mit seinen Bedeutungen ist entsprechend unterschiedlich.
Die beiden Schwerpunkte der typologischen Forschung waren der Siedlungsbau für Familien in neuen Stadtgebieten und das „Kollektivhaus" als Sammelbezeichnung für alle Wohnformen, die unter einem Dach minimierte Individualbereiche und Gemeinschaftseinrichtungen vereinigten.
Diese Unterscheidung kann nur modellhaft sein, weil jede Art von Mischform in der praktischen Umsetzung vorkommt und zudem die „Wohnung für das Existenzminimum" übergreifende Aufgabe für beide Formen war; sie ist aber trotzdem sinnvoll, weil sich in ihr ein unterschiedliches Verhältnis zur Großstadt ausdrückt: Das Kollektivhaus ist als großstädtische Wohnform konzipiert, während die Siedlung — gleich, ob als Trabantenstadt oder aus der Tradition der Gartenstadt entwickelt — Distanz zur Großstadt ausdrückt, eine Tendenz zum Autarken, Selbstabgeschlossenen enthält (ihren sinnfälligsten Ausdruck findet diese Tendenz in der „roten Mauer" der Hufeisensiedlung in Berlin-Britz von Bruno Taut).

*Kollektivhaus*

Das Kollektivhaus, das Scharoun als die Wohnform der Großstadt ansah, hatte seine gesellschaftspolitische Wurzel in der von einigen Architekten als unmittelbar bevorstehend angenommenen Auflösung des Familienverbandes.
Alexander Schwab zum Beispiel stellt fest, „daß schon das kapitalistische Wirtschaftssystem selbst die Familie auflöse"[327], daß aber darüber hinaus auch die „wirtschaftliche Großorganisation des Konsums, die (...) zweifellos dem Kleinbetrieb, dem überlieferten Einzelhaushalt, technisch, wirtschaftlich und in der Organisation weit überlegen ist, (...) nach unserem Gefühl einer sozialistischen Organisationsform des Verbrauchs näher als der Privathaushalt"[328] liegt. Gropius läßt der Familie „wirtschaftlich gesprochen, nur noch die Funktion der Fortpflanzung und der Zuchtwahl (...). Der Familienmoral folgt die Individualmoral mit Anfängen zu kollektivem Denken"[329] und stellt fest: „die Bedeutung des Individuums und seine selbständigen Rechte stehen heute *mehr* im Vordergrund als die der Einheit Familie"[330] — also eine Umwertung traditioneller gesellschaftlicher Formen.
Schließlich hebt auch Scharoun die Notwendigkeit einer „neuen Einstellung zur Familie"[331] hervor; die Schlüsse und Vorstellungen allerdings, die er aus der angenommenen Tendenz zur Auflösung des Familienverbandes und der steigenden

Mobilität der Bevölkerung entwickelte, muten heute in ihrem totalitären Anspruch wie ein Vorgriff auf spätere Zeiten an; er sucht nach einer „Form für die Kasernierung dieses Heeres der Arbeit" (der Arbeiterschaft; A.d.V.) und sieht in der „Spezialisierung der Arbeit, die (...) also keine komplizierte Vorbildung nötig macht (...), die Voraussetzung für die Beweglichkeit und das Einsetzen der Arbeiterheere"[332] — Beweglichkeit, die vom Architekten nur noch „neben dem Wirtschafts-Verkehrstechnischen einmal die Erleichterung des physischen Umzuges und zum anderen und besonderen das Erträglichmachen der psychischen Umstellung"[333] erfordert. Geschaffen werden soll das durch „gleichartige Wohnzellen".

Diese Passage wurde deswegen zitiert, weil hier am deutlichsten der autoritäre Charakter einiger architektonischer Überlegungen zum Ausdruck kommt, die die Menschen zu ihrem Glück zwingen wollen. Dabei wird den Architekten nicht die gute Absicht abgesprochen, sondern die Fähigkeit, aus den sozialen Gegebenheiten — die sich tatsächlich änderten — konzise sozial-utopische Modelle zu entwickeln.

Die Tendenz zur Ablösung traditionell familiärer Funktionen durch die Gesellschaft und zur Emanzipation der Frau (die häufig jedoch erst der aus der Not geborene Zwang zum Geldverdienen war) sowie eine positive Einstellung zur Großstadt als — wie Scharoun sagte — Bekenntnis zur Anonymität und zum Weltbürgertum der Großstadt, das den neuen Menschen erforderte, führten zur Entwicklung des sogenannten „Großhauses", dem Haus, das einzelne Funktionen der Familie kollektiv übernahm. Das Großhaus entsprach nach Gropius „den soziologischen Bedürfnissen der heutigen Industriebevölkerung"[334]; es sollte weiterentwickelt und der Gedanke des „Großhaushaltes, d.h. der Konzentrierung und Spezialisierung der hauswirtschaftlichen Arbeit der Kleinfamilie organisatorisch nach und nach" ausgebaut werden: „Dieses Großhaus bedeutet dann aber nicht ein notwendiges Übel einer rückläufigen Verfallszeit, sondern ein biologisch bedingtes echtes Zukunftswohngebilde für die städtische Industriebevölkerung."[335]

Das Kollektivhaus der hier angedeuteten Art hatte seine Wurzeln in den Vorstellungen eines kommune-ähnlichen, kollektiven gesellschaftlichen Lebens, das Vorbedingung einer sozialistischen Gesellschaftsform sei. Die Enwicklung in Rußland, die parallel lief unter den Voraussetzungen einer Gesellschaft, die nach der Revolution bereits die äußeren Bedingungen geschaffen hatte zur Verwirklichung des Sozialismus, wird später dargestellt. Wichtig ist aber, daß das „Großhaus" als „linke" Vorstellung zu gelten hat, so verschwommen die sozialistischen Ideen der Architekten im einzelnen auch gewesen sein mögen; hinzu kommt die Argumentation der reinen Zweckmäßigkeit eines Großhaushaltes, des rationelleren und billigeren Funktionierens (da die Argumentation oft vorgeschoben war, lassen sich exakte Abgrenzungen der Position bei den einzelnen Architekten nur schwer ziehen).

Ihre gemeinsame Wurzel hatte die Idee in der „Auffassung, die Kleinfamilie habe als Produktions- und Konsumptionseinheit in der modernen Gesellschaft ausgespielt"[336]; ihr gemeinsames Vorbild lag in den verschiedenen bürgerlichen Formen kollektiver Servicebetriebe, vom Wohnhotel über das (vorwiegend amerikanische) Appartementhaus bis hin zum Passagierdampfer, welcher besonders von Le Corbusier hervorgehoben wurde.

Die Typologie des Kollektivhauses war durch zwei Merkmale bestimmt, die sich nicht gegenseitig ausschließen: die Mehrgeschossigkeit bis zum Hochhaus und der Typus des Laubenganges oder der Erschließung gereihter Einheiten über einen Mittelflur. Die Mehrgeschossigkeit ergab sich aus der — sowohl wirtschaftlich als auch ideologisch begründeten — Notwendigkeit der Zusammenfassung vieler Menschen in einer Großeinheit. Wenn Hilberseimer das Appartementhaus für „die zukünftige großstädtische Wohnform hält"[337], dann ist ihre Verwendung in seinem „Schema einer Hochhausstadt" in den oberen 15 Geschossen — oberhalb der Arbeitsplätze — als Wohnung für die 1. Million Bewohner der Stadt nur konsequent; die Wohnungen sind „vollkommen eingerichtet" („Im Falle eines Wohnungswechsels ist nicht mehr der Möbelwagen, sondern nur noch die Koffer zu packen"[338]); Ziel ist das „auf alle Bequemlichkeit und vollkommenen Komfort eingestellte Hotel".[339]

Ebenso kommen andere Architekten zu dem Ergebnis, daß das Hochhaus der Gebäudetyp der Zukunft sei — Gropius vor der CIAM in seinem Aufsatz „Flach-, Mittel- oder Hochbau?"[340], Le Corbusier, Marcel Breuer: die „extreme Form" der Wohnbedürfnisse sei eine „Wohnung, in der die Haushaltarbeit durch gemeinschaftliche, großzügig organisierte Anlagen auf das Minimum reduziert ist (...), ebenfalls gemeinschaftlich organisierte Sportangelegenheiten sollen systematisch für den Ausgleich der täglichen Arbeit sorgen: Das Hochhaus".[341]

Anders als das Hochhaus, das auch technisch neue Anforderungen stellte, war der Typus des Laubenganghauses bereits aus dem 19. Jahrhundert bekannt; er war (zumindest in einigen Gegenden) geradezu der „Inbegriff des Miethauses".[342] Aber die Nutzung des Laubenganghauses als Spekulationsobjekt im 19. Jahrhundert ist nicht im Typus, sondern in der Art seiner Verwendung begründet. Das gilt nun ebenfalls — mit umgekehrtem Vorzeichen — für seine Verwendung in den zwanziger Jahren, wo aus dem Gebäudetyp gemeinschaftsfördernde Anstöße erwartet werden, die zu einem gemeinschaftsorientierten, solidarischen Bewußtsein der Bewohner führen sollten.

Der Unterschied zum in Deutschland üblichen Mietshaus liegt darin, daß alle Wohneinheiten eines Gebäudes über ein Treppenhaus erschlossen werden und viele Einheiten an einem Gang liegen, der so Teilfunktionen der Straße übernimmt, man „sich also psychologisch in der Wohnung weniger beengt fühlt".[343] Mit dieser typologischen Eigenheit wurde der gemeinschaftsfördernde Charakter des Laubenganges begründet, so daß, gerade im Zusammenhang mit der

Wohnform des Junggesellenheimes oder des großstädtischen Appartement-Hauses, seine Verwendung als programmatisch anzusehen ist. „Das Laubenganghaus (...) ist schon in seiner Anlage kollektiver (als das übliche Mietshaus; A.d.V.) gesinnt (...). Aus der Wohnungstür tritt man ins Freie, wie auf die Straße der Kleinstadt."344
Wie problematisch allerdings diese Vorstellung von der Erleichterung gemeinschaftsfördernder Kontakte war, geht nicht nur daraus hervor, daß in der Praxis aus Gründen der gegenseitigen Beeinträchtigung nur Nebenräume zum Gang hin orientiert werden konnten – was der eigentlichen Idee widersprach –, sondern auch daraus, daß im 19. Jahrhundert der Typ im Gegenteil gerade deshalb so beliebt bei den Bauherren war, weil er gegenseitige soziale *Kontrolle* und wenig Kontaktmöglichkeiten erlaubte: „Der Bewohner vermag demnach von der Straße aus den Zugang zu seiner Wohnung verfolgen und kommt (...) mit gar keiner oder höchstens mit der Wohnpartei in Berührung, deren Türe oder Fenster er passiert (...) die Kontrolle der Öffentlichkeit folgt gleichfalls dem Bewohner bis zur Türe."345

*Siedlungsbau*

Das Appartementhaus als Bautyp der großstädtischen Zukunft, mit einer dem Passagierschiff entsprechenden Flurerschließung (wie Scharoun verglich), wurde zwar von den avantgardistischen Architekten entwickelt, es wurde jedoch wenig gebaut – schon deswegen nicht, weil der Bedarf keineswegs so groß war, wie die Architekten annahmen.
Das Ideal der Bevölkerung dürfte immer noch das Einfamilienhaus außerhalb der Stadt gewesen sein, selbst wenn sich die wenigsten es leisten konnten. So heißt es in einer Anzeige einer Wohnungsbaugesellschaft, die Gartenstädte propagiert:

> „Heraus aus den staubigen, muffigen Straßen der Altstadt!
> der stadt überhaupt, mit ihrem nächtlichen straßenlärm, der dem gehetzten großstädter den erquickenden schlaf raubt. wer einmal den tiefen abendlichen frieden in unseren siedlungen genossen hat, will nie wieder in der stadt wohnen."346

Von den Architekten wurde das Einfamilienhaus jedoch nicht nur aus Kostengründen abgelehnt; es „ist zu verwerfen vorerst, *weil es sich einer jeden Gemeinschaftsdeutung widersetzt*".347 Dagegen wurde auf der politischen Ebene die Tendenz zum Einfamilienhaus und zum Eigentum an Grund und Boden von den meisten Parteien gestützt; die Entwicklung und Durchführung darüber hinausgehender, fortschrittlicher Siedlungsformen in Berlin, Celle oder Frankfurt bildete die Ausnahme. So dekretierten noch 1929 die „Reichsrichtlinien über das Wohnungswesen" lapidar: „zu erstreben ist das Einfamilienhaus mit Garten".348
Die Situation war insofern glücklich, als dem Wunsch der Bevölkerung nach dem Eigenheim die politische Zielvorstellung des Staates in seiner Wohnungspolitik

gegenüberstand, „die Bindung der Arbeiter an nicht konvertierbares, immobiles Eigentum"[349] zu garantieren, um so die Emanzipationsbestrebungen der Arbeiterschaft zu kanalisieren; wenn „das Ziel des Klassenkampfes einst gewesen war, die bürgerliche Herrschaft zu stürzen, so reduzierten die Führer der sozialdemokratischen Partei diesen Anspruch nach dem 1.Weltkrieg darauf, bürgerlichen Besitz hier und da zu parzellieren und auf ihm kleine individuelle Existenzen aufzubauen".[350]

In seinem Aufsatz über „Sozialdemokratie und Stadt in der Weimarer Republik" hat Tafuri ausführlich die wirtschaftlichen Positionen des Großkapitals auf der einen und der SPD mit den Gewerkschaften auf der anderen Seite dargestellt und kommt zu dem Schluß, daß das Neue Bauen unter den gegebenen Bedingungen zwangsläufig scheitern mußte, weil die Ergebnisse der sozialdemokratischen Gewerkschaftspolitik auf dem Wohnungsbausektor durch die unabhängige und — im doppelten Sinne — weniger beschränkte Politik des Kapitals neutralisiert wurden; das Problem der kapitalistischen Großstadt wurde nicht gelöst. Hinzu kommt, daß sich „die Tradition der Städtebaupolitik des ADGB* (...) auf im 19. Jahrhundert von der konservativen Avantgarde erarbeitete Lösungen"[351] stützte. Insofern kann man von der Siedlungspolitik der Weimarer Republik sagen, daß die Sozialdemokratie und die radikale Architektur mit dem Versuch, vor allem in Frankfurt eine rationale Arbeitsstadt zu verwirklichen, sich der „‚Lösung' von Problemen des 19. Jahrhunderts"[352] widmeten und nicht den Problemen der zeitgenössischen Großstadt zu Leibe rückten.

Allerdings wurde diese Politik durch äußere Bedingungen gestützt — einmal durch den Druck, in kürzester Zeit den drängenden Wohnungsbedarf zu decken, wie auch dadurch, daß im städtischen Bereich keine ausreichenden Flächen im kommunalen Besitz frei waren und die Grundstückspreise hier erheblich höher lagen als in den Außengebieten, in denen die Siedlungen errichtet wurden. Die äußeren Bedingungen stützten jedoch nur eine Vorstellung von den neuen Siedlungsformen, die eher von Howards Gartenstadtbewegung beeinflußt war, der geschlossenen Gemeinschaft, als von dem Wunsch nach Erneuerung der Großstadt. Die Siedlungen als geschlossene Einheiten lassen keine Beziehung zur umgebenden Stadt zu: „Es gelingt ihnen nicht, die neuen Dimensionen der Städte und des städtischen Territoriums grundlegend zu beeinflussen"; sie werden „zum Symbol der Kluft, die zwischen solchen ‚Inseln der Rationalisierung' und dem kapitalistischen Grundbesitz besteht"[353] — ohne Einfluß auf diesen nehmen zu können, ohne hier, auf dem entscheidenden Gebiet, verändernd wirken zu können: „Der radikale Städtebau in Berlin und Frankfurt übertüncht so die schweren Niederlagen, die die deutsche Arbeiterklasse in ihrem Kampf auf den eigentlichen, wesentlichen Gebieten hinnehmen muß."[354] Obwohl Architekten wie

---

* Allgemeiner Deutscher Gewerkschaftsbund, A.d.Verl.

Ernst May im Verwaltungsapparat der Stadt arbeiten, gelingt es nicht, „die urbanen Zentren einer planmäßigen Restrukturierung zu unterziehen".[355] Die Deutung der Architekturbezüge zum Dampfer, die in Mays Siedlungen enthalten sind, muß diesen isolationistischen Aspekt als Bezug zum Schiff, der geschlossenen Einheit im Meer, aufnehmen.

Trotz aller gesellschaftsutopischen Momente, die in der Architektur der neuen Siedlungen ausgedrückt sind, scheitert also das Neue Bauen, weil der politische Ansatz nicht entschieden genug formuliert ist. Die gewerkschaftlich orientierte, sozialdemokratische Wohnungspolitik der Weimarer Republik erreicht zwar „bedeutende Verbesserungen des Wohnstandards und der Siedlungsform"[356], es gelingt ihr aber nicht, weiterführende Konzepte für die Großstadt zu entwickeln. Zudem waren die Wohnungsbaugesellschaften oder die gewerkschaftliche Organisation ihrer Natur nach bürokratische Apparate, keine Orte sozialutopischer Visionen; die Möglichkeiten der architektonischen Formulierung der gesellschaftlichen Utopie — auch im Dampfermotiv! — waren damit begrenzt. Sicherlich ist das formale Motiv in der Interpretation überstrapaziert, aber der Gedanke ist verlockend, zwischen der zurückhaltenden Art der Verwendung formaler Bezüge zum modernen Passagierdampfer in Mays Frankfurt oder in Haeslers Celle, als Zeichen einer programmatischen gesellschaftlichen Vorstellung, nur *den* Ansatz zur Utopie zu sehen, der gerade noch von Sozialdemokratie und Gewerkschaften toleriert wurde.

Schließlich konnten durch die Steigerung der Boden- und Baupreise die sozialen Vorstellungen von Wohnungen für die Arbeiter und Angestellten nur teilweise — und gegen Ende des Jahrzehnts immer weniger — verwirklicht oder nur durch immer weitergehende Minimierung der Ansprüche erfüllt werden; es kommt zur „Erhöhung des Lebensstandards auf Kosten der Lebensexistenz".[357]

Das Scheitern des Neuen Bauens war also in der konkreten politischen und gesellschaftlichen Situation der Weimarer Republik auf allen Ebenen im Keim schon angelegt; die Konzepte des großstädtischen Servicehauses oder der Gemeinschaftssiedlung konnten das Scheitern nicht verhindern; im Gegenteil waren diese städtebaulichen oder gebäudetypologischen Überlegungen in ihrer gesellschaftlichen Losgelöstheit Ausdruck dieses Scheiterns.

## Die „schwimmende Massenwohnung"

Die Entwicklung einer Maschinenästhetik als Antwort auf die Frage nach der Gestaltung in einer Gesellschaft, die die früheren Klassengegensätze überwinden soll mit Hilfe der Maschine, als Ausdruck gleichzeitig der Hoffnung auf diese Überwindung; Kollektivhaus und Siedlungsbau der Weimarer Republik als Versuche, konkrete Modelle dieser neuen Gesellschaft zu bauen, die gleichzeitig diese herbeiführen sollen: beides findet seine Ensprechung im modernen Passagierdampfer, ohne ihn damit zum zwingenden Formenvorbild zu machen. Der Dampfer ist die größte, überwältigendste Manifestation der Überlegenheit der Maschine *und* schafft Wohnmöglichkeiten für viele in einer geordneten, fest umrissenen Gesellschaft; er ist die Stadt im Kleinen mit dem Hauch der großen Welt, das „schwimmende Babylon".

Die Untersuchung des Schiffes als Vergleichsobjekt für die Architektur bis zum Ersten Weltkrieg hatte besonders zwei Aspekte hervorgehoben: die Schiffsform als schöne, weil aus den Anforderungen der natürlichen Bedingungen entwickelte Form und, später, die Maschinenform, die das kompromißlos Neue, Traditionslose eines neuen Denkens aufgrund neuer Voraussetzungen zeigt.

Nach dem Krieg tritt ein anderer Aspekt in den Vordergrund, der das Wohnungsproblem als Hauptaufgabe aufnimmt. Nicht mehr die Faszination durch die sich bewegende Maschine — das Schiff — wurde als Vergleichsebene für die Architektur herangezogen, sondern seine Nutzung, die Ökonomie, mit der auf kleinstem Raum viele Menschen zusammenleben konnten. Die emotionale Begeisterung für die Maschine mündete — im Wunsch nach Rationalität und wissenschaftlicher Objektivität — in das Bestreben nach Typisierung und Industrialisierung. Die Bauaufgabe hieß „Wohnen für die große Zahl", Wohnungen für die Massen der Angestellten und Arbeiter, die nur wenig Geld für Mieten aufbringen konnten: also viele, billige Wohnungen.

Die Hoffnung, daß durch das Standardprodukt, durch Industrialisierung die Aufgabe gelöst werden könnte, läßt die Hoffnung auf die Maschine weiterhin durchscheinen. Aber in der Rationalisierung, entsprechend den praktischen Notwendigkeiten der Zeit, wird jetzt die Schiffs*kabine* zum Vorbild auch für die Architektur — die aber immer auch *Schiffs*kabine bleibt.

Das Thema des CIAM-Kongresses von 1929 in Frankfurt, die „Wohnung für das Existenzminimum", war das beherrschende Thema auch der Jahre vorher. Im Kommentar zu einem Wohnbau-Preisausschreiben schreibt der Architekt und damalige Herausgeber der Zeitschrift „Neubau", W.C. Behrendt, was durch „Beschränkung auf das Wesentliche erreicht werden kann, zeigt in vorbildlicher Weise die Schiffskabine des modernen Ozeandampfers, wo der Passagier auf engstem Raum ein Maß von Wohnlichkeit und Bequemlichkeit vorfindet".[358]

Bei einem Preisausschreiben für neue Wohnungstypen hatte man „einen bekannten Schiffskonstrukteur in das Preisrichterkollegium"[359] berufen (1924).

In einem Vortrag vor dem B.D.A. zeigt Mies van der Rohe 1923 im Lichtbild den Dampfer „Imperator" als das einzige adäquate Beispiel ökonomischer Raumaufteilung, „eine schwimmende Massenwohnung aus den Bedürfnissen und den Mitteln unserer Zeit gestaltet".[360]

Bruno Taut stellt als Muster für Schlafzimmereinrichtungen die Schiffskabine hin — „sie mußten also technisch sehr gut ausgestattet sein, konnten aber zum Ausgleich dafür klein gehalten werden — ja, sie *sollten* klein sein, weil das die Arbeit der Hausfrau erleichterte und die Baukosten herabdrückte".[361]

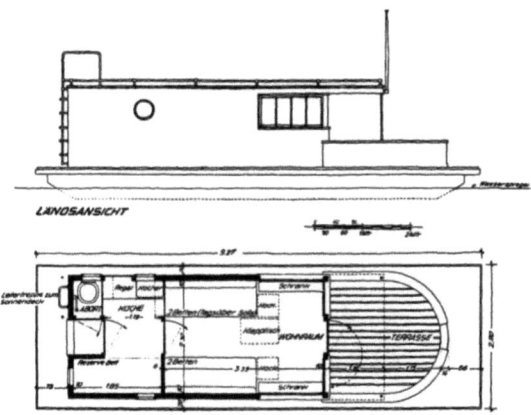

29 Fred Forbat: Hausboot für Wochenend- und Urlaubsaufenthalt

Ludwig Hilberseimer fordert, der Architekt müsse den ganzen Formenballast der Vergangenheit vergessen: „Vorbildlicher als das Dekorationsschema irgendeines Stiles ist für ihn die Ökonomie eines D-Zugwagens oder eines Ozeandampfers".[362] Und 1928, fast ein Kuriosum, veröffentlicht Anton Brenner unter dem Titel „Neuzeitliche Grundrißlösungen auf kleinstem Raum" den Entwurf für ein Hausboot von Fred Forbat; es „zeigt, auf welch kleinem Raum die Bedürfnisse einer Familie für einen idealen Wochenend- und Urlaubsaufenthalt befriedigt werden können"[363] – ein Entwurf, der ohne den schwimmenden Unterbau die charakteristischen Merkmale der modernen Wohnhausarchitektur zeigt.
Hans Scharoun schließlich geht so weit, Konstruktionen direkt aus dem Schiffsbau zu übernehmen und resümiert an anderer Stelle: „ (...) Material, Bestandteile und Konstruktionen, erst jetzt dem Hausbau gewonnen, sind beim Schiffsbau längst erprobt und benutzt (...)"[364] (1928); die Kühnheit der modernen Dampferkonstruktionen sollte auf die Gestaltung des modernen Hauses übertragen werden.
Die Abkehr von den Formen der Vergangenheit und die Entwicklung neuer Formen aus der Maschinenästhetik, die das Dampfermotiv umfaßt, verlangt auch die Anwendung bisher in der Architektur unüblicher Materialien. Nicht mehr Klinker oder natürliche Materialien wie Holz, auch nicht Putz als Ersatz für Marmor oder Naturstein wurden bevorzugt, sondern „technische" Materialien, wie Stahl, Glas und der noch vergleichsweise neue Stahlbeton – zumindest galt das für die Architekten der Avantgarde, von denen hier gehandelt wird, während die parallel laufende traditionelle Strömung gerade diese Materialien ablehnte.
Metall war der Werkstoff der Maschine; es war auch der Werkstoff des Schiffes, soweit dieses die Architekten interessierte – nämlich hauptsächlich von außen.

Aus Stahl waren charakteristische Formen – materialgerechte und funktionelle Formen – entwickelt worden, die in die Architektur übernommen wurden, hier jedoch keineswegs funktionell sein mußten. So ist die Schiffsreling aus wenigen, weit auseinanderstehenden Rundstäben kaum geeignet als Balkongitter oder Treppengeländer eines Wohnhauses, das anderen Sicherheitsvorschriften unterliegt. Und ein rundes Fenster, entwickelt, um dem Wasserdruck zu widerstehen, ist im Mauerwerk eher ein technisches Problem und Anlaß für Baufehler als eine funktionelle Notwendigkeit. Daß beides dennoch gebaut wurde, weist auf den darstellenden Charakter dieser Architektur hin, die „Reinheit, Technizität, Klarheit, Offenheit, Sachlichkeit, Modernität und Weltoffenheit"[365] zeigen sollte – alles Merkmale, die mit dem Passagierdampfer der zwanziger Jahre assoziiert wurden, die aber „auch soziale Kategorien"[366] waren.

Es ist primär die Schiffskabine als funktionelle Lösung des Wohnproblems, das die Architekten fasziniert – aber sie ist es nicht nur. Denn der Wohnungsbau übernimmt zwar die Prinzipien der Minimierung der Fläche, darüber hinaus wird aber der Dampfer auch nach außen konnotiert, so daß noch andere Aspekte der Faszination durch den Dampfer als nur die funktionelle Aufteilung des verfügbaren Raumes von Bedeutung sein müssen.

Auf einen verweist Vogt, der den Dampfer als ein Leitmotiv der Architektur der zwanziger Jahre angesehen hatte. Er spricht im Zusammenhang mit dem Schiff als *fahrendem* Haus davon, daß es damit auch ein *arbeitendes* Haus sei, „denn es entfaltet Kraft längs eines Weges, was der physikalischen Definition für Arbeit entspricht".[367] Das aber gilt für die Maschine als allgemeinerem ästhetischen Vorbild in noch stärkerem Maße: Auch sie ist Sinnbild für Arbeit; ihr ganzer

30  Hans Schmidt; aus: „ABC-Beiträge zum Bauen", 3–4/25

Sinn liegt darin, daß sie arbeitet und damit den Menschen notwendige Arbeit abnimmt. In diesem Zusammenhang ist auf die große Wirkung hinzuweisen, die 1923 die Lebenserinnerungen Henry Fords in Europa (auch bei Le Corbusier!) hatten, die als „Evangelium der technisch-sozialen Dienstleistung"[368] begriffen wurden. Auf der Grundlage der Erkenntnisse Taylors wurde praktisch gezeigt (und ethisch-moralisch überhöht), wie durch das Fließband, durch Minimierung von Wegen und Flächen Rationalisierungseffekte erzielt werden können: Die Theorie hatte Auswirkungen bis zur „Wohnung für das Existenzminimum" — die „Frankfurter Küche", die durch Untersuchung des „Betriebsablaufes" minimiert wurde — wie auch Beziehung zur allgemein Faszination durch „Bewegung"; sie stellte einen „weißen Sozialismus" dar; für „Liberale war Ford die bilderbuchmäßige Illustration, daß die freie Entfaltung der im Kapitalismus schlummernden Kräfte die Klassenkonflikte löst und die Harmonie aller Interessen garantiert".[369]
Vogt geht nun davon aus, daß seit dem 19. Jahrhundert in der Entwicklung des Kapitalismus — aber schon vorgeprägt durch eine „protestantische Perspektive", die Arbeit, erfolgreiche Arbeit, als Zeichen der Gunst Gottes ansieht — „erstens der Europäer sich immer dringlicher, immer ausschließlicher als Arbeitswesen versteht, zweitens diese Priorität des Arbeitens eine Tendenz zur Produktionssteigerung durch ‚Verflüssigung' zeitigt".[370] Die Architektur hole in den zwanziger Jahren nun hastig nach, was sie in ihrer Überbaufunktion als Spiegelung des Unterbaus der Industriegesellschaft hätte längst tun müssen: Sie stellt „Arbeit + Verflüssigung = Funktionieren" dar; das „Haus soll nicht nur funktionieren, es soll auch funktionierend aussehen, funktionalistisch wirken".[371]
Die Untersuchung Vogts erklärt die Faszination, die von der Auflösung komplexer Tätigkeiten in Einzelfunktionen auf die Architekten ausging; sie macht auch die Entwicklung von Formen der Maschinenästhetik und der Bewegung noch plausibler insofern, als sie sie nicht aus der Notwendigkeit, sondern aus der Arbeit als *ethischer* Qualität erklärt, so daß die Entwicklung der Architekturform als Rückgriff auf bekannte Codes verständlich wird.
Jedoch — im Zusammenhang mit Vogts Analyse der russischen Architektur wird darauf weiter einzugehen sein — erklärt die Theorie nicht, warum das Schiff, der Passagierdampfer als Formmotiv für die Darstellung von Arbeit und Taylorisierung gewählt wird; denn die Maschine an sich hätte dazu bereits hingereicht. Vogt übersieht, daß das arbeitende, fahrende Haus, der Passagierdampfer, eben auch *Haus* ist, Wohnort für Menschen einer bestimmten Lebensweise. Und er berücksichtigt nicht das utopische Moment jener Architektur, den Wunsch der Architekten nach Symbolen der neuen Gesellschaft.
Gerade eine bestimmte Beobachtung Vogts gibt hier einen deutlichen Hinweis; er stellt nämlich die Diskrepanz fest zwischen der überwiegend schmutzigen tatsächlichen Arbeitswelt und ihrer Darstellung im Schiffsmotiv, das sich „strahlend weiß, mühelos gleitend, (...) eine einzige schneeweiße und obendrein elegante Unschuld" darstellt; die „Arbeitswelt wird zwar verkörpert, aber mit Vorliebe dort, wo sie schneeweiß erscheint".[372] Diese Diskrepanz zur Wirklichkeit

versteht er als ihre Verschleierung; im Zusammenhang mit dem utopischen Anspruch der Architektur ist hier aber wohl eher die Darstellung der Utopie zu erkennen: die Maschine als Mittel zur Befreiung von der Arbeit, in der weißen Farbe der Unschuld als äußerstem Gegensatz zur bestehenden Wirklichkeit dargestellt.

Das Spezifikum des Passagierdampfers als Architekurmotiv gegenüber der allgemeinen „Maschine" war, daß damit eine besondere Lebensform verbunden wurde. Die Faszination ging nicht nur von dem technischen Apparat „Schiff" aus, sondern auch von der Art, auf ihm zu leben. Sorglos, ohne Arbeit, eine Gesellschaft von Gleichberechtigten: so wurde das Leben an Bord von den Medien einschließlich der Werbung dargestellt, mit einem väterlichen Kapitän, dem man vertrauensvoll den praktischen Teil übertragen konnte.

Daß weder die Gleichheit der Passagiere existierte, vielmehr eine genau getrennte Klassenhierarchie bestand, noch der Service durch Maschinen, sondern hauptsächlich durch Menschen erbracht wurde, wurde im Bewußtsein des Publikums verdrängt. Insofern ist — unabhängig von der Frage, ob die Architekten ebenfalls dieser Verdrängung unterlagen oder nicht — die Wahl der Metapher richtig; es kam nicht darauf an, ein objektiv richtiges Vergleichsobjekt für den architektonischen Hinweis auf eine gesellschaftliche Utopie zu finden, sondern etwas, das subjektiv vom Betrachter als Symbol dieser Utopie verstanden werden konnte.

# Verwirklichung II

*Le Corbusier oder: Architektur als Heilung*

Parallel zu der Entwicklung in Deutschland, ebenfalls im Jahrzehnt von 1920 bis 1930, trat das Dampfermotiv in der Architektur bei Le Corbusier und im nachrevolutionären Rußland auf. Die Aufzählung weist bereits auf eine wesentliche Besonderheit hin; was in Deutschland und in der UdSSR wenn auch keine allgemeine, so doch eine von einer starken Gruppe getragene, gemeinsame Formvorstellung ist, bezieht sich in Frankreich auf eine dominierende Person, auf Le Corbusier. Darin wird die singuläre Stellung Le Corbusiers in Frankreich deutlich, die dennoch im Zusammenhang der Architekturentwicklung in anderen Ländern zu sehen ist.
Die formale Beziehung zwischem dem Dampfer und einigen Bauten Le Corbusiers ist häufig festgestellt worden; der Vergleich liegt seit dem Erscheinen von "Vers une architecture" 1923 nahe. Im allgemeinen wurde der Vergleich jedoch nur im Sinne einer „mechanischen Analogie" gezogen: die Schiffsform als funktionelle Form, die eben deswegen schön sei. Collins weist jedoch darauf hin, daß diese Interpretation schon durch den Le Corbusierschen Text nicht abgedeckt sei[373]; er kommt zu anderen, über die rein funktionalistische Ableitung des Schiffsmotivs hinausgehenden Schlüssen. Danach zieht Le Corbusier aus der Entwicklung der Maschine — der Maschine als Auto, Flugzeug oder Dampfer — drei Schlüsse:

ein Problem findet seine Lösung, sofern es nur richtig gestellt ist;
alle Menschen haben die gleichen Grundbedürfnisse, da sie alle biologisch gleichartig sind (ein Gedanke, den Gropius etwas später ebenfalls zum Anlaß architekturbeeinflussender Schlußfolgerungen nahm);
Architektur und die Maschine sollen das Produkt vergleichender Auswahl in Richtung auf die Entwicklung von Typen sein.[374]

Bereits bei seiner ersten Veröffentlichung ist Le Corbusier also komplexer, als es eine rein funktionalistische Ableitung wahrhaben will.
Im Jahr 1967 erschien der Aufsatz von Peter Serenyi über „Le Corbusier, Fourier, and the Monastery of Ema", der der Untersuchung der Bedeutung des Dampfermotivs in der Architektur Le Corbusiers eine neue Richtung gab, die mit der funktionalistischen Herleitung nichts mehr zu tun hatte; der Dampfer wurde in seiner Bedeutung als Metapher für eine Wohn- und Lebensform erkannt; er war zeitgemäßer Ausdruck für die *gesellschaftlichen* Vorstellungen Le Corbusiers —

Vorstellungen, die auf die Gemeinschaftswohnform der "Phalanstères" von Charles Fourier und eine klösterliche Art der Gemeinschaft zurückgehen, wie sie Le Corbusier bei seinem frühen Besuch in der Kartause von Ema im Jahre 1907 oder bei den Mönchen auf Athos kennengelernt hatte.
Auf der Grundlage der Arbeit Serenyis ergänzten von Moos und Vogt in verschiedenen Beiträgen den Entwicklungszusammenhang der Le Corbusierschen Typologie und der Formensprache, indem sie auf die parallelen Themenstellungen in Rußland hinwiesen[375] und die Schiffsform in Beziehung zur ökonomischen Basis (Taylorisierung der Arbeit) brachten.[376] Mit diesen für das Thema grundlegenden Aufsätzen ist auch das Umfeld abgesteckt, in dem sich die folgende Untersuchung bewegen wird. Auf der Grundlage der Arbeiten Le Corbusiers — der gebauten wie der theoretischen —, unter Einbeziehung der Gedanken der genannten Autoren, ist zu untersuchen, wie sich das Motiv des Dampfers bei Le Corbusier in den Zusammenhang der Architektur der zwanziger Jahre einfügt.
Die Ausgangsthese, die sich aus den genannten Aufsätzen ergibt, wäre etwa diese: Das Motiv des Dampfers in der Architektur Le Corbusiers stellt die für ein Maschinenzeitalter adäquate Umsetzung einer formalen wie einer gesellschaftlichen Vorstellung dar. Neuheit und Radikalität des Motivs sind eine zeitgemäße Antwort auf eine neue und radikale Problemstellung; in dem alten Symbol des Schiffes als Behausung unter widrigen Umständen und als bergende Hülle wird gleichzeitig das Versprechen dieser Architektur ablesbar.

## Die Bauten

Die Ausgangsthese ist im folgenden an der Untersuchung einzelner Bauten wie auch der diese ergänzenden Schriften Le Corbusiers zu beweisen oder zu widerlegen. Dabei kann die Analyse und Interpretation eines bestimmten formalen Motivs nicht die Interpretation des gesamten Gebäudes als Ganzheit ersetzen, es kann diese allenfalls durch die Vertiefung eines Aspekts ergänzen. Interpretationen also wie z. B. die von Rowe und Slutzky über die Villa Garches[377] liegen auf einer anderen Ebene der baugestalterischen Analyse als die hier vorgenommenen.

### Wohnbauten

Eine erste Verwendung von Formen des Dampfers stellt der Entwurf einer „Villa am Meer" bereits aus dem Jahr 1916 dar. Besonders die von Le Corbusier gezeichnete Perspektive macht die Assoziation deutlich: Der hohe „Bug", der längs des „Decks" (einer umlaufenden Promenade) heruntergezogen wird, die Reihe von runden Fenstern, die gangwayähnliche Treppe, die „Brücke", die die Seiten des Baukörpers überragt.

31 Le Corbusier: Villa am Meer, 1916

32 Le Corbusier: Haus Ozenfant, Paris, 1922

Damit sind einige der Motive benannt, die in den folgenden Jahren verfeinert und mit anderen, dem Assoziationsbereich der Maschine und des Dampfers entlehnten Formen immer wiederkehren: die steile Stahltreppe, die Reling als Brüstung, die Masten, der Dachgarten als Promenaden- oder Sonnendeck.
Die Abgrenzung des Dampfermotivs gegenüber einer allgemeinen Maschinenästhetik, wie sie Le Corbusier seit "Vers une architecture" und der Arbeit beim "L'Esprit Nouveau" als vorbildlich darstellt, ist im Einzelfall häufig schwierig; die Interpretation kann da nicht mehr leisten, als formale Hinweise und Andeutungen des Architekten ebenfalls — nur verbal — anzudeuten: Der Architekt verwendet Formen nicht als eindeutig übersetzbaren Vokabeln. Erst wenn die verschiedenen Motive auf ihren verschiedenen Verständnisebenen auf dasselbe Grundmuster hindeuten, kann der Versuch einer bestimmteren Interpretation gewagt werden.
Auf welche Weise die Gegenstände und Formen der Le Corbusierschen Ästhetik der zwanziger Jahre wirken, erläutert Jordy in seinem wichtigen Beitrag über den Symbolgehalt der Architektur jener Zeit.[378] Er geht von einer radikalen Neuorientierung der Architektur der zwanziger Jahre gegenüber früheren Zeiten aus; "The essence of the radical movements of the twenties would seem to be a *symbol objectivity*, a mythic factuality omnipresent in modern experience."[379]
Diese symbolische Objektivität der Architektur *ist* nicht Maschine, sondern sie *stellt* die Maschine als objektive Möglichkeit *dar*; sie *ahmt* nicht das Passagierschiff *nach*, sie *stellt* dessen Wesen *dar*. Jordy erläutert das am Beispiel des Innenraumes von Le Corbusiers „Haus Ozenfant", dem Haus, das er für den Maler und Mitherausgeber des "L'Esprit Nouveau" gebaut hat. Jordy versteht die "industrial facts" der Fenster aus dem Industriebau oder der Schiffstreppe aus Stahl als eine Art "ready mades" (analog der Collagetechnik von Dada oder des Kubismus) auf drei Ebenen: "each appears as *functional servant, bearer of properties and symbol.*"[380] Treppe oder Fenster *dienen* zur Überwindung von Niveauunterschieden bzw. zur Belichtung des Raumes; sie *wirken* wie fertig auf die Baustelle gebracht, als nicht vom Architekten für diesen Bau entworfenes Industrieprodukt (unabhängig davon, ob Le Corbusier sie tatsächlich entworfen hat) und bleiben dadurch unabhängige Träger ihres spezifischen Eigenwertes — sie verlieren nicht ihre "plebeian identity"[381]; schließlich *stehen* sie als Symbole *für* erinnerte Dinge, während sie ihre Funktion ausfüllen: "Things which started as compliant servants, so flatly factual as to have been all but invisible, suddenly erupt into positive assertion."[382]
Das „Haus Ozenfant", 1922 gebaut, also zur Zeit der Arbeit beim "L'Esprit Nouveau", reflektiert das Verhältnis zur Maschine und zum Schiff auf der dort diskutierten Ebene der formalen Elemente. Erst später, etwa von 1925 an, ist die Auseinandersetzung mit der Lebensform „Passagierdampfer" in den Grundrissen Le Corbusiers ablesbar; die Kabine als „Zelle für den menschlichen Maßstab"[383], die Unterbringung aller notwendigen Funktionen auf kleinstem Raum, um so — als Gegenpol — einen möglichst großen Gemeinschaftsbereich

ohne funktionale Festlegung zu erhalten, läßt sich dann in den Einbauschränken und „funktionalen" Raumbegrenzungen besonders der Naßzellen ablesen — die Führung einer runden Wand um eine runde Badewanne mag zwar technisch aufwendig und kostenintensiv sein, stellt aber geradezu ostentativ äußerste Rationalität und Funktionalität aus.

Die bauliche Übernahme von Schiffselementen mit dem Ziel der Darstellung von zeitgemäßen Formen wird in den Häusern der Siedlung Pessac und in der Villa Savoye am konsequentesten vorangetrieben. Die Grundrisse der Bauten von Pessac (1925) lassen die eben genannten Elemente aus dem Schiffbau (oder dem der Schlafwagen) zwar kaum erkennen; Obergeschoß und Dachgeschoß der Einzelhäuser sind aber unverkennbar — und gerade auch in den von Le Corbusier ausgewählten Fotos des "oeuvre compléte" ablesbar — dem Dampfer in einer Weise nachempfunden, wie sie erst wieder bei der Unité d'Habitation verwendet wurde. Die Schiffselemente sind nicht — wie noch beim „Haus Ozenfant" — als Versatzstücke mit der ihnen eigenen Charakteristik als "ready mades" in den

33 Le Corbusier: Siedlung Pessac, 1925

Kontext eines „Architekturhauses" eingestellt, sondern das Haus als Ganzheit ruft das Konnotat „Schiff" hervor: Die Außentreppe vom 2. Obergeschoß zum Dachgeschoß ist die genaue Übersetzung einer Gangway, gerade weil sie vorgesetzt ist an die Außenwand; sie geht in die „Reling" eines „Sonnendecks" über (Dachgarten), das teilweise überdacht ist; die Stützen der Überdachung lassen die Andeutung einer Raumbegrenzung entstehen, die von innen dem Bild des „langen Wandelgangs" aus "Vers une architecture" entspricht.[384] Der frei stehende Schornstein schließlich und die "fenêtre à longueur" runden das Bild des Dampfers ab.

Formen und Materialien des Schiffes werden *dargestellt*, jedoch nicht *verwendet*; schon daraus läßt sich die bewußte Beziehung auf den Dampfer herleiten; denn Reling und Treppe, die typischen aus Stahl gefertigten Elemente des Schiffbaus, sind hier aus Beton gefertigt — ob aus Kostengründen oder um die Gesamterscheinung des weißen Kubus nicht zu stören, muß offen bleiben.

Jedes der „Haus-Schiffe" von Pessac steht isoliert; die Häuser sind zu Zeilen gereiht, ohne daß eine Gruppierung zu einer gemeinschaftsbezogenen städtebaulichen Anordnung ablesbar wäre, die über das gemeinsame äußere Erscheinungsbild hinausginge, das sich gegenüber der umgebenden Bebauung absetzt.

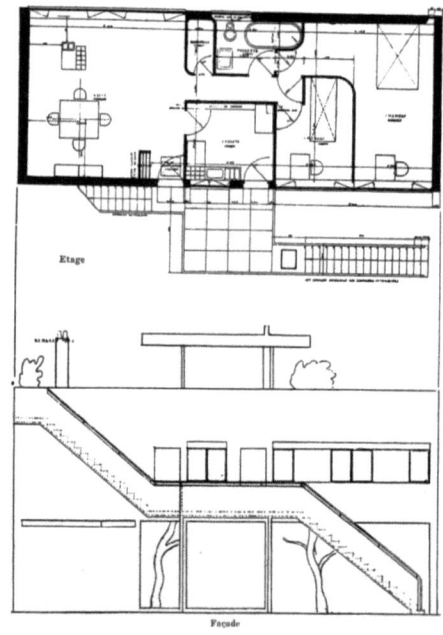

34  Le Corbusier: Siedlung Pessac, 1925
(Grundriß und Ansicht)

Was Serenyi über die "Immeuble Villas" aus dem Jahr 1922 schreibt, trifft in noch stärkerem Maße auf Pessac zu, trotz der praktischen Kompromisse, die im Hinblick auf das Wohnen von Familien geschlossen werden mußten; er beschreibt das "home as a monastic cell, created, ideally at least, for the single individual"; die Häuser sind "nothing but a collection of single figures, (...) each unit (...) is really a Maison Citrohan, or a studio apartment, symbolizing the single artist, uprooted and lonely".[385] Die „einzelne Einheit" ist auch in der städtebaulichen Anordnung ablesbar.

Insofern muß eine Interpretation des Dampfermotivs wie bei den Siedlungen von Gropius oder May, die im Schiff das Symbol für eine stadtgemeindliche Zukunftsvision sahen, hier scheitern; eher lassen sich Beziehungen zum Scharounschen Großstadtmenschen und seiner „Anonymität in der Menge" feststellen. Anders als in der Unité d'Habitation ist jede Wohneinheit ein geschlossenes System und fügt sich nicht in den Rahmen einer größeren Gemeinschaft: Die „Zelle" als Grundelement ist formuliert, der Gegenpol, eine Gesellschaft, die die Grundelemente zu einer neuen Qualität bringt, die mehr ist als ihre bloße Summierung, bleibt noch ohne architektonische Artikulation. Hier wird deutlich, was Collins als einen Haupteinwand gegen die „mechanische Analogie" des Funktionalismus anführt: "Ships, aeroplanes and automobiles are not designed for precise localities, nor are they designed with a view to the specific spatial relationships between one another."[386] Die Beliebigkeit, Bezugslosigkeit zur Umgebung der Gebäude ist unverkennbar. Dennoch: Auch die Häuser von Pessac sind (wie die Häuser in Zahnschnittform der „Stadt für 3 Millionen Einwohner") „Schiffe. Sie schwimmen in einem ‚Meer von Bäumen', sie sind wie ‚vorüberfahrende Dampfer — prächtige bewegliche Wohnblocks der modernen Zeit'".[387]

Und das gilt ebenso für das „gelandete Raumschiff"[388] der bereits weiter oben beschriebenen Villa Savoye aus dem Jahre 1929, das „der Verwirklichung der allgemeinen Idee von einer Architektur des Maschinenzeitalters, wie sie in der Vorstellung ihrer Schöpfer lebte, außerordentlich nahe kam".[389]

Pessac und die Villa Savoye, die Siedlung und die Villa im Grünen — verwirklicht in Architekturformen, die aus dem Bereich der Passagierdampfer, der „schwimmenden Städte", herleitbar sind. Le Corbusier entwickelt parallel zu seinen städtebaulichen Forschungen, die nicht verwirklicht werden, seine Ästhetik des „Zweiten Maschinenzeitalters". Insofern enthält auch die ausschließlich formale, nicht aus der Nutzung „Passagierdampfer" entwickelte Anspielung auf den Dampfer ein auf eine neue Gesellschaft gerichtetes Element.

Le Corbusier sagt von den Einzelbauten selbst, die „Häuser spielten die Rolle von Laboratorien. Jedes der in diesen Jahren gefundenen Elemente sollte uns den Prüfstein abgeben, um dann im Gebiet des Städtebaus in aller Sicherheit die notwendige Initiative ergreifen zu können."[390] Die Einzelbauten waren also auch Experimentierfelder; die „Häuser der glücklichen Wenigen, die man verwirklichen durfte, sah man als Vorposten für das neue Wohnen schlechthin an".[391] Damit erhält aber auch das formale Experiment, die Ableitung einer Ästhetik aus Maschine und Schiff, einen gesellschaftlichen Stellenwert; die Neuheit der äußeren Erscheinungsform (die nicht nur äußerlich war, aber vom Betrachter erst als äußerliche verstanden werden konnte) bezieht sich auf die Neuheit des durch die Maschine ermöglichten gesellschaftlichen Zusammenlebens der Individuen; dieses geordnete Zusammenleben wird im Bild des Passagierdampfers erfaßt.

Erst nach dem Zweiten Weltkrieg erhielt Le Corbusier Gelegenheit, seine gesellschaftliche Vision auch im größeren Rahmen architektonisch zu verwirklichen: in der "Unité d'Habitation" von Marseille (fertiggestellt 1952). Sie ist die einzige der gebauten Unités, die annähernd den Vorstellungen Le Corbusiers entspricht, obwohl auch hier, im ersten Projekt 1945, noch vier Einheiten auf einem Grundstück gebaut werden sollten; die folgenden Projekte jedoch hatten wichtige Einbußen im Grundkonzept hinzunehmen, so daß sie nicht vergleichbar sind: fehlende Gemeinschaftseinrichtungen, veränderte Sozialstruktur, gestalterische Einbußen (in Berlin mußten die Räume eine größere Höhe bekommen, wegen der, wie Le Corbusier erklärte, hohen preußischen Pickelhauben; eine „gestalterische Einbuße", die im Ergebnis — den höheren Räumen — jedoch mehr Wohnqualität erbrachte). Konsequenterweise fehlen bei den folgenden Bauten die deutlichen Hinweise auf den Dampfer, die noch das Bild der Unité in Marseille prägen (und auch in den *Planungen* der anderen vorkommen).[392]

Die Unité bestand als Thema — das Wohnen mit Gemeinschaftseinrichtungen — bereits seit den "Immeuble Villas" 1922. Die ersten Entwürfe dieser Art folgten in der städtebaulichen Anlage durchaus noch dem an Versailles orientierten

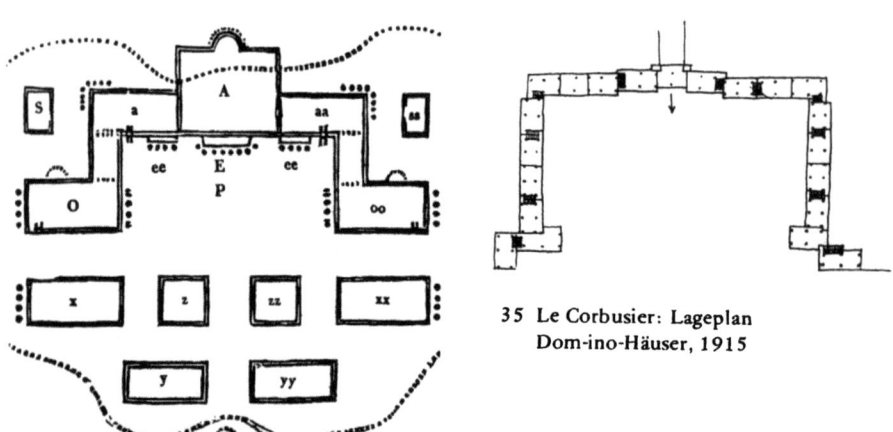

35 Le Corbusier: Lageplan Dom-ino-Häuser, 1915

36 Entwurf einer Phalanstère
(aus: „Nouveau Monde Industriel",
1829).

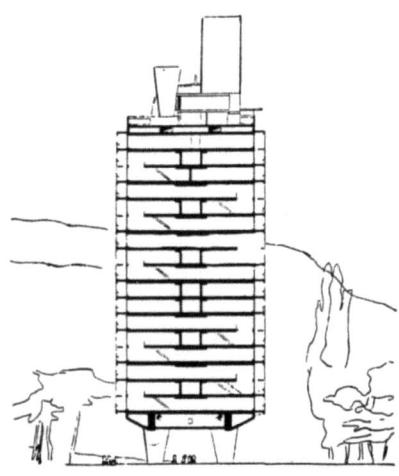

37 Schnitt eines Dampfers (aus: Le Corbusier: „La Ville Radieuse")

38 Le Corbusier: Unité d'Habitation, Marseilles 1946–52 (Schnitt)

Schema der Phalanstère Fouriers[393]; auch die "Immeuble Villas" sind streng axial angeordnet. Bei der Unité d'Habitation in Marseille geht Le Corbusier von diesem Schema ab – und nähert sich dafür dem Aufbau der Passagierdampfer, deren Quer- und Längsschnitte er bereits im Buch über die "Ville radieuse" 1933 abgebildet hatte: Durch die Dachaufbauten und die Loslösung vom Boden sind die Schnitte der Unité in Beziehung hierzu zu setzen.

Im Innenausbau der Unité wie auch in der Gestaltung der Fassaden oder der Details sind jedoch keine Anspielungen auf nautische Elemente spürbar; die in Le Corbusiers Bauten der zwanziger Jahre so deutliche Metapher der Maschine wird nicht mehr konnotiert; selbst das Weiß der Dampfer, das Weiß der neuen Kultur ist dem Grau des „béton brut" gewichen. Man kann die Frage nur andeuten, ob sich darin (und darin, daß alle Bauten Le Corbusiers nach dem Krieg eine andere Ästhetik entwickeln, besonders aber die folgenden Unités nicht einmal mehr die Schiffskonnotate tragen wie Marseille) so etwas wie Resignation ausdrückt, die Hoffnung auf die Verwirklichung der Utopie des Zweiten Maschinenzeitalters nach den Erfahrungen des Zweiten Weltkrieges verloren gegangen ist.

Bezeichnenderweise aber prägt gerade der Dachgarten, der Gemeinschaftsbereich der „eigentlichen Arbeit" einer neuen Gesellschaft das äußere Erscheinungsbild der Wohneinheit; und dieser ist, wie aus der Darstellung hervorgeht, die bereits im "oeuvre complète" veröffentlicht ist und die die Dachaufbauten ohne die Untergeschosse zeigt, eindeutig mit dem Seitenriß eines Dampfers vergleichbar: Schornsteine, Treppen, Reling, Mast, gestaffelte Baukörper. Und auch im Grund-

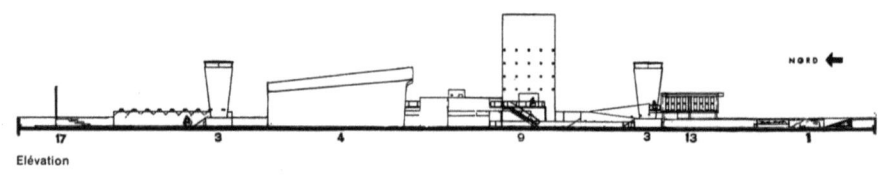

Elévation

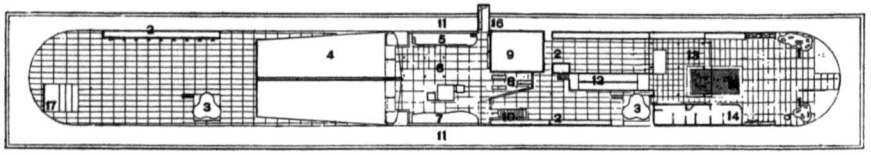

Plan du toit-terrasse

1 Montagnes artificielles
2 Bac à fleurs
3 Cheminées de ventilation
4 Gymnase
5 Solarium est
6 Vestiaires et terrasse supérieure
7 Solarium ouest
8 Tables en béton
9 Tour d'ascenseur avec entrée de la terrasse et bar
10 Escalier extérieur
11 Piste de course à pied de 300 m
12 La rampe reliant l'étage du service santé (17e étage) avec la terrasse et la garderie d'enfants
13 Garderie d'enfants
14 Jardin d'enfants
15 Piscine
16 Balcon
17 Mur brise-vent (théâtre en plein air)

39  Le Corbusier: Unité d'Habitation, Marseilles 1946–52 (Dachgarten)

riß des Dachgartens wird das Deck eines Passagierdampfers zitiert in der Gesamtform (durch die Laufbahn an den Schmalseiten schiffsmäßig gerundet), dem Schwimmbecken am „Heck" des „Sonnendecks", sogar der „Brücke", die über die Außenwand hinausragt: „Es ist eine Collage mit den Mitteln der Skulptur und der Architektur"[394] — eine Collage, die die öffentliche Seite von Le Corbusiers Gesellschaftsvorstellungen — gegenüber der privaten der „Wohnzellen" — im Bild des Schiffes ausdrückt. Der Eindruck überträgt sich auf den gesamten Baukörper — besonders auch durch die Loslösung vom Boden: "a gigantic ocean liner ploughing through the choppy seas of verdure and haphazard suburban sprawl."[395]

Wir werden noch auf die Beziehungen Le Corbusiers zu den gesellschaftlichen Vorstellungen von Charles Fourier (1772–1837) zurückkommen, deren architektonische Umsetzung die "Phalanstères" waren; Le Corbusier hat selbst auf diese Beziehung und auf das Vorbild der Kartause von Ema für die Unité hingewiesen.[396] Beides, Kloster und Phalanstère, sind Modelle des Zusammenlebens einzelner Individuen im Rahmen einer hierarchisch geordneten Gemeinschaft: "They are both voluntary associations in which the will of the individual members is reconciled with the will of the community through the binding power of the respective institutions."[397] Die Familie hat bei Fourier nur den Zweck der Sicherung des Weiterbestehens der Phalanstère durch Fortpflanzung, nicht aber eine eigene Qualität der Kleingruppe als sozialer Form.

Das ließ sich zwar in dieser Strenge bei Le Corbusiers Unité nicht verwirklichen, dennoch scheint die Interpretation von Jencks überzogen, die Lage der Küche in der Mitte jedes Appartements der Unité deute auf eine zentrale familiale Bedeutung hin, "where the housewife conducts the family affairs"[398]; man kann zumindest die Interpretation umdrehen und die Lage der Küche in der Dunkelzone des Appartements als Betonung ihrer untergeordneten Bedeutung verstehen.
Diese Vermutung wird durch das dritte Vorbild für die Unités neben dem Kloster und der Phalanstère gestützt, nämlich den hotelähnlichen Betrieb des modernen Passagierdampfers, wie ihn Le Corbusier mehrfach als Lösung der Zwänge des Kleinhaushaltes vorgeschlagen hat. Zum ersten Mal in Architektur umgesetzt wurde diese Betriebsform in den "Immeuble Villas", zu denen Le Corbusier schreibt:

> „Eine Hotel-Organisation übernimmt die gwöhnlichen Dienstleistungen für den Block (...). Moderner Sinn für das Technische ersetzt durch Maschine und Organisation die leicht zu ermüdende menschliche Arbeitskraft (...) auf dem Dach befindet sich ein großer Gemeinschafts-Sportsaal und eine Aschenbahn von 300 m Länge. Außerdem steht auf dem Dach noch ein Festsaal allen Villenbewohnern zur Verfügung."[399]

In den Plänen zur Unité d'Habitation ist all dies verwirklicht, ergänzt um Ladenstraße, Hotel, Jugend- und Kindereinrichtungen, Bibliothek und sogar eine medizinische Versorgungsstation. Nicht alles davon konnte später gebaut werden, und je nach Zustimmung oder Abneigung gegen die Wohneinheit selbst streiten sich die Kritiker, ob die vorhandenen Einrichtungen funktionieren. Wichtig ist aber eher, daß Le Corbusier das Bild des Hotels — Versorgungsbetrieb mit Schlafgelegenheit — um eine ganze Reihe von Freizeiteinrichtungen ergänzt, die auf dem Dach der Unité angeordnet sind. Sie bieten die Gelegenheit, die „eigentliche Arbeit" zu verwirklichen, nämlich die Nutzung der durch das geordnete Leben in der Harmonie eines 2. Maschinenzeitalters frei werdenden Zeit. Auch Le Corbusier hat den Abstand zwischen der tatsächlichen Situation der arbeitenden Bevölkerung unmittelbar nach dem Krieg und seinen Vorstellungen gesehen; aber er setzt in der Architektur der Unité ein Zeichen für seine Vision: „Schaut zurück. Denkt an Charles Fourier und seine ‚wilden Ideen' von Häusern mit Gemeinschaftseinrichtungen (...). Das war ungefähr 1830 und Fourier wurde als Verrückter weggeschickt. Also laßt uns keine Angst vor Ideen haben"[400], schreibt er zum Wohnblock in Marseilles.
Die Übereinstimmung mit den Plänen Fouriers ist weitreichend; so schlägt Fourier vor den Wohnungen sogenannte "Rue-Galeries" vor, von denen er sagt, sie „stellen Kommunikationsmöglichkeiten dar, die ausreichen, um die Paläste und schönen Städte der Zivilisation zu degradieren"[401] — etwas ähnliches dürfte sich Le Corbusier von den "rues interieures" der Unité mit ihrer Ladenstraße versprochen haben; und der Schüler Fouriers, Considérant, stellt den „Sozialpalast" 1840 mit einem begehbaren und ebenfalls als Gemeinschaftsbereich zu nutzenden Dachgarten dar.[402]

Sicherlich ist der Einwand von Huse gegen Le Corbusier berechtigt: „Sozialstrukturen waren für ihn nicht Voraussetzung und Ausgangspunkt des Bauens, sondern dessen Resultat. Nicht objektive Daten gaben die Richtschnur, sondern die Postulate einer persönlichen Gesellschaftslehre."[403] Das macht jedoch die Vision, im Bild des Passagierdampfers Gestalt geworden, nicht weniger faszinierend; die Tatsache, daß Le Corbusier letztlich scheitert, spricht nur dann gegen seine Vision, wenn unsere Gesellschaft eine bessere an ihre Stelle setzen kann.

Die Unité drückt „das Irrationale aus, das darin liegt, daß sie eine nicht zu Ende geführte Hypothese ist, das riesige Fragment einer Stadtkonzeption, die reine Ideologie bleiben muß"[404]; sie steht isoliert und muß so zwangsläufig eine autarke Gemeinschaft bilden. Le Corbusier wollte diese Isolation nicht; nach seiner Vorstellung sollten ganze Städte aus derartigen Wohneinheiten gebildet werden. Die Frage auf die praktische Erprobung seiner gesellschaftlichen Vorstellung bleibt also unbeantwortet, die Frage nämlich, ob die einzelnen Gemeinschaften, die einzelnen Unités, in eine Beziehung miteinander treten könnten, die die Isolation der *einen* Einheit aufhebt und etwas wie „Stadt" konstituiert.

Die "Unité d'Habitation" als „Grand Hotel auf hoher See", als „mondäne Alternative zu dem proletarischen Kommunehaus", wie es in Rußland entwickelt wurde, mit den politischen und sozialen Implikationen, die das Dampfermotiv erschließt: Der Dampfer „ist Idealfall des geschlossenen Systems, das nur auf

40 Le Corbusier: Unité d'Habitation, Marseilles 1946—52

Grund einer klaren Arbeitsteilung und einer straffen Hierarchie funktioniert"[405] — so charakterisiert von Moos die Bedeutung des Architekturmotivs „Schiff" im Zusammenhang mit Le Corbusiers Unité. Aber das Motiv hat noch eine weitere Bedeutungskomponente, die die mythischen Symbolvorstellungen zum „Schiff" mit umfassen; Serenyi und von Moos weisen ebenfalls darauf hin.
Bei der Unité und den Wohnbauten der zwanziger Jahre war der Dampfer die zeitgemäße Metapher für das Fouriersche geschlossene Gesellschaftssystem oder das des Klosters, eine Metapher, die in den zwanziger Jahren die Maschine als zeitgemäßes „Erlösungsmittel" einbrachte — ein Aspekt, der bei der Unité kaum noch zum Ausdruck kam. Die Bauten jedoch, die Le Corbusier für die Heilsarmee in Paris entwarf und die ebenfalls das Schiffsmotiv verwenden, zeigen, daß noch andere Bedeutungsschichten damit verbunden werden müssen.

### Bauten für die Heilsarmee

1926 baut Le Corbusier den "Palais du Peuple" als Anbau an ein bereits bestehendes Gebäude der Heilsarmee: auf schmalem Grundstück ein schmaler Baukörper auf Pilotis, mit Dachgarten und "fenêtres à longueur": ganz in der Art der Ästhetik der „5 Punkte" und ohne spezifische Assoziationen zum Dampfer, wenn man einmal von der Ähnlichkeit absieht, die durch die Befolgung der „5 Punkte" ohnehin erzeugt wird. Denn ein weißer Baukörper, über dem Boden schwebend, mit Reihen von Fensterbändern, wird immer eine gewisse Ähnlichkeit mit dem Äußeren eines Passagierdampfers haben; der "Palais du Peuple" hat durch die beengte Grundstückssituation darüber hinaus einen langen, schmalen Baukörper und durch die Funktion als Asyl eine einfache Reihung von Betten im Inneren, die zur Not an die Reihung von Kabinen erinnern. Wahrscheinlich ist eine bewußte Assoziation nicht, da kein spezifisch schiffsmäßiges Formelement sie unterstützt.
Aber bereits bei diesem einfachen Bau bemerkt Serenyi, "its function (...) is perfectly in keeping with Le Corbusiers notion of communal living. In one of his books he even paid tribute to the Salvation Army for its ability to 'teach its inhabitants how to live'."[406] Die Heilsarmee also als Vorbild?
1929 baute Le Corbusier im Auftrag der Heilsarmee ein Schiff als Herberge der Clochards im Winter und „Jugendherberge" für arme Kinder im Sommer um, das auf der Seine, vor dem Louvre, stationiert wurde.
Dieser kleine Umbau, das „Asile Flottant", war ihm immerhin wichtig genug, in die Bauten der „Gesammelten Werke" aufgenommen und dokumentiert zu werden — eine ironische Huldigung an das mythische Schiff als Heilsbringer, „eine kleine Arche Noah für jene, die am Leben Schiffbruch erlitten haben (...). Das ‚funktionalistische' Postulat nach Formen, die aus strenger Ökonomie der Mittel erwachsen und die symbolische Aura des Schiffes als Rettungsboot sind hier modellhaft kombiniert."[407]

41 Le Corbusier: Palais du Peuple, Paris, 1926

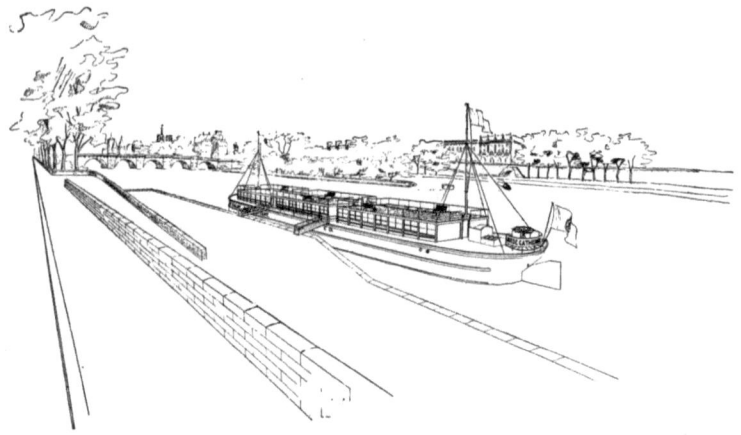

42 Le Corbusier: Asile Flottant, Paris, 1929

Damit ist ein Stichwort gegeben, das schon im Zusammenhang mit den Sanatoriumsbauten Salvisbergs anklang, nämlich die Bedeutung des Schiffsmotivs ' im Sinne der bergenden, schützenden Hülle, des Rettungsboots, das im Bild der Arche zum Symbol geworden ist. Bereits bei Salvisberg wurde auf die enge Verbindung im Denken der avantgardistischen Architekten zwischen der Sanierung der individuellen Gesundheit und der Sanierung der Gesellschaft durch Sanierung der Stadt hingewiesen — Licht, Luft und Sonne sind gut für Lungenkranke wie für

die Hinterhöfe der Arbeiterviertel; ihr Fehlen in den Hinterhöfen und Wohnungen war vielfach Ursache für die Entstehung der Tuberkulose. Der Architekt war berufen, die Heilung zu bringen; „die Idee, daß der Architekt ein Wohltäter der Gesellschaft zu sein habe, der Schmerzen lindert, Wunden heilt, ja der sich für die Leidenden aufopfert"[408], gehörte zum Selbstverständnis Le Corbusiers.
Sein wichtigster Bau für die Heilsarmee war die "Cité de Refuge" in Paris, die 1933 eingeweiht wurde. Sie besteht aus einem scheibenförmigen Hochbaukörper, der Schlafsäle enthält, den obersten Geschossen aus kleinen, kabinenartigen Appartements, und den „sozialen Diensten", die in den vorgelagerten, flachen Baukörpern untergebracht sind: Speisesäle, Aufenthaltsräume, Räume für Kinder, ein großer Versammlungsraum und Räume für die medizinische Versorgung. Auch hier ist die Schiffsassoziation deutlich, eingebunden in die Maschinenästhetik Le Corbusiers (er war besonders stolz auf die Verwendung einer Klimaanlage, die den abgeschlossenen Charakter der Gesamtanlage nach außen hin noch betont). Wird die Form des hohen Baukörpers — lang und schmal, vorn in spitzem Winkel auslaufend — noch durch den Zuschnitt des Grundstücks nahegelegt

43 Le Corbusier: Cité de Refuge, Paris, 1932/33

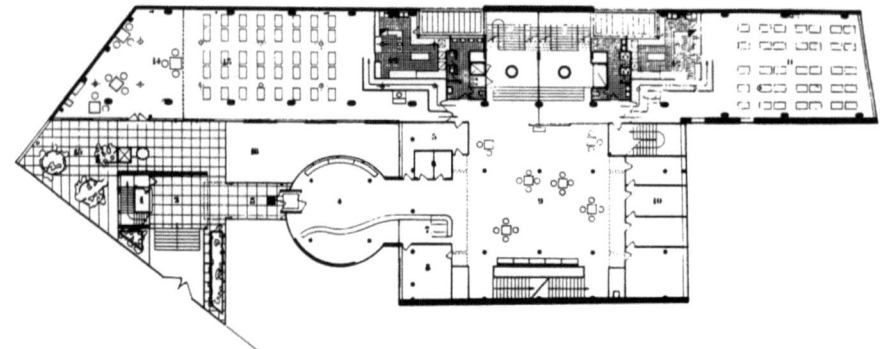

44 Le Corbusier: Cité de Refuge, Grundriß EG

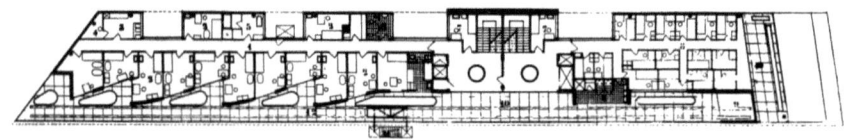

45 Le Corbusier: Cité de Refuge, Grundriß Dachgeschoß

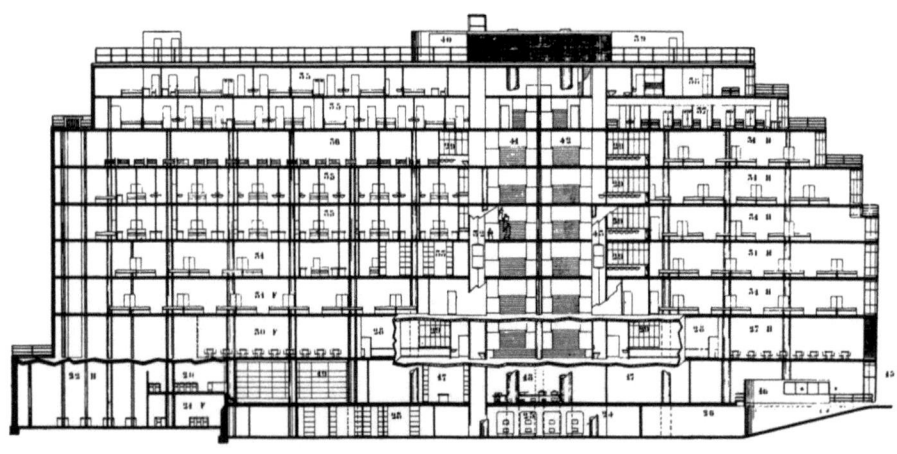

46 Le Corbusier: Cité de Refuge, Schnitt

(wenngleich es hier sicher andere, weniger dem Schiffsgrundriß angenäherte Formen gegeben hätte), so deuten die „Reling" der „Sonnendecks", überhaupt der gesamte Bereich der gestaffelten Dachgeschosse — besonders im Schnitt zu erkennen — auf den Dampfer als Vorbild hin. Als ein zeichenhaft zu verstehendes Detail hat Le Corbusier den Eingang als Brücke ausgebildet, die den Übergang in das schützende Schiff markiert.

Das Schiff als bergende Hülle, gleichzeitig als Fahrzeug von einem Stadium in ein anderes (schließlich hat die Heilsarmee ja das Ziel, die Menschen zu bessern) ist hier architektonisch artikuliert, „eine kollektivistische Utopie im Zeichen einer sozialen Philanthropie".[409]

Von Moos weist darauf hin, daß zwischen den Zielen der Heilsarmee und den gesellschaftlichen Vorstellungen Le Corbusiers bestimmte Übereinstimmungen herrschten: „Idealismus und christliche Mildtätigkeit, militärisch organisiert: das war ein Reformprogramm, das von dem seinen gar nicht so weit entfernt war."[410]

47 „Cité de Refuge", Aus der Heilsarmee-Zeitschrift „En Avant", 1929

Le Corbusier konnte es sich durchaus vorstellen, zusammen mit der Heilsarmee einen „Feldzug" durch Frankreich zu machen, um der Bevölkerung zu erklären, wie sie unter den Bedingungen des zweiten Maschinenzeitalters planen, bauen und wohnen müsse[411] – der Architekt als praeceptor Galliae.
Schließlich, auch das entspricht den Vorstellungen Le Corbusiers von Ordnung, die immer auch Einordnung ist, ist die Heilsarmee eine unpolitische Organisation mit straffer Hierarchie, wie auch der Dampfer nur durch eine solche Organisation funktioniert; und beide sehen das Glück der ihnen Anvertrauten als Ziel ihrer Tätigkeit an.
Heilung durch Architektur, der Architekt in der Rolle des Kapitäns, und eine reibungslos funktionierende, unpolitische Organisation als Dienstleistungsbetrieb für das Wohnen im Zeitalter der Harmonie sind im Bild des Passagierdampfers zum architektonischen Zeichen geworden, denn „Schiffskamin und Kommandobrücke, Blazer, Tennisschuhe und Feldstecher gehören als unentbehrliche Requisiten zu dem Wunschbild kollektiven Glücks, das diese Architektur so eindrücklich und wirkungsvoll beschwört".[412]

## Die Theorie

Le Corbusier hat aus seinem großen reformatorischen (und rhetorischen) Eifer heraus seine gesamte architektonische Arbeit mit theoretischen Schriften begleitet, so daß eine Fülle von erläuterndem Material zur Verfügung steht; es lassen sich bestimmte Merkmale seiner historischen und gesellschaftlichen Vorstellungen ableiten, die seinen Arbeiten zugrunde liegen. Besonders das 1933 erschienene Buch "La ville radieuse" kann als eine Art Zusammenfassung seiner Ideen der zwanziger Jahre verstanden werden; es bildet gleichzeitig durch sein Erscheinungsjahr den Abschluß einer Epoche, die durch Aufbruchsstimmung und große Hoffnungen gekennzeichnet war.
In dieses allgemeine Geflecht von Ideen, Hoffnungen und Wünschen, die der avantgardistischen Architektur der zwanziger Jahre zugrunde lagen, ist auch die Vorstellungswelt Le Corbusiers einzuordnen; sie geht jedoch über die häufig nur vagen gesellschaftlichen Zielvorstellungen der deutschen Architekten hinaus, soweit sie sich aus deren theoretischen Äußerungen herleiten lassen.

### Zum Gesellschaftsbild Le Corbusiers

Die „Hoffnung auf die Maschine" ist auch bei Le Corbusier Grundlage der zukünftigen Entwicklung. Da das Versagen der „Maschine" jedoch in der historischen Entwicklung bis zum Ersten Weltkrieg offensichtlich wurde – sie brachte keineswegs die erhoffte Befreiung, im Gegenteil –, unterschied Le Corbusier zwischen einem 1. und einem 2. Maschinenzeitalter. Diese Unterscheidung entspricht bis zu einem gewissen Grade der bereits früher dargestellten allgemeinen Aufbruchstimmung am Beginn des 20. Jahrhunderts; gerade nach den Erfahrungen des Krieges war das Gefühl des neuen Anfangs sehr stark; darauf gründeten sich die Hoffnungen auch der Architekten.

Le Corbusier datiert nun den Beginn des ersten Maschinenzeitalters auf das Jahr 1830 und nennt es ein „wüstes Zeitalter der Zivilisation — das von Geld, Geld, Geld".[413] Serenyi sieht bereits in dieser Datierung eine Beziehung zu Fourier; "it is revealing (...) that Le Corbusier equates the birth of the machine with Fourier's visionary, if not necessarily prophetic, ideas."[414]

Das Ende der Ära wurde von Le Corbusier unterschiedlich interpretiert, da auch in den zwanziger Jahren der Beginn des Goldenen (Maschinen-) Zeitalters nicht exakt festgestellt werden konnte; bereits 1920 stellte er im "L'Esprit Nouveau" fest: „Ein großes Zeitalter ist angebrochen"[415]; dagegen relativiert er 1945 resignierend, man stehe erst „an der Schwelle eines zweiten Zeitalters der Maschine".[416]

Das Charakteristikum des ersten Maschinenzeitalters ist das „Chaos"; es war „mörderisch": „niemals konnte der Mensch Gelegenheit noch Bedingungen finden, die für die Ausdehnung seines Geistes lebenswichtig waren. Gefesselte Städte, Straßen ohne Freude."[417]

Das zweite Maschinenzeitalter, an dessen Schwelle sich Le Corbusier sieht, wird mit dem häufig wiederkehrenden Begriff der „Harmonie" gekennzeichnet; es ist die Hoffnung auf — buchstäblich — das neue Goldene Zeitalter:

> „ (...) der Stadtplaner und der Architekt sollten den Rahmen des Goldenen Zeitalters wiedererrichten (...), die Manifestationen eines Bewußtseins, das durch die ‚essentiellen Freuden' erleuchtet wird.
> Eine Symphonie, eine Harmonie."[418]

Die Frage am Schluß von "Vers une architecture" nach der weiteren Entwicklung — „Baukunst oder Revolution" — wird also von Le Corbusier in dem Sinne beantwortet, daß der Architekt als Sachwalter diese neue Welt im Wesen erkennen und gestalten muß; er muß die verlorene Freiheit wieder herstellen und die Knechtschaft beenden, so daß der „Mensch (...) seinen unglücklichen Zustand und sein tragisches Mißgeschick überwinden, (...) Harmonie schaffen (kann); Einheit von Mensch und Behausung; der Erde und des Gebauten; von Individuum und Gesamtheit; Einheit von Mensch, Natur und All".[419]

Er kann die Herstellung eines neuen Gleichgewichts, einer neuen Harmonie nur mit Hilfe der Maschine und mit Hilfe eines Planes, einer Ordnung (auch dies ein Schlüsselbegriff für das Verständnis Le Corbusiers) schaffen:

> „Die Maschine (...) wird auf die ihr zukommende Bedeutung zurückgebracht; ein Diener und nicht mehr Herrscher, Arbeiter und nicht mehr Unterdrücker, Einiger und nicht mehr Konflikterzeuger, Erbauer und nicht mehr Zerstörer.
> Die Teilnahme aller an diesem sozialen Epos verlangt Disziplin.
> (...)

> Laßt uns die Spielregeln für die gegenwärtige Epoche niederlegen.
> Das ist: *die Schaffung von Harmonie.*
> (...)
> Ein Plan, der die Schaffung von Harmonie zum Ziel hat (...)."[420]

Ein Maschinenzeitalter der Harmonie, Gleichheit durch Ordnung, d.h. Plan und Regeln, Ausgleich zwischen Individuum und Kollektiv — damit sind die Schlüsselbegriffe der Le Corbusierschen Zukunftsvorstellungen benannt. Die Beziehung zum „utopischen Sozialisten" Fourier ist deutlich, der „die Hingabe des Individuums an die Gemeinschaft — ohne Aufgabe der Individualität oder gar der Identität — und damit indirekt die Ablehnung des Egoismus als Organisationsprinzip"[421] vertrat.

Die Ordnung soll dazu dienen, dem einzelnen soviel Freiheit wie möglich zu geben; denn „die moderne Gesellschaft ist besser als ihre Vorgänger für kollektive Disziplin vorbereitet, Disziplin, die so lange wohltuend ist, wie sie individuelle Freiheit erreichen will".[422] Sie wird allerdings bei Le Corbusier — vielleicht eine Reaktion auf die Erfahrung des Krieges — fast zum Selbstzweck. Die Natur wird als chaotisch angesehen, weil sie nicht die Reinheit geometrischer Körper aufweist; dagegen ist der

> „Geist, welche die Natur angreift, (...) ein Ordnungsgeist (...).
> Der Mensch strebt in seiner Freiheit zur reinen Geometrie. Er schafft das, was man Ordnung nennt. (...) je vollkommener die Ordnung ist, umso freier und sicherer fühlt er sich."[423]

In dieser Absolutheit, in der Überhöhung der Bedeutung von abstrakter „Ordnung" und „Geometrie" lassen sich Parallelen zu den kosmischen Ordnungsvorstellungen der Renaissance sehen.[424] Zu der Ordnung, zu diesem Rahmen, den die Gesellschaft der einzelnen Freien sich gibt (oder der ihr gegeben wird?) gehört aber, daß er nicht verändert oder in Frage gestellt wird; jeder sollte möglichst an seinem Platz bleiben. Die Maschine, deren Ziel die Hebung der Qualität ist[425], verlangt von jedem Präzision und Exaktheit. „Der Geist der Werkstatt existiert nicht mehr, dafür aber ganz gewiß ein Gemeinschaftsgeist"[426] — das ist eher Wunschdenken als die realistische Wiedergabe des Selbstverständnisses eines Fließbandarbeiters. Es ist eine Gemeinschaftsideologie, die ihre Parallelen in Deutschland hat und die die „Einfügung in das Ganze" voraussetzt: „Sind wir nicht alle *eins*, in dem heiteren Ganzen einer organisierten Hierarchie?"[427]

Die Maschine ist — im wörtlichen Sinne wie im übertragenen des Gesamtkomplexes „industrielle Produktion" — Produkt der „Ordnung", des Nicht-Zufälligen, und prägend für die Epoche;

> „die Maschine geht hervor aus der Geometrie. Demnach ist unsere ganze Gegenwartsepoche eine ausnehmend geometrische (...).

Die modernen Künste und das moderne Denken suchen nach einem Jahrhundert der Analyse ihr Heil jenseits der zufälligen Tatsachen, und die Geometrie führt sie zu einer mathematischen Ordnung, zu einer mehr und mehr verallgemeinerten Haltung."[428]

Sicherlich hatten Feststellungen wie diese auch den Charakter der Selbstrechtfertigung; der Absolutheitsanspruch, die Überzeugung, in den architektonischen Vorschlägen und Untersuchungen Probleme endgültig gelöst zu haben, wird begründet mit der Behauptung, daß „die Zeit" zur Verallgemeinerung, zum Standard dränge. Zugrunde lag dieser Haltung jedoch die sichere Gewißheit, daß in der technischen Entwicklung, in der Maschine, im Kern angelegt, die Problemlösung bestand: „*Es sind die modernen Techniken, die die Lösung für die Stadtplanung bringen.*"[429] Die gesamte Gesellschaft, das gesamte Wirtschaftssystem wird im Goldenen Zeitalter der Harmonie neu geordnet: „Eine neue Zivilisation, die die des Geldes ersetzt: Kooperation, Kollaboration, Partizipation, Enthusiasmus."[430]

Daraus resultiert auch eine neue Aufteilung des Tages; nicht mehr 8 oder 10 Stunden Arbeit werden benötigt, sondern 4 oder 5 Stunden sind für die Produktion ausreichend. Das bedeutet einen wesentlich größeren Anteil an Freizeit, zumal in der neuen Zivilisation mit ihren neuen Städten auch die Verkehrsprobleme gelöst sein werden, so daß der Zeitanteil für die tägliche Fahrt zum Arbeitsplatz und zurück zur Wohnung gering ist.

Diese neue Freizeit — nach Le Corbusier bis zu 11 Stunden am Tag — erhält damit eine neue Qualität; sie stellt geradezu, als nach individuellen Bedürfnissen sinnvoll nutzbare Zeit, den eigentlichen Lebensinhalt dar:

„Ich würde gern diesen 11 Stunden der Freizeit einen anderen Namen geben: den *wahren Arbeitstag der Maschinenzivilisation*. Ziellose Arbeit, ohne den Blick auf Profit, das Geschenk des Selbst (...). Frei gewählte individuelle Beschäftigung."[431]

Le Corbusier illustriert an anderer Stelle seine gesellschaftliche Vorstellung und ihre Umsetzung in Städtebau mit dem Foto vom Sonnendeck eines Passagierdampfers[432], auf dem man Tennis spielen kann, badet und sich unterhält: ein Bild, das im Dachgarten der Unité d'Habitation architektonische Realität geworden ist.

Die starke Betonung von Spiel und Sport ist in den städtebaulichen Entwürfen ablesbar; sie werden auch in den Schriften immer wieder betont. Gleichzeitig bedeutet das jedoch — und das war einer der Hauptkritikpunkte der Gegner Le Corbusiers — eine Ausschließung anderer Freizeitaktivitäten, die gerade das urbane Leben einer funktionierenden Stadt ausmachen.[433] Das Beispiel des Passagierdampfers, auf dem zwar Theater oder ähnliches möglich war, aber nicht das gesellschaftliche Leben an Bord bestimmte, deckt also bestimmte Mängel der städtebaulichen Konzepte Le Corbusiers auf; der eröffnete Freiraum „ist eine individuelle Freiheit jenseits der Zwänge von Betriebsführung und Fordismus, aber auch außerhalb jeglicher kooperativen gesellschaftlichen Aktion".[434]

Der Vergleich mit dem Passagierdampfer, der ja, soweit es die Freizeitaktivitäten und den Luxus angeht, die seine Aura ausmachten, nur einer kleinen Gesellschaftsschicht vorbehalten war, ist also gleichzeitig entlarvend; der „Bereich der Technik, für den sich Le Corbusier begeisterte, war keineswegs der der Produktion, sondern der eines gehobenen Konsums (...). Es war der Lebensbereich der gleichen technisch-künstlerischen Elite, die auch in seinen soziologischen Vorstellungen das Leitbild stellte (...)"[435] – das Leitbild des unabhängigen Intellektuellen.

Die avantgardistische Architektur allgemein wurde deswegen auch scharf kritisiert; Sedlmayr etwa stellt ausdrücklich das Nomadenhafte, Wurzellose und Emotionslose der Architektur fest.[436]

Le Corbusier sah also, zusammenfassend, die kosmische Harmonie des Menschen mit der Natur durch das, was er das erste Maschinenzeitalter nannte, zerstört; der Zustand der Städte war ihm Zeichen dafür. Es mußte eine neue Ordnung geplant werden; die Maschine war das Mittel, die alte Klassengesellschaft aufzuheben und eine neue, demokratische Gesellschaft freier und gleicher Menschen zu entwickeln.

Diese kollektive Gemeinschaft stellt die Ordnung auf, in der das Individuum seinen größten Freiheitsspielraum haben kann – es hat ihn geradezu durch die Ordnung. Auf der einen Seite also die Gemeinschaft, auf der anderen das Individuum, das letztlich allein steht; Jencks spricht von Le Corbusiers "belief in man's essential loneliness"[437]; demgegenüber hat die Familie als kleine Gruppe kaum Bedeutung. (In seiner Le Corbusier-Biografie geht Jencks noch ausführlicher auf das Weltbild Le Corbusiers ein, das er als "tragic view of the human condition struggling in a hostile universe"[438] bezeichnet.)

Um die Ordnung herzustellen – was auch Aufgabe des Architekten ist –, entwickelte Le Corbusier zwei architektonische Utopien, „the 'Ideal Paradise', with its particular emphasis on the individual, and the 'Ideal City', with its primary concern for the many"[439] – Kollektivhaus und Stadt. Für die im Gleichgewicht befindliche Balance zwischen Individuum und Kollektiv sind Kloster, Phalanstère und Passagierdampfer – wenn auch mit unterschiedlichen Bedeutungsschwerpunkten – geeignete Vorbilder.

Das Gesellschaftsbild Le Corbusiers, soweit es als kohärentes System überhaupt beschrieben werden kann, war nicht eigentlich fortschrittlich, wie es zumindest in Ansätzen die deutschen Architekten waren; es war durchaus einem konservativ-liberalistischen Paternalismus verpflichtet (die historischen Vorbilder – Kloster und Phalanstère – bestätigen das). Hilpert hat die gesellschaftlichen Vorstellungen Le Corbusiers ausführlich untersucht und kommt zu dem Ergebnis, in seiner Gesellschaft gebe es „eigentlich gar kein sozial bezogenes Handeln, nur einen durch Kontrakte geregelten Interessenausgleich"; die „Soziologie der ‚Kollektiverscheinung' Großstadt kann gar nicht wirklich erfaßt werden, weil Gesellschaftstheorie bei Le Corbusier eigentlich über eine Theorie von Herrschaft nicht hinauskommt".[440] Der Mangel an städtischem Raum in den Planungen Le Corbusiers — eher eine Sammlung von Solitärbauten als gestalteter, erlebbarer Außenraum — kann hierin begründet sein.

## Der Dampfer als Vorbild

In den Zusammenhang des Le Corbusierschen Weltbildes und in seine Auffassung einer Idealgesellschaft ist die Beziehung der Architektur zum Dampfer einzufügen, die seit "Vers une architecture" immer wieder aufgegriffen wurde. Damit ist nicht die zu kurz schließende Ansicht gemeint, der moderne Passagierdampfer sei Beleg dafür, das Schöne sei ein Produkt der Technik oder der Funktion — Le Corbusier wendet sich ausdrücklich gegen diese Annahme; man „verkündigt die Schönheit der Maschine als neues Gesetzbuch der Dauer. Hier liegt der Fehler."[441] Nach seiner Überzeugung muß vielmehr in die Baukunst ein weiteres, subjektives Element kommen, das er „Leidenschaft" nennt, die wiederum aus dem „Seelenzustand einer Epoche"[442] entsteht und im Künstler Gestalt gewinnt.

"Vers une architecture" dürfte die am häufigsten analysierte architekturtheoretische Schrift des 20. Jahrhunderts sein, so daß sich ein Eingehen auf den Gesamtzusammenhang hier erübrigt.[443] Weiter oben haben wir auf die französische Tradition in der Architekturtheorie hingewiesen, die den Vergleich mit den funktionellen Formen des Schiffes seit langem kannte. 1916 erschien als letztes Werk dieser Art Anatole de Baudots Buch "L'architecture, le passée, le présent", in dem dieser das Schiff als beispielhaft für die Architektur hinstellt.[444]
Le Corbusier geht jedoch über den „funktionalistischen" Ansatz hinaus. Im Kapitel über die Ozeandampfer — „Ein großes Zeitalter ist angebrochen" — spricht er von dem neuen Geist, der herrschen soll:

> „Die Maschinentechnik, neu in der Geschichte der Menschheit, hat einen neuen Geist erweckt. Jedes Zeitalter erschafft sich seine eigene Baukunst, die reines Abbild ihres Denksystems ist."[445]

Daraus spricht nicht primär die Bewunderung für die Form, vielmehr die Bewunderung für die „cartesianische" Denkweise der Ingenieure, für die „logische" Lösung. Es heißt jedoch nicht, daß diese allein schon die architektonische Form definiert.
Das schließt die Bewunderung für die formalen Lösungen des Ozeandampfers keineswegs aus, die nach einer Huldigung an den gedanklichen Mut der Ingenieure — „die Konstrukteure der Ozeandampfer machen kühn und wissend Paläste, neben denen die Kathedralen ganz klein werden: und sie werfen sie ins Wasser"[446] — jeweils im Zusammenhang mit dem Foto eines Dampfers aufgezählt werden:

„An die Architekten: Mehr technische Schönheit! (...). Diese Ästhetik hier ist näher an den wahren Quellen!"
„Neue Architekturformen, auf den Menschen zugeschnittene Elemente. (...) Gegensatz zwischen vollen und leeren Flächen, zwischen kompakter Masse und anmutigen Elementen."
„Eine Wand ganz aus Fenstern, ein Saal voller Helligkeit (...)."
„Eine Villa auf den Dünen der Normandie, welche wie diese Schiffe empfunden wäre, wäre weit besser am Platze als die riesigen ‚Normandie-Dächer' (...)."
„Der Vorzug eines langen Wandelgangs, ein befriedigender, interessierender Raum; Einheit des Baumaterials, schöne Anordnung der konstruktiven Elemente (...)."
„Eine reine, klare, saubere und gesunde Architektur (...)."[447] (s. Abb. 48)

In diesen Sätzen wird bereits die Formensprache der Bauten Le Corbusiers angesprochen, wie er sie später in den „5 Punkten zu einer neuen Architektur" festgeschrieben hat — das bewußt gesetzte Spiel der offenen und geschlossenen Flächen in der Fassade, das Fensterband, das flache Dach, die Bewegungsarchitektur der Gänge und Rampen, die Komposition der Philebosschen Körper. Die Harmonie, die das Ergebnis des zweiten Maschinenzeitalters ist, sieht Le Corbusier bereits verwirklicht als „Produkt einer logischen Konstruktion und im Einklang mit der Welt, die uns umgibt"[448]:

„Vergißt man einen Augenblick, daß ein Ozeandampfer ein Transportmittel ist, und betrachtet man ihn mit neuen Augen, dann begreift man ihn als eine bedeutende Offenbarung von Kühnheit, Zucht und Harmonie und von einer Schönheit, die zugleich ruhig, nervig und stark ist."[449]

Nicht eindimensional-funktionelle Anforderungen werden formprägend, sondern „Kühnheit, Zucht und Harmonie" führen zur „Schönheit" — der klassische Satz Le Corbusiers vom „kunstvollen, korrekten und großartigen Spiel der unter dem Licht versammelten Baukörper" ist auch die Bildunterschrift zum Foto eines Dampfers! (Abb. 49).
Auf gewisse Widersprüche im Text Le Corbusiers macht bereits Collins aufmerksam, der sie auf die Spannung zwischen dem rationalen Denken und dem künstlerischen Wollen Le Corbusiers zurückführt[450] — dieser Widerspruch ist in der Verherrlichung der logisch entwickelten Dampferformen und der nur ästhetisch begreifbaren Übertragung der Formen auf das Haus angelegt. Insofern schließt die allein funktionale Erklärung der Bewunderung für den Dampfer zu kurz; dieser wird bewundert als Produkt einer Denkweise, die auch auf die Architektur übertragbar ist; er wird bewundert als Beispiel einer Befreiung von überkommenen Formvorstellungen (die Loslösung von der Ästhetik des Segelschiffes beim Aufkommen des dampfgetriebenen Schiffes) *und* er wird, nicht zuletzt, wegen der Ästhetik seiner reinen Formen bewundert.
So setzt also Le Corbusier nicht den Ingenieur mit dem Architekten gleich, er fordert aber den gleichen Denkansatz; er sagt, „daß der Ingenieur, der auf dem Wege von Kenntnissen vorgeht, den Weg weist und über die Wahrheit verfügt. Die Baukunst, als Sache der Formensprache, muß auf ihrem Gebiet also *gleichfalls*

**48** Aus: Le Corbusier:
Vers une Architecture, 1923

49 Aus: Le Corbusier: Vers une Architecture, 1923:
„Architektur ist das kunstvolle, korrekte und großartige Spiel der unter dem Licht versammelten Baukörper."

*zum Ausgangspunkt zurückkehren* (...)"[451] — was für Le Corbusier heißt, zu den einfachen, verständlichen Formen der Philebosschen Körper.

In den folgenden Kapiteln von "Vers une architecture" führt Le Corbusier Flugzeuge und Autos als Elemente des Maschinenzeitalters an. Banham weist zwar darauf hin, daß auch hier die ästhetische Komponente bei den Abbildungen im Vordergrund stehen dürfte[452], Le Corbusier selbst jedoch spricht im die Bilder begleitenden Text besonders die Lösung eines gestellten Problems an (bei den Flugzeugen) — „Wenn eine Aufgabe richtig gestellt ist, findet sie in unserer Zeit unweigerlich ihre Lösung"[453] — beziehungsweise beim Auto die Frage der Typisierung. Das erklärt zumindest teilweise, warum in der Architektur Le Corbusiers nicht Formen des Flugzeugs oder des Autos umgesetzt wurden und widerspricht somit der Feststellung Banhams.

Das Auto als Beispiel der *Typisierung*, das Flugzeug als Vorbild für die Lösung eines richtig gestellten *Problems* und der Dampfer als logische, dem Maschinenzeitalter der Harmonie entsprechende *Form* — das ist die erkennbare Lehre von "Vers une architecture". Auf die inneren Widersprüche wurde bereits kurz hingewiesen; die *inhaltliche* Bestimmung einer bisher nur als reine Form begriffenen, auf den Dampfer bezogenen Ästhetik nimmt Le Corbusier selbst vor.

1929 fährt Le Corbusier mit einem Passagierdampfer zu einer Reihe von Vorträgen nach Buenos Aires. Das Erlebnis dieser Fahrt und das Ergebnis der Reise, die Vorträge, veröffentlicht er noch im selben Jahr ("Feststellungen zu Architektur und Städtebau"). Darin schreibt er über die Dampfer, die er „prächtige bewegliche Wohnblocks der modernen Zeit"[454] nennt:

> „Weißt du, daß das ein Palast ist, der 2000 Personen beherbergt, von denen ein Drittel Luxusansprüche *an das Leben* stellt? Weißt du, daß es hier drei voneinander unabhängige Systeme gibt: ein Gasthaussystem für drei Klassen; ein großartiges mechanisches Antriebssystem mit einem Leiter und seinen Maschinisten und schließlich ein Navigationssystem mit seinen Offizieren und Matrosen? Sobald du es fertiggebracht hast, klar und deutlich auf farbigen Plänen und Schnittzeichnungen die Organisation eines Schnelldampfers darzustellen, kannst Du am nächsten Wettbewerb für das Projekt des Völkerbundpalastes teilnehmen."[455]

(Man beachte im Hinblick auf die gesellschaftlichen Vorstellungen Le Corbusiers, daß die Hierarchie der Schiffsführung und die Klasseneinteilung der Passagiere immer wieder betont werden.)

In diesem Ausschnitt wie in dem gesamten Text (auch der folgenden Bücher) ist nicht mehr von der formalen Schönheit des Schiffes die Rede; seit der Formulierung der „5 Punkte" (1926) ist die Ästhetik der Architektur abschließend für diese Jahre geklärt. Das Ziel der vorwiegend städtebaulich orientierten Schriften Le Corbusiers jener Zeit war die wissenschaftlich-objektivierende Begründung seiner städtebaulichen und architektonischen Vorstellungen; ästhetische Überlegungen hatten darin kaum Platz.

Aus den oben zitierten Sätzen geht die Faszination hervor, die der Dampfer als geordnetes System des Wohnens in der Gemeinschaft auf Le Corbusier ausübte. Der Dampfer wird zum Wohnblock, der als große Einheit, als geordnetes System funktioniert.

Dieses System wird in zwei Richtungen noch genauer erläutert. Unter der Kapitelüberschrift „Eine Zelle im menschlichen Maßstab" beschreibt Le Corbusier die Krise des Wohnens, die eine Frage der Zahl der Wohnungssuchenden sei wie eine der überholten Wohnvorstellungen. Er analysiert dann seine Schiffskabine, die 15,75 qm groß ist und alles enthält, was er braucht:

> „Ein Mensch fühlt sich glücklich, lebt ganz wie zu Hause, schläft, wäscht sich, schreibt, liegt, empfängt seine Freunde – und das alles in einem Raum von $15m^2$."[456]

Im folgenden beschreibt Le Corbusier, wie er 1/40 Koch engagiert, 1/20 Kammerdiener beschäftigt. Und er macht

> „noch eine wichtige Feststellung: Von dem beschriebenen Appartement aus geht man durch einen kleinen privaten Flur und kommt dann auf einen großen Wandelgang, der *an einen Boulevard* erinnert: das Deck (...). Ein anderer Boulevard (...) befindet sich auf dem Oberteil des Schiffes – wie ein großer Dachgarten auf einem Haus in der Stadt."[457]

Aus all dem entwickelt Le Corbusier seine städtebauliche Lösung: *Gemeinschaftsservice* („Seine exakte Lösung muß die Grundlage für modernen Städtebau und für das moderne Wohnhaus bilden"[458]), damit Häuser bestimmter Größen, um den Gemeinschaftsservice wirtschaftlich tragfähig zu machen; eine *Verkehrslösung* als „Stromsystem" und neue *industrielle Fertigungsmethoden* – alles auf der Grundlage der Zelle im menschlichen Maßstab, die er in der Schiffskabine beispielhaft verwirklicht sieht. Sicherlich hat Hilpert recht, daß in der hier ausgedrückten Gesellschaftsform „Rituale des Bedientwerdens einer herrschenden Schicht technisiert und vergesellschaftet" werden.[459] Die einseitige Betonung dieses Aspekts übersieht jedoch, daß nach dem Willen Le Corbusiers eine neue Form des Gemeinschaftslebens auf der Grundlage technischer Mittel entstehen sollte. Auf die Einschränkung, daß diese Gemeinschaft nicht eine städtische ist, hatten wir bereits hingewiesen.

Das zweite Beispiel für Le Corbusiers „moderne Stadt" neben dem Dampfer nennt er gleich im Anschluß daran: die Kartause von Ema. Damit lassen sich die genannten Pole der gesellschaftlichen Vorstellungen Le Corbusiers auch an den von ihm selbst genannten Vorbildern ablesen: die Zelle — als Mönchszelle oder Schiffskabine — auf der einen Seite, die Gemeinschaft der Individuen, durch Service und Gemeinschaftsanlagen verbunden (vom Boulevard bis zur Freizeitanlage auf dem Dach), auf der anderen Seite; die Familie wird nicht erwähnt. Nicht ein zügelloser Individualismus, dem das „gemeinsame Maß" fehlt, „sofern nicht eine neue Zeit der Zucht, der Weisheit und des Gemeinschaftsgeistes"[460] anbricht, sondern

> „1. *Chaos, Aufruhr im ganzen.*
> (Das will sagen: eine Komposition, reich an kontrapunktierten Elementen, eine Fuge, eine Symphonie.)
> 2. *Einförmigkeit im einzelnen.*
> (Das will sagen: Zurückhaltung, Dezenz, ‚Ausrichtung' im einzelnen.)"[461]

Dieses Grundmuster der städtebaulichen Konzeption Le Corbusiers, das seine gesellschaftlichen Vorstellungen im Rahmen der Lösung der Wohnungsprobleme umfaßt, wird in "La ville radieuse" — bis heute nicht in Deutsche übersetzt — noch im einzelnen ausgeführt und erweitert. Dabei wird besonders der Aspekt der Ordnung betont, der bereits in der obigen Beschreibung des Schiffsorganismus wichtig war:

> „Einen Haushalt zu führen, besteht in einer geordneten Folge genau bestimmter Funktionen. Die geordnete Folge dieser Funktionen konstituiert das Phänomen eines Kreislaufs. Der exakte, wirtschaftliche, schnelle Kreislauf ist der Schlüssel zur zeitgenössischen Architektur."[462]

Die buchstäbliche Übersetzung der „Lebensform Dampfer" auf die Stadt beschreibt Le Corbusier in dem Begleittext zum Bild eines Sonnendecks:

> „Hier, mitten im Ozean, auf einem Schiff; Tennis, Schwimmbad, Sonnenbad, Unterhaltung und Zerstreuung; die Schiffe haben eine Breite zwischen 22 und 27 m. Die Häuser der ‚Strahlenden Stadt' ebenfalls. Über die gesamte Stadt, über einem Meer von Bäumen (...)."[463]

Das Servicehaus als Dampfer auf dem Meer der Bäume: die Identifikation ist vollkommen — und in der Unité d'Habitation oder der „Villa Savoye" architektonisch umgesetzt.

Ceci en plein océan, sur un bateau ; tennis, piscine, bain de soleil, conversation et divertissement ; les bateaux ont une largeur de 22 à 27 m. Les immeubles de la Ville Radieuse aussi. Sur toute l'étendue de la ville au-dessus de la mer des arbres, un nouveau sol serait ainsi gagné.

50 Aus: Le Corbusier: La Ville Radieuse


Aber Le Corbusier meint nicht nur die praktische Anwendung der Lehre, die der Dampfer erteilt. Er empfiehlt den Holländern einen alten Dampfer im Hafen von Rotterdam als Architekturschule, damit sie den Raum zwischen Himmel und Erde erfassen, die Materialien der neuen Zeit anwenden lernen — Stahl und Beton —, und damit Lehrer wie Schüler durch diese Umgebung die Aufgaben von heute, die die der Zukunft sind, richtig erkennen; und er faßt dieses Ambiente im Wort „Poesie" zusammen.[464]
Damit jedoch wird klar, daß das Schiff als Metapher auf verschiedenen Ebenen verstanden werden muß. Seine *Organisationsform*, das Leben an Bord, kann sehr praktisch und unmittelbar als Vorbild für das Servicehaus dienen, obwohl sicher auch Le Corbusier der Unterschied zwischen den Bedingungen einer Vergnügungsreise und dem täglichen städtischen Leben klar war; seine *Formen* können Prinzipien neuzeitlichen Bauens verdeutlichen und neue Materialien liefern, obwohl damit die Übernahme auf ein ganz anderen Bedingungen unterliegendes Haus keineswegs zwingend ist.
Es muß daher noch eine andere Ebene des Verständnisses geben als diese so plastisch von Le Corbusier beschriebene; im Wort von der „Poesie" wird sie angedeutet, aber nirgendwo weiter erläutert. Das ist mit der schon bei den deutschen Architekten zu beobachtenden Zurückhaltung zu erklären, von abstrakten Vorstellungen, Symbolen, Mythen zu sprechen, von etwas, das nicht in der Sprache der Objektivität und der Meßbarkeit beschrieben werden kann — das aber dennoch vorhanden war.
Die „Poesie des Ozeandampfers" deutet in diese symbolische Richtung; Bauten wie die "Cité de Refuge" setzen es in Architektur um.

# Dampfer und Arche

Das kollektive Glück, verwirklicht im Wohnen, bewirkt durch die Arbeit der Architekten — diese Vorstellung war nicht auf Le Corbusier beschränkt. Wir hatten bereits gesehen, daß in Deutschland ähnliche Ideale herrschten, und das nachrevolutionäre Rußland versuchte gleichermaßen, unter anderen Bedingungen, dieses Glück im Sozialismus durchzusetzen. Bei Le Corbusier lassen sich die Quellen bis auf sein Schlüsselerlebnis des Besuchs in der florentinischen Kartause von Ema und die Begegnung mit den Schriften Fouriers, beeinflußt auch durch das Treffen mit Tony Garnier, zurückführen; durch die Reisen in die Sowjetunion (die erste 1928) und damit das Kennenlernen der dortigen Experimente im formalen Bereich wie bei den Wohnformen der Kommunehäuser konnte er Vergleiche zu anderen, ähnlichen Tendenzen anstellen.[465]

Das Thema ist bereits 1907 bei Le Corbusiers erstem Besuch in Ema angeschlagen: „Ich erkenne: eine authentische Sehnsucht des Menschen hat sich hier erfüllt, das Schweigen, die Einsamkeit, aber auch Gemeinschaft und tägliche Begegnung."[466] Schon damals also die Polarität zwischen der Gemeinschaft und dem einsamen Individuum, die die architektonischen Untersuchungen der nächsten Jahre bestimmen sollte.

Der andere Anstoß für die Formulierung seiner Vorstellungen waren die Schriften Fouriers, der in einer ähnlichen Situation gestanden hatte — die Wirren der französischen Revolution waren für Fourier der Auslöser für die Suche nach einer neuen Ordnung[467], wie es die Erfahrung des Ersten Weltkrieges für Le Corbusier war; Serenyi sieht die Parallele zwischen Le Corbusier und Fourier in "their desperate effort to regain the lost unity between man and man, and between man and the universe (...)".[468]

Kloster und Phalanstère können jedoch nur die Antwort auf die Frage nach der *Art* des Zusammenlebens beantworten, nicht die nach dem architektonischen *Ausdruck*, der Gestalt, die einem zweiten Maschinenzeitalter der Harmonie gerecht wird. Denn wenn die Maschine das Mittel ist, diese Harmonie zu verwirklichen, dann muß sie auch als Zeichen in die neue Architektur eingehen. Und die Architektur muß neu sein, radikal neu, um den Bruch mit dem ersten Maschinenzeitalter des „Chaos" sichtbar werden zu lassen. Die Verbindung zwischen beiden: der Wohnform, die eine Form des Zusammenlebens ist, und der architektonischen Verwirklichung, die das Neue der Wohnform als Zeichen nach außen vermittelt, ist der Passagierdampfer: Er ist neu, hat aber eine alte mythische Tradition als Symbol, er besitzt die Ästhetik der Maschine, und er verwirklicht in Ansätzen (d.h. für die Passagiere der 1. Klasse!) das Leben der neuen Zeit — Grand-Hotel und die „eigentliche Arbeit" der verlängerten Freizeit.

Im Laufe der Entwicklung Le Corbusiers verändern sich jedoch die Gewichte der einzelnen Bedeutungsschichten. In einer ersten Phase, etwa im Haus Ozenfant realisiert, stand die Maschine als Mittel der Verwirklichung der neuen Harmonie,

das Schiff als Beispiel der neuen Formen, eben auch als Maschine, im Schwerpunkt der ästhetischen Auseinandersetzung. Etwa von der Entwicklung der „Ville radieuse" an wird das Schiff als Passagierdampfer, als Lebensform einbezogen, ohne daß die formalen Bedingungen sich damit grundlegend veränderten (Pessac, Villa Savoye). Der inhaltliche Aspekt wird dann durch das Hinzukommen des Motivbündels „Rettungsboot" in den Bauten für die Heilsarmee, besonders die "Cité de Refuge", dominierend; damit wird auch die Vergangenheit des Dampfers, die vormaschinelle, mythische Komponente einbezogen, ohne daß der Anspruch an die Maschine aufgegeben würde.
Schließlich, nach den Erfahrungen des 2. Weltkrieges (jedoch schon früher in der Veränderung der Ästhetik Le Corbusiers in den 30er Jahren angelegt), erlischt die Hoffnung auf die Maschine; sie wird nicht mehr ästhetisch umgesetzt. In der "Unité d'Habitation" von Marseille wird — noch einmal — das Schiff als bergende Hülle, als Zeichen einer neuen Lebensform artikuliert, mit einem „primitiven" Material, dem béton brut, der die Verbindung herstellt zur Vorstellung der „Primitiven" vom Rettungsboot, der Arche: der Brückenschlag zum Mythos.
Man mag sich fragen, warum eigentlich bei dem einzigen wirklichen Kloster, das Le Corbusier gebaut hat — La Tourette —, keine formale Beziehung zum Passagierdampfer aufgenommen wurde. Die Antwort dürfte gerade in der Tatsache liegen, *daß* es ein Kloster ist; Schiff und Kloster sind in den Bauten Le Corbusiers Metaphern, die nicht identische Inhalte meinen. La Tourette braucht kein *Zeichen* für eine bestimmte Art des Zusammenlebens, weil es als Kloster eine solche *umfaßt*; es muß also — in dieser Hinsicht — nur sich selbst darstellen.

Die Darstellung der zeichenhaften Bedeutung des Schiffsmotivs bei Le Corbusier in der genannten Abfolge mag zu sehr vereinfachen oder überinterpretieren; mit Sicherheit läßt sie andere Motivbündel in seinen Bauten außer acht, von denen das Schiff nur eines ist. Die Rechtfertigung für dieses Vorgehen kann nur in der Absicht der Verdeutlichung liegen, die aus der Betrachtung eines Motivs versucht, allgemeine Erkenntnisse zu ziehen.
Die Kritik an den Vorstellungen Le Corbusiers ergibt sich zwangsläufig; sie muß die Architektur in Frage stellen, wenn die Voraussetzungen nicht stimmen. So spricht Huse zu Recht von der höchst subjektiven „Soziologie" des Architekten, „die die Menschen als im Grunde isolierte, monadenhaft nebeneinander existierende Wesen betrachtete, aus deren Summe sich unmittelbar die Gesamtgesellschaft konstituiere, ohne daß vermittelnde Sozialstrukturen erforderlich wären".[469] Und Horn kritisiert, ebenfalls zu Recht, die Entwicklung einer „biologisch-physiologischen Anthropologie", die zum „Richtmaß von Wohneinheiten" wird: „Architektur soll biologisierte Bedürfnisse befriedigen"[470]; seine weitergehenden Folgerungen unterstellen Le Corbusier einen eindimensionalen Funktionalismus, der von diesem jedoch sicherlich nicht gemeint war.

Das Problem der Unités aber bleibt: „inmitten einer Millionenstadt erstrebt diese Wohneinheit weitgehende Autarkie."[471] Die Frage ist, ob das im konkreten Fall des Baues so sein muß als bewußtes Zeichen des Vorgriffs auf zukünftige Zustände der Harmonie — die Utopie als Insel — oder ob diese stadtzerstörerische Autarkie, die eine Isolation ist, grundsätzlich Ergebnis Le Corbusiersschen Städtebaus ist.

Unabhängig aber von der Beantwortung dieser Frage bleibt der Versuch Le Corbusiers, „eine sozio-kulturelle Mythologie des Raumes zu konstruieren oder zu erfinden, die auf der mystischen Vergangenheit des Menschen basiert bzw. auf seiner mystischen Psychologie (...). Die Welt des von Menschenhand geschaffenen Kunstgebildes fordert Mythologie."[472] Le Corbusier hat sie auch im Bild des Schiffes verwirklicht.

# Verwirklichung III

*Rußland oder: Die verwirklichte Utopie?*

"The thunder of the 'ten days that shook the world', (...) marked the collapse not merely of a decrepit and corrupt political system but of an entire society"[473] — so faßt Anatole Kopp das Ereignis der Oktoberrevolution 1917 in Rußland in einem Satz zusammen. Für die Architekten entstand eine Situation, die der in den anderen Ländern diametral entgegengesetzt war: Der schwärmerische Sozialismus der deutschen Architekten der Avantgarde oder die romantische Überzeugung eines unmittelbar bevorstehenden Zeitalters der Harmonie bei Le Corbusier fand hier, in einem rückständigen, vorwiegend agrarisch strukturierten Land den Ansatz zur Verwirklichung. Die Utopie wurde real und konnte konkret befragt werden: Der Künstler stand in einer völlig neuen Situation nicht der Rebellion *gegen* überkommene Formen, sondern im Kampf *für* die Verwirklichung der Revolution. Die Architekten der anderen Länder konnten bei der unvollkommenen Realisierung ihrer Vorstellungen auf die politische Situation verweisen, die dem entgegenstand. In Rußland war eine politische Lage geschaffen, die die Realisierung neuer architektonischer Vorstellungen dagegen geradezu forderte.
In dem eingangs beschriebenen Bau der „Leningradskaja Prawda" der Gebrüder Wesnin haben wir das Dampfermotiv, wenn auch in anderem ästhetischen Zusammenhang als in Deutschland oder bei Le Corbusier, feststellen können; die neue Architektur im nachrevolutionären Rußland verwendet also auch das Motiv, und zwar im Rahmen einer konstruktivistischen Maschinenästhetik.
Es ist im folgenden zu fragen, welche spezifischen Bedeutungszusammenhänge mit dem Motiv verbunden werden und in welcher Form die andere politische Ausgangsposition wie auch die andere gesellschaftliche Situation — der Passagierdampfer hatte in Rußland sicherlich nicht die Bedeutung, die er in Westeuropa besaß — zum Ausdruck kommen.

## Die Bauten als „soziale Kondensatoren"

In seinem aufschlußreichen Buch über die Parallelen zwischen der Architektur der französischen und der russischen Revolution hat Vogt die Ästhetik der russischen Revolutionsarchitektur analysiert und kommt zu dem Schluß, daß neben der formalen „Tendenz zur Geometrisierung" (die er als das Motiv des „Kosmismus" deutet – als Versuch, eine „Übereinstimmung" mit der „,Natur' selbst, das heißt mit dem *Kosmos*, dem *Weltgebäude*"[474] zu erzielen), das Motiv der Arbeit, umgesetzt in die konstruktivistische Architektur, bei allen Bauaufgaben das wesentliche, formbestimmende Merkmal ist. Aus der marxistischen Theorie, derzufolge „die Selbstverwirklichung des Menschen primär in der Arbeit"[475] gesehen wird, entwickele die russische Architektur der zwanziger Jahre eine Ästhetik, bei der in „allen nur denkbaren Baugattungen (...) das Leitbild ‚Industriebau' seine Prägekraft erweisen zu wollen"[476] scheine; „,Arbeit' wäre demnach für diese Architekturphase nicht nur die *Aufgabe* (im doppelten Sinn: nur durch Arbeit entsteht ein Haus; dieses Haus kann zum Zwecke der Arbeit errichtet sein), sondern auch ideologisch prononciertes *Motiv*."[477] Vogt erläutert am Beispiel des Entwurfs für die „Leningradskaja Prawda" die formale Umsetzung des Arbeitsmotivs auf drei Ebenen:

> „ – die *Konstruktion* als bauphysikalisch arbeitendes Gehäuse
> – die *Funktion* der Mitarbeiter als Bewegungsablauf, als Wegnetz und Verhaltensprozeß
> – die *Zeichen* und Instrumente zur Verdeutlichung des Bauzwecks (Zeitungsgebäude, Informationszentrale)."[478]

Darüber hinaus jedoch hatten wir die Motive des Dampfers bei demselben Gebäude vorgefunden, so daß die Frage geklärt werden muß, ob sich das Motivbündel „Dampfer" nahtlos in den Bedeutungszusammenhang „Arbeit" einfügt oder ob es noch andere inhaltliche Aussagen enthält.

Die Bauaufgaben, die besonders geeignet sind, die Transformation der Gesellschaft voranzutreiben und die als „soziale Kondensatoren" bezeichnet wurden, müssen auf dieses Motiv hin untersucht werden (das eng mit dem Motiv der Maschine zusammenhängt, die ja ebenfalls für „Arbeit" und „Befreiung der Werktätigen" steht).

## Arbeitsstätte

Der Begriff des „sozialen Kondensators", der Bauaufgabe, in der der gesellschaftliche Veränderungsprozeß nach der Revolution manifest wird und die gleichzeitig diesen Prozeß herbeiführen oder beschleunigen soll, wird besonders von Kopp untersucht. Dabei nennt er die Stadt "The general 'social condenser' of that new man".[479] Die anderen spezifischen „sozialen Kondensatoren" sind danach die Arbeiterclubs, neue Wohnhaustypen, Theater, Kulturpaläste, Schulen und, am stärksten, die Fabrik[480], wobei Fabrik, Arbeiterclubs und Wohngebäude schon aus quantitativen Gründen als die wichtigsten angesehen werden müssen.

Die qualitative Gleichbewertung der „Arbeit der Faust" und der „Arbeit des Kopfes" läßt es als richtig erscheinen, den Komplex „Fabrik" in der Untersuchung zu erweitern und andere Produktionsstätten (vor allem Wissen-

51 P. Golosov: Kinofabrik, Moskau, 1927

52 Nikolajew/Fissenko: Wissenschaftliches Institut

53 S. Tschernischow: Lenin-Institut, Moskau

54 Movshan u. a.: Hochspannungslaboratorium, Moskau, 1927

55 G. Barchin: „Iswestija"-Bau, Moskau, 1927 (Projekt)

56 G. Barchin: „Istwestija"-Bau, Moskau, 1927 (Ausführung)

schaftsbauten) miteinzubeziehen. Das läßt die Dominanz nicht außer acht, die der Industrie im nachrevolutionären Rußland sowohl in ihrer materiellen Bedeutung als Mittel zur Stabilisierung des neuen Gesellschaftssystems als auch in der architektonischen Übertragung in Formen der „arbeitenden Maschine" zukommt. Die Wechselwirkung und die neue Bedeutung von Arbeit und Fabrik werden aber deutlich, wenn einerseits Lissitzky davon spricht, die Fabrik sei „durch ihre exakte Zeiteinteilung, durch ihren Arbeitsrhythmus, durch die Einbeziehung jedes einzelnen in eine große gemeinsame Verantwortlichkeit zur richtigen Bildungsstätte, zur Hochschule des neuen sozialen Menschen geworden"[481], und andererseits Vogt Projekte für die Universität Minsk als „Hochschule im Fabrikgewand" beschreibt; die Architekten übertragen „die damals modernste Raumkonzeption für *körperliche* Arbeit auf die Raumgestaltung für *geistige* Arbeit".[482]
Dabei ist überraschenderweise der Fabrikbau selbst kaum in architektonisch nennenswerter Form verwirklicht worden, und eines der größeren Projekte, der Dnjepr-Staudamm von V. Wesnin und anderen, wirkt allein durch seine Größe

eher wie ein Monument dafür, daß „die Industrie (...) im Dienste der werktätigen Klasse"[483] steht, wie es der damalige Volkskommissar für das Bildungswesen, Lunatscharski, nannte, denn wie das ästhetisch umgesetzte Bild einer Maschine (wenn auch in den architektonischen Details die Formen der Maschine und des Industriebaus wiederkehren). Dagegen weisen einzelne markante Zeichen bei anderen Fabikbauten auf den Assoziationsbereich „Schiff"; so bei der „Kinofabrik" von P. Golosov (1927) Reling und Windhutzen, die an auffallender Stelle auf dem Dach angeordnet sind.

Auch die beiden Bauten für das in der damaligen Zeit außerordentlich wichtige Kommunikationsmittel der Zeitung, das Projekt für das Redaktionsgebäude der „Leningradskaja Prawda" ebenso wie Projekt und Bau der „Iswestja" in Moskau von G. Barkhin (1926–1927), sind in der Ästhetik der Maschine, der modernen Technik verwirklicht und tragen deutliche Hinweise auf das Motivbündel „Schiff". Das erstere hatten wir bereits beschrieben; und das ursprüngliche Projekt wie auch der stark verändert ausgeführte Bau des „Iswestja"-Gebäudes weisen ebenfalls auf das Schiff hin: Masten und Reling des Projektes werden sogar in der Realisation noch deutlicher auf den Dampfer bezogen durch die Windhutzen und die signifikante Reihe großer runder Fenster.

Auffällig bei all diesen Bauten ist, daß die Motivverbindung zum Dampfer häufig über als Zeichen applizierte technische Einzelteile hergestellt wird, die nicht in den Bau integriert sind. Sicherlich war das Zeichen als eine Art "ready made" eines der typischen Stilmerkmale des russischen Konstruktivismus; darüber hinaus deutet es jedoch auch darauf hin, daß hier der Dampfer allgemein, nicht so sehr das Passagierschiff gemeint ist, das in den Kommunehäusern dagegen, wie zu zeigen sein wird, auch grundriß-typologisches Vorbild sein konnte.

**Palast der Arbeit (Arbeiterclubs)**

1923 wurde der erste Wettbewerb für einen „Palast der Arbeit" durchgeführt, der aber nicht gebaut wurde; der Typ entwickelte sich in den folgenden Jahren einerseits zum *Sowjetpalast*, also einer staatsoffiziellen Einrichtung, andererseits zum *Arbeiterclub* als kultureller Institution des Volkes. Die Bauaufgabe hatte ausdrücklich als „soziales Kraftwerk", als Nachfolger von Kirche und Palais[484], einen gemeinschaftsbezogenen Stellenwert als "'social power plant' into which the major activities were drawn in order to create the multifaceted and fully developed man of Communist life".[485] Lissitzky beschreibt 1929 die Aufgabe idealistisch so:

> „Hier sollen Kinder, Halbwüchsige, Erwachsene und ältere Menschen außerhalb der Familie gemeinsam zu kollektiven Menschen erzogen und ihre Lebensinteressen erweitert werden. Die Aufgabe der Klubs ist, den Menschen frei zu machen und nicht wie ehemals durch Kirche und Staat zu unterdrücken."[486]

58 J. N. Soboleff: Arbeiterpalast, 1923

57 Gebr. Wesnin: Arbeiterpalast, 1923

Der Arbeiterpalast der Wesnins als einer der ersten großen Entwürfe nach der Zeit des Kriegskommunismus, während der die Bautätigkeit praktisch völlig zum Erliegen gekommen war, setzte insofern Maßstäbe, als er bereits vollständig die Ästhetik der konstruktivistischen Architektur formulierte: geometrische Baukörperformen, besonders der Zylinder, und die aus dem Maschinenbereich stammenden Motive wie Brücke und Antennenmasten mit ihren Abspannungskabeln, sowie den Slogans als verbalen Applikationen zum Zeichen der Verdeutlichung des Bauzweckes. Die Masten und die Brücke lassen „den Assoziationsfluß in Richtung auf ‚Schiff', ‚Meerdampfer' gehen"[487], eine Assoziation, die durch die Windhutzen auf dem Hauptbaukörper und das Schornsteinmotiv bestätigt wird. Beim gleichen Wettbewerb stellt der Entwurf von J.N. Soboleff die Assoziation zum Dampfer noch direkter und unmittelbarer, aber auch weniger komplex in den Bedeutungsschichten, dar; mit der Verglasung, den außenliegenden Umgängen, den Reling-Geländern, den Bullaugen, mit der Grundrißform insgesamt wird nur noch die Herleitung vom Dampfer möglich, so daß der Entwurf zur rein abbildenden Architektur wird.

In einem anderen, wesentlich kleineren Projekt eines Arbeiterclubs der Wesnins (Baku 1928) wird das Schiffsmotiv dann noch weiter ausgeführt; der Baukörper nähert sich den kubischen Formen des Funktionalismus an. Wieder ist die Antenne und deren takelageähnliche Verspannung auf dem Dach angeordnet, Relings als Brüstungen der Balkone und Dachgärten als „Sonnendeck", ein ausgerundeter, das Motiv der Schiffsbrücke variierender Balkon und wieder die freistehenden Schornsteine vervollkommnen die Schiffsassoziation.

59 Gebr. Wesnin: Arbeiterclub, Baku, 1928

## Kommunehaus

Schon bei der Untersuchung des Dampfermotivs in Deutschland und bei Le Corbusier haben wir die Bedeutung neuer Wohnformen — sowohl verstanden als neue Lebensformen als auch als neue Gebäudetypen — bei der Herausbildung der neuen Architektur festgestellt. Die utopische Komponente der Architektur, die Artikulation neuer Formen des Zusammenlebens als dem Gebiet, auf das der gesellschaftsverändernd tätige Architekt den größten Einfluß hat, stand im Mittelpunkt der Entwürfe: die neue Wohnform als Keimzelle einer neuen Gesellschaft — ob als Gemeinschaftssiedlung bei May oder Gropius, als Appartementhaus des anonymen, unabhängigen Großstadtmenschen bei Scharoun oder als klösterliche Wohnform des einsamen Einzelnen im dialektischen Verhältnis zur Gemeinschaft wie bei Le Corbusier. Das Motiv des Passagierdampfers war bei allen diesen typologischen Forschungen von großer Bedeutung: als Minimierung des Individualbereichs (Kabine), als reibungslos geordneter Servicebetrieb mit hohem Freizeitanteil wie auch als formales Vorbild, das mit dem Formzitat die Inhalte vermittelt und darüber hinaus als typologisches Grundmuster dienen kann: Reihung der Einzelzellen am Gang, Promenade als Straße (Laubengang), Sonnendeck für Freizeitaktivitäten (Dachgarten). Die jeweiligen Anteile der Architekten am Motivbündel „Passagierdampfer" wie dessen formale Übernahme waren je nach der Kongruenz des Passagierdampfers mit den gesellschaftlichen Zukunftsvorstellungen unterschiedlich, beruhten aber im Inhaltlichen wie im Formalen auf einer gleichen Grundlage.

Im nachrevolutionären Rußland mußte sich die Frage nach der neuen Wohnform umso drängender stellen, als hier die neue Gesellschaft — zumindest im politischen Überbau — bereits verwirklicht war; die Möglichkeit zur unmittelbaren Umsetzung als richtig erkannter gesellschaftlicher Ziele war gegeben (damit sind nicht die wirtschaftlichen Möglichkeiten gemeint; die Folgen der Revolution 1917 sowie der spätere Vorrang des Aufbaus der Industrie seit Einführung der Neuen Ökonomischen Politik führten vielmehr dazu, daß praktische Schritte zur Umsetzung theoretisch als richtig erkannter oder als Experiment beabsichtigter Zielsetzungen erst in der zweiten Hälfte des Jahrzehnts sehr zögernd in Gang gesetzt wurden).

Bereits im Jahre 1919 beschloß der VIII. Parteitag der KPR(B): „Die Partei beschränkt sich nicht auf die formale Gleichberechtigung der Frauen, sondern sie ist bestrebt, sie von der materiellen Last der veralteten Hauswirtschaft zu befreien, indem sie diese durch Kommunehäuser, öffentliche Speisegaststätten, zentrale Wäschereien, Kinderkrippen usw. ersetzt."[488] Und Lenin selbst, auf dessen Veranlassung auch jener Beschluß zurückzuführen war, ging noch weiter: „Wir werden Modelleinrichtungen schaffen — Kantinen, Tagesstätten, Vorschuleinrichtungen —, die die Frauen von den häuslichen Pflichten entlasten. (...) Die Einrichtungen, die die Frauen von der häuslichen Sklaverei befreien, werden geschaffen, wo immer die kleinste Möglichkeit besteht."[489] Damit waren die beiden wichtigsten gesellschaftlichen Veränderungen bezeichnet, die die Entwicklung neuer Wohnformen notwendig machen: die Gleichberechtigung der Frau — was ihre Befreiung aus der „häuslichen Sklaverei" erforderlich macht — und die Tendenz zur Auflösung des Familienverbandes, die damit notwendig verbunden ist; die Gesellschaft übernimmt die Verantwortung für die Erziehung der Kinder.

Insofern war die Forderung nach dem Kommunehaus, das der architektonische Ausdruck dieser Veränderungen sein sollte, nicht nur die Forderung nach *praktischen* Erleichterungen bei der Hausarbeit; hinter der Forderung nach Gleichberechtigung der Frau und der Ermöglichung ihrer Teilnahme am gesellschaftlichen Leben außerhalb der Familie sowie in der Übernahme der Verantwortung für die Kinder durch die Gesellschaft, beides in der Wohnform des Kommunehauses konkretisiert, steht vielmehr „eindeutig auch eine moralische, eine *ethische* Uto-

pie vom *besseren* Menschen".[490] Man war der Überzeugung, die neuen Formen "would transform the old self-centred individual of bourgeois culture into a responsible, altruistic citizen".[491]
Die konkrete Bauaufgabe war ähnlich der in Westeuropa, die sich die Architekten in ihren zukunftsorientierten Konzepten stellten: Minimierung des Anteils für den einzelnen oder die Kleinfamilie durch Auslagerung aller auch gemeinsam möglicher Funktionen; es sind

> „nach der einen Seite die intimen, individuellen Forderungen an die Wohnung und nach der anderen all die gemeingültigen, sozialen Bedingungen zu berücksichtigen. Das Kochen soll demnach aus der eigenen Einzelküche in das gemeinsame Kochlaboratorium verlegt werden, die Hauptmahlzeit in öffentliche Speiseanstalten, die Erziehung der Kinder in den Kindergarten, in die Schule (...). Die Architektur wird damit zum Ausdruck des sozialen Zustandes (...). Das Ziel ist heute, das Haus aus einer Summe von Privatwohnungen in eine Hauskommune zu überführen."[492]

So forderte es Lissitzky in seinem Überblick über den Stand der Architektur im nachrevolutionären Rußland. 1926 veranstaltete der Moskauer Stadtrat einen Wettbewerb für ein Kommunehaus, in dessen Ausschreibung der gesellschaftsverändernde Aspekt ebenfalls deutlich zum Ausdruck kommt:

> „Ein neues Leben erfordert neue Formen.
> Der Arbeiter wünscht nicht, daß seine Mutter, Frau oder Schwester Kindermädchen, Waschfrau oder Köchin mit unbegrenzter Arbeitszeit ist; er wünscht nicht, daß die Kinder ihm und besonders der Mutter die Möglichkeit rauben, ihre Freizeit für gesellschaftliche Arbeit, seelische und physische Vergnügen zu verwenden (...)."[493]

Bereits im Jahr 1918 war von einem staatlichen Baukomitee, das vom „Rat der Volkskommissare" eingesetzt war, ein Demonstrativbauvorhaben für 1919 in Moskau geplant, das aus 8 bis 12 Appartementhäusern mit Gemeinschaftseinrichtungen bestehen sollte, ein Typ, der Baustein der zukünftigen Stadt sein sollte[494]; die Wirren des Kriegskommunismus verhinderten die Ausführung. Aber auch von den beim Moskauer Wettbewerb 1926 vorgestellten Entwürfen wurde keiner realisiert (Gradow gibt an, daß in der Zeit von 1925 bis 1930 überhaupt nur etwa 10 Kommunehäuser oder Kollektivhäuser gebaut wurden). 1927 schließlich veranstaltete die Architektenvereinigung OSA interne Wettbewerbe ohne konkrete Raumprogramme, um den Aspekt der Forschung zu betonen; daraus resultierte die Bildung der „Stroikom", einer „Forschungs- und Entwurfsabteilung für die Standardisierung des Wohnungsbaus" (einer staatlichen Organisation), die unter der Leitung von Moses Ginsburg stand und verschiedene Typenentwürfe vorlegte, von denen der sogenannte „Typ F" von Ginsburg als für das Kommunehaus beispielhaft angesehen werden kann.[495]

Damit sind die wichtigsten Stationen der architektonisch-theoretischen Auseinandersetzung mit der neuen Aufgabe markiert. 1930 wurden die Bemühungen um die Entwicklung eines Kommunehauses durch einen Beschluß der KPdSU

„Über die Arbeit zur Umgestaltung der Lebensweise" eingestellt[496], nachdem, wie Gradow es nennt, „ultralinke" Theorien, vor allem von L. Sabsowitsch und W. Kusmin, die bisherigen Ansätze diskreditiert hatten, zudem wohl auch die bis dahin gebauten Einheiten nicht funktionierten. Sabsowitsch und Kusmin waren so weit gegangen, das tägliche Leben in 24 minuziös berechnete Funktionen aufzuteilen und den Ablauf per Funk zu regulieren: „Das Proletariat muß unverzüglich mit der Vernichtung der Familie als eines Organs der Unterdrückung und Ausbeutung beginnen."[497] Und Melnikov schlug die Einrichtung von Orchestern an bestimmten Punkten großer Gemeinschaftsschlafsäle vor, die das Schnarchen übertönen und den kollektiven Schlaf fördern sollten.[498]

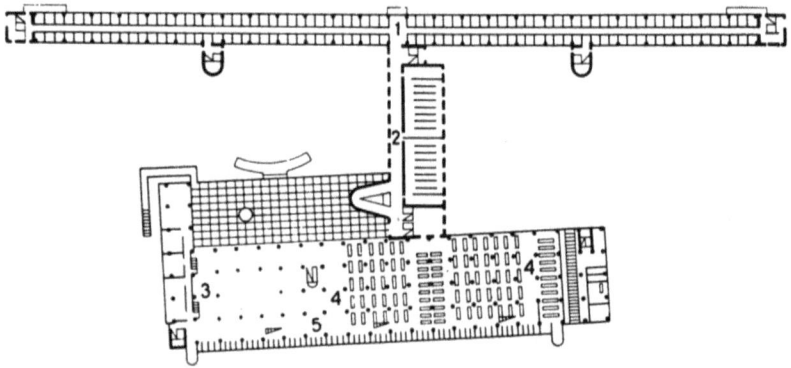

60 J. Nikolajew: Studentenhaus, Moskau, 1930 (Grundriß)

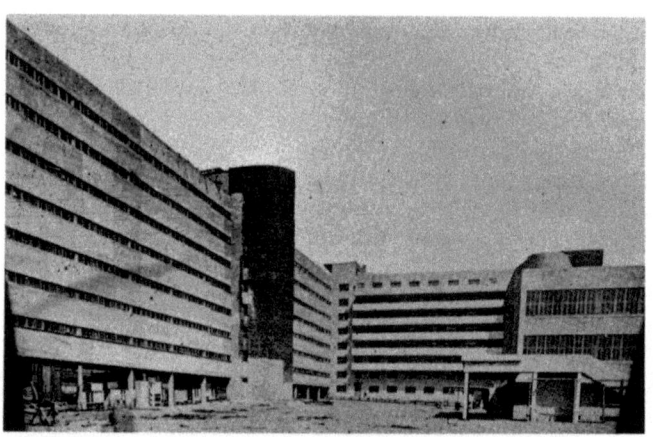

61 J. Nikolajew: Studentenhaus, Moskau, 1930 (Ansicht)

Der „soziale Kondensator" blieb also weitgehend auf dem Papier; es gab nur wenige Projekte, die als typisch angesehen werden können. Bei einem Überblick über diese lassen sich jedoch gemeinsame Merkmale feststellen, die in der Reihung der hier buchstäblich zu Zellen geschrumpften Kabinen (mit Größen bis herunter zu 6 qm) und der Baukörperform deutliche Reminiszenzen an den Passagierdampfer herstellen; das abgerundete Heck des Dampfers kommt als Grundrißform bei verschiedenen Projekten vor (z.B. Projekt eines Kommunehauses von K. Iwanow, F. Terechin, P. Smolin[499]; Typenprojekt eines Kommunehauses für Kusnezk von A. und L. Wesnin[500]; Projekt eines Kommunehauses von M. Bartsch, W. Wladimirov[501]). Wie weit diese Schiffsassoziation, die zum Teil einfach durch den Typus bedingt ist, in der Ausführung ergänzt und bestätigt würde, läßt sich an den Projekten nicht ablesen.

Die wenigen ausgeführten Bauten lassen deutlichere Schlüsse zu. So verwirklicht das als Kommunehaus konzipierte Studentenheim in Moskau von J. Nikolajew (1930) den gleichen Grundrißtypus wie die vorgenannten Projekte: ein langer, schmaler Baukörper aus am Gang gereihten Zellen, dazu ein zweiter, mit diesem durch einen Zwischentrakt verbundener Baukörper, der die Gemeinschaftseinrichtungen enthält. Die runden Treppentürme sind plastisch vor der Fassade geführt und rhythmisieren den Wohntrakt. Die endlose Reihung der Fensterbänder, die Stahlleitern (als Nottreppen außen geführt) mit einer „Reling" als Brüstung, sowie eine als Gangway (wie bei Le Corbusier) herangeschobene Außentreppe sind zusätzliche Hinweise auf den Themenkreis „Dampfer", der im Grundriß durch eine bugförmig zugespitzte Baukörperform im Zwischentrakt akzentuiert wird. Die Gesamtanlage dürfte zwar im Sinne einer bewußten Formulierung durch den Architekten damit überinterpretiert sein, aber sie vermittelt zumindest im Grundriß den Eindruck eines aus Individual-Kabinen bestehenden Schiffs, das mit Hilfe einer Brücke am Anleger des Hafens der Gemeinschaftseinrichtungen festgemacht hat.

Das andere Beispiel, das deutlich auf den Motivbereich des Passagierdampfers hinweist, ist die einzige Realisierung des „Typs F" von Ginsburg, das Narkomfin-Appartementhaus in Moskau (1928–1929) von M. Ginsburg und J. Milinis. Dabei zählt gerade Ginsburg nicht zu den radikalen Theoretikern, die die neue Wohnform um jeden Preis durchsetzen wollen; seine Devise ist „anregen, aber nicht diktieren".[502] Der „Typ F" und das Narkomfin-Gebäude sind insofern gemäßigt, als sie als „normale" Kleinappartements je über 1 1/2 Geschosse mit kleiner eigener Küche gebaut sind; eine Gemeinschaftsküche befindet sich auf jedem Geschoß. „Das Vorhandensein einer horizontalen Arterie – dem äußeren Korridor – bietet die Möglichkeit, solche Einheiten organisch mit gemeinschaftlichem Speiseraum und Küche, Erholungsräumen, Bad und so weiter zu verbinden (...)"[503], schreibt Ginsburg selbst über seinen Entwurf (in einem anderen Forschungsprojekt der Stroikom, dem „E-Typ", werden die Gemeinschaftseinrichtungen in Sondergeschossen zusammengelegt wie die Ladenstraße der Le Corbu-

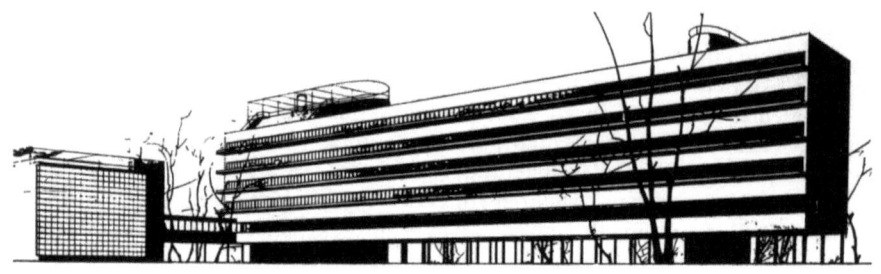

62 Moses Ginsburg/J. Milinis: Narkomfin-Gebäude, Moskau 1928/29 (Perspektive)

63 Sektion Ginsburg: Kommunehaus Typ „E", (Perspektive)

sierschen Unités; in einer Perspektive zeigt dort Ginsburg ein Bild ähnlich dem geschützten Promenadendeck eines Dampfers, zu dem die steilen Treppen führen).

In wenigen, aber markanten Bauteilen wird beim Narkomfin-Gebäude der Schiffscharakter konnotiert. Die Seitenansicht mit dem auf Stützen abgehobenen Baukörper läßt die charakteristische Silhouette des Dampfers assoziieren, mit der horizontalen Schichtung der Ebenen, Treppen, Schornstein und gestaffeltem Dachaufbau. Dieser ist (wie auch das Erdgeschoß) der Grundrißform des Schiffes angenähert und fungiert als Dachgarten (Sonnendeck). Die runden Balkone und die Reling als Brüstung vervollständigen das Bild, das in der perspektivischen Darstellung besonders deutlich wird.

Vogt sagt vom Typ des Kommunehaus, es stehe „weder in der Nähe des Hoteltyps noch auch in der Nähe des Kasernentyps. Am ehesten möchte man es als das *Kloster* einer neuartigen Lebensordnung bezeichnen (...)."[504] Die Parallele zu Le Corbusier drängt sich auf, der die Kartause von Ema als ein Vorbild seiner Unités bezeichnet hatte: das Kloster als Lebensform des dialektischen Verhältnisses von Individuum und Gemeinschaft, realisiert und anschaulich gemacht mit Formen des modernen Passagierdampfers.

# Die veränderte Situation des Architekten und der Architektur

Im Produktivistenmanifest von A. Rodschenko und W. Stepanowa hieß es 1920 programmatisch:

> „a) Die Gruppe (der Konstruktivisten, A.d.V.) tritt für einen unbarmherzigen Kampf gegen die Kunst im allgemeinen ein;
> b) die Gruppe beweist, daß eine entwicklungsmäßige Überführung von Kunstformen der Vergangenheit in die kommunistischen Formen des konstruktiven Bauens unmöglich ist."[505]

Das Manifest ist zwar nur von einem Teil der revolutionären Künstler gegen einen anderen (das „Realistenmanifest" von Gabo und Pevsner) verfaßt, drückt aber in der radikalen Absage an die Kunst und Architektur der vorrevolutionären Zeit eine gemeinsame Einstellung aus, denn „die Künstler der ‚Linken' verbrüderten sich ohne Zögern mit der Sache der Kommunisten, in der sie die praktische Verwirklichung ihrer künstlerischen Metapher auf der Stufe der gesamten Gesellschaft zu sehen meinten".[506]

Die Identifikation mit der politischen Revolution erwächst also aus zwei Komponenten, die jedoch untrennbar miteinander verknüpft sind: der Überzeugung von der Notwendigkeit der Änderung der gesellschaftlichen Bedingungen und dem künstlerischen Neuansatz, der — wenn auch aus praktischen Gründen nicht in der Architektur — sich schon vor der Revolution artikulierte (erstes abstraktes Aquarell von Kandinsky 1910, Ausstellung „Karo Bube" in Moskau mit Arbeiten von Kandinsky, Malewitsch u.a. 1910); die Avantgarde „identifiziert die eigene ästhetische Auflehnung, die eigenen anarchischen Betrachtungen über die ‚Unwirtlichkeit' der bürgerlichen Welt mit der Schaffung einer ‚neuen Welt', in der die Befreiung der Massen jede Angst und jede Entfremdung beseitigen soll".[507]

Die Distanz bleibt jedoch zwischen der bürgerlichen Herkunft dieser Avantgarde und den proletarischen Massen, für die gekämpft wird. Auch das Konzept des „Proletkult" scheiterte letztlich daran, daß nur ein *gesellschaftliches*, nicht aber ein klassenüberbrückendes, gemeinsames *ästhetisches* Konzept vorhanden war.

Die Kunst verlor in der Identifikation mit der Revolution theoretisch ihre kritische Funktion und wurde dadurch zum Propagandainstrument, das vom verwirklichten Sozialismus ausging.

Die Identifikation zwischen Revolution und Kunst kann jedoch nur solange ungebrochen funktionieren, wie die Diskrepanz zwischen dem revolutionären Anspruch an die neue sozialistische Gesellschaft und der tatsächlichen Situation nicht zu groß (oder nicht bewußt) wird. Was unmittelbar nach 1917 noch in der Begeisterung des Umschwungs verdeckt wurde, mußte nach der Erfahrung des Kriegskommunismus und den wirtschaftlichen Schwierigkeiten, die mit der Einführung der „Neuen Ökonomischen Politik" 1921 einen gewissen Rückschritt in

der revolutionären Entwicklung brachten, zu Identitätsproblemen zwischen Kunst und Revolution führen.
Der Zwiespalt wurde dadurch gelöst, daß die Künstler wieder die alte Funktion als Avantgarde übernahmen. Auf die Architektur bezogen, heißt das, daß diese als Mittel der *Veränderung* der Gesellschaft betrachtet wird, nicht nur als *Nachvollzug* einer sozialen Umwandlung. Die architektonische Form wird in einem dialektischen Verhältnis Ausdruck der neuen Zeit und gleichzeitig Mittel zur Herstellung der neuen Gesellschaft. Die neuen Inhalte und Bauaufgaben werden bewußt als „soziale Kondensatoren" eingesetzt, "which in fact should be the conductors and condensers of socialist culture".[508]
Deren Formen müssen neu sein, um jede Identifikation mit der Vergangenheit unmöglich zu machen. Da die Architektur im Auftrag „einer neuen Gruppe von Auftraggebern" geschaffen wird: „das ist die Masse der Arbeiter"[509], muß dieser sie nach dem Verständnis des Architekten auch akzeptieren; Lissitzky schreibt 1929: „Diese Arbeitermillionen sind alle ohne Zweifel Anhänger der modernen Architektur"[510] — das jedoch dürfte Wunschdenken gewesen sein, das nur das „Grundproblem" der Architekten widerspiegelt, das „die Schaffung eines positiven Verhältnisses zum Publikum (ist), ohne deswegen auf das eigene Wesen, die eigene Tradition und die eigenen ‚Techniken' verzichten zu müssen".[511] Die Diskrepanz zwischen dem weit vorausgreifenden, in Utopien arbeitenden Architekten und den konkreten Bedürfnissen des Volkes, das einfach die Wohnungsnot beseitigt wissen will, bricht hier wieder auf wie schon im Deutschland der Weimarer Republik. Der einfache Wunsch nach Wohnraum kollidiert mit den Interessen von Architekten, die in erster Linie gesellschaftsverändernd tätig sein wollen; die „sozialen Kondensatoren" der neuen Bauaufgaben waren dafür bestimmt, "to turn the self-centered individual of capitalist society into a whole man, the informed militant of socialist society in which the interests of each merged with the interests of all".[512]
Insofern stellt sich also auch die Architektur des sozialistischen Rußland bis etwa 1932 als utopische dar; der Unterschied zu den Utopien Le Corbusiers oder der deutschen Architekten der Avantgarde reduziert sich auf die unterschiedliche gesellschaftliche Ausgangsposition. Die „Kunst des sozialistischen Zeitalters kann heute noch gar nicht existieren, oder eben nur in ideologisch-abstrakten Idealformen als Vorwegnahme, (...) die neue herrschende Klasse besitzt noch weitgehend die Ästhetik der vorherigen Klasse, weil sie bewußtseinsmäßig noch gar nicht neu sehen und formen kann".[513]
„Wunschdenken" hatten wir die Vorstellung Lissitzkys genannt, die Arbeiterklasse begrüße die moderne Architektur.

Die formale Umsetzung dieser Architektur vollzieht sich auf ähnlichen theoretischen Grundlagen wie die der Avantgarde in Deutschland oder bei Le Corbusier, kommt jedoch zu teilweise anderen formalen Ergebnissen. Die Verherrlichung der Technik als „Maschine" und die „Einbeziehung der Zeit als neues Element"[514]

kann zwar als allen gemeinsame Grundlage festgestellt werden, wird aber im nachrevolutionären Rußland anders umgesetzt, hauptsächlich deswegen, weil die konkreten Bedingungen der Industrialisierung andere waren.
Denn einem Land mit einem so rückständigen Stand der Industrialisierung wird die Technik — auch in der architektonischen Umsetzung als Konstruktion — viel weniger selbstverständlich sein; im Bemühen um formale Umsetzung der Hoffnung auf die Maschine, die gleichzeitig Hoffnung auf die endliche Verwirklichung einer kommunistischen Gesellschaft ist, wird ihre Ästhetisierung einen größeren Stellenwert erhalten, als es in Westeuropa der Fall war. Die Distanz zwischen dem Stand der Technik und ihrer architektonischen Formulierung macht diese aber umso stärker zu einer „symbolischen Bewältigung der Technik"[515], die gleichzeit noch die Funktion erfüllte, als ästhetische Form völlig neu zu sein und damit den Bruch mit der Vergangenheit, den Aufbruch in die neue Zeit und damit ein Element der Dynamik zu versinnbildlichen, das in der Maschine als Arbeitsmittel ebenfalls enthalten ist.
Die Abwendung von den Formen der Vergangenheit lag zusätzlich darin, daß die Maschine als Sinnbild der Objektivität, der Wissenschaftlichkeit verstanden wurde (das gilt gleichermaßen für die deutschen Funktionalisten); damit war sie Zeichen des Anders-Seins als die bürgerlich-subjektive Komposition und adäquat der auf wissenschaftlichen Grundlagen beruhenden Entwicklung einer sozialistischen Gesellschaft. So lassen sich das Neue einer gesellschaftlichen Entwicklung und der „Glaube an die emanzipatorische Kraft der fortschreitenden Produktivkräfte" in der (ästhetischen) „Vergötterung des Maschinenbildes und des kreativ *mit*, nicht mehr *an* der Maschine arbeitenden Menschen"[516] fassen; die „sowjetische Avantgarde übernimmt Abstraktion, Technisierung und exzentrischen Vitalismus (...) als Möglichkeiten, die Ideologie einer hyperindustrialisierten Entwicklung zu materialisieren und zu verbreiten (...)."[517] Auf die damit verbundene Gefahr weist jedoch Huse hin: „Eine solche Verwendung von Maschinen in der Architektur bewirkt, ungeachtet der Absichten der Konstruktivisten, nicht Rationalität, sondern Staunen."[518]

## Das Dampfermotiv als „Architektur der Hoffnung"

Damit stellt sich die Frage nach der Interpretation des Schiffsmotivs in der russischen Architektur der zwanziger Jahre, eine Frage, die zumindest teilweise zu einer anderen Antwort führen muß als bei Le Corbusier oder dem deutschen Funktionalismus, weil in Rußland das Motiv unabhängig von der Bauaufgabe verwendet wird. Was in Westeuropa auf die Aufgabe „Wohnen" beschränkt blieb — wobei die Krankenhaus- und Sanatoriumsbauten Salvisbergs als Sonderfälle des Wohnens angesehen werden müssen —, tritt in Rußland bei all den Aufgaben auf, die als „soziale Kondensatoren" bezeichnet werden (die westeuropäische Aus-

nahme bildet Mendelsohn, der sowohl in der Formensprache als auch in der Bedeutung des Schiffsmotivs eher einer allgemeinen „großstadtfuturistischen" als einer spezifisch gesellschaftlichen Utopie anhängt).
Der einzige, der auf die Frage nach der Bedeutung des Dampfermotivs in Rußland eine Antwort versucht, ist Vogt, der das Motiv der Arbeit als ein durchgehendes Motiv der Architektur jener Zeit begreift. Im Zusammenhang des deutschen Funktionalismus waren wir bereits auf seine Theorie eingegangen. Vogt hebt in seiner Analyse des Gebäudes der „Leningradskaja Prawda" das Schiffsmotiv hervor — als sekundäres Motiv „nach dem Primärmotiv ‚Druckereiwesen — Informationswesen'" — und sieht den Erläuterungszusammenhang

> „ganz einfach darin (...), daß das Schiffsmotiv auf ein *gleitendes, fahrendes* Haus hindeutet. Also auf ein ‚arbeitendes' Haus (...). So gesehen, erweist sich selbst diese Assoziationsgruppe als eine Reverenz vor dem Gesamtbegriff der technisch orientierten Arbeit (...)."[519]

Und Vogt resümiert, der Architekt beginne, die Leistung des Ingenieurs zu reflektieren, indem er dem Haus den Charakter eines arbeitenden, fahrenden Gerätes, einer Arche Noah, gebe.
Diese Erklärung ist jedoch nicht ausreichend; Vogt weist selbst — unbeabsichtigt — auf die Lücken dieser Deutung hin. Zum einen ist nämlich zu fragen, warum überhaupt ein Motiv wie der Dampfer in die Architektur übernommen wird, wenn doch das Motiv der Arbeit bereits auf der Ebene der Konstruktion, der Funktion und der der Zeichen in die Architektur umgesetzt ist; das allgemeine, übergreifende Motiv „Maschine" ist als Metapher für „technisch bewältigte Arbeit" völlig hinreichend, und es ist nicht einzusehen, warum ein zusätzliches Motiv für dieselbe Bedeutung hinzugezogen werden muß; die Interpretation des fahrenden, damit arbeitenden Hauses ist sogar umständlich, wenn doch das allgemeinere Motiv „Maschine" das Moment der Bewegung wie das der Arbeit bereits enthält.
Vogt nennt aber das Schiff nicht die „fahrende Maschine", sondern das „fahrende Haus" und verweist damit unausgesprochen auf einen anderen Bedeutungszusammenhang, den er mit dem zitierten Mythos von der „Arche Noah" verdeutlicht (die Arche wird wohl am wenigsten als „fahrendes, arbeitendes Haus" verstanden).
Wir kommen hier also auf Bedeutungen zurück, die wir schon bei den anderen untersuchten Architekten gefunden haben: das Schiff als Prototyp einer besonderen Form organisierten Zusammenlebens, als geschlossenes System einer Gesellschaft, als schützende Hülle in einem Meer von feindlichen Elementen, als Überlebenschance der Menschheit — Arche Noah.
Daß diese Interpretation zutreffend ist, kann nicht durch Aussagen von Architekten bewiesen werden; es kann nur gefolgert werden — einmal daraus, *daß* das Motiv verwendet wurde, denn gerade die nicht auf eine Bauaufgabe und einen Architekten beschränkte Verwendung des Motivs, sondern seine Ver-

breitung bei fast allen Architekten gleicher Gesinnung (die konservative Strömung, die auch in Rußland immer parallel existierte, verwendete das Motiv bezeichnenderweise nicht) deutet auf ein gemeinsames Zeichenverständnis hin. Zudem gibt es kein anderes Motiv, das die vielfältigen Anforderungen an seine Umsetzung in Architektur in gleich umfassender Weise erfüllte, wie es das des modernen Passagierdampfers tut. Denn mag auch das Motivbündel „Schiff" auf alte Mythen zurückgehen, so wird doch gleichzeitig in der Architektur nach der Revolution die neue Form gesucht, die den Bruch mit der Vergangenheit auch nach außen hin deutlich macht.

Bruno Taut verlangt 1926 in Rußland von den Formen der Kunst: „Man darf diese auf keinen Fall aus der besiegten Kunst übernehmen."[520] Die neue Form wird entwickelt aus dem, was als die Lösung der praktischen Probleme angesehen wird (die als „Reich der Notwendigkeit" auch gesellschaftliche sind), nämlich aus der Maschine, der Industrie. Darin manifestiert sich auch ein neues Selbstverständnis der Architektur, die bisher ihre Formensprache aus sich selbst entwickelt hatte und jetzt bewußt außerarchitektonische Motive aufgreift; der Architekturtheoretiker Karel Teige benannte es 1925: „Der Konstruktivismus kommt nämlich überhaupt nicht mit den Entwürfen für eine neue Kunst, sondern mit Plänen für eine neue Welt, mit einem Programm für ein neues Leben."[521]
Die Architektur wurde als Organisator des Lebens und als prägend für die neue Gesellschaft verstanden; die Architekten brachten − „wenn auch begrenzt − Interaktionstätigkeit und soziale Kommunikationsprozesse als funktionellen Aspekt in die moderne Architekturtheorie"[522] ein (ein Aspekt, der bei den westeuropäischen Funktionalisten kaum beachtet wurde).

Die *Neuheit der Form* als „revolutionäres" Element; die *Maschine* als Bezeichnung des Mittels der Befreiung; der Versuch, durch Architektur das *soziale Leben* zu gestalten nach einer visionären Vorstellung (im Unterschied zu Westeuropa auf bereits veränderten politischen Grundlagen aufbauend); und schließlich das Moment der *Bewegung* als Hinweis auf den prozessualen Charakter des Weges zu dem utopischen Ziel − alles das wurde im Bild des Dampfers zusammengefaßt.

Das Aufzeigen dieser Bedeutungen soll nicht in Frage stellen, daß das „Motiv der Arbeit" ein Hauptmotiv der russischen Architektur war, wie es Vogt dargelegt hatte; es soll jedoch begründen, warum das Schiff als zusätzliches Element einer Formensprache, als Sekundärmotiv konnotiert wird.

Das Scheitern dieser Architektur liegt in zwei Widersprüchen begründet. Zum einen bestand − wie auch in Westeuropa, jedoch eher noch tiefergehend − eine Kluft zwischen dem, was die Avantgarde verständlich machen wollte, und dem, was eine technisch rückständige, weitgehend agrarisch strukturierte Bevölkerung verstehen konnte; das Zeichen konnte nicht zum gemeinsamen Symbol werden, die Distanz zwischen Utopie und Wirklichkeit war selbst unter den Bedingungen revolutionärer Umwälzung zu groß:

"On the one hand, a political, economic and social revolution, by transforming society, proposed to transform man himself (...); (...) on the other, a state of economic and cultural backwardness, the legacy of the past, meant that these favorable conditions were difficult to exploit, both at the technical level and at the level of mass popularization."[523]

Der Bruch mit der Vergangenheit mußte in neuen Formen ausgedrückt werden, die nicht verstanden werden konnten, *weil* sie neu waren.

Den anderen, staatspolitischen Grund für das Scheitern der Avantgarde nennt Vogt, indem er auf den grundsätzlich anderen Charakter der nachfolgenden Architektur des „sozialistischen Realismus" hinweist: „Die Avantgarde (...) ist eine *Architektur der Hoffnung* — Hoffnung auf Veränderung, auf Verbesserung des menschlichen Zusammenlebens. Der klassizistische Umschlag, wie er hierauf folgt, produziert eine *Architektur der Erinnerung.*"[524] Aus der staatlichen Ablehnung der „Architektur der Hoffnung", der utopischen Funktion der Kunst, läßt sich folgern, daß dieser Aspekt unerwünscht ist: die Kunst soll ausschließlich widerspiegeln, nicht „selber hervorbringen".[525] Darauf jedoch — und das gilt nicht nur für die russische, sondern gleichermaßen für die westeuropäische Avantgarde — haben sich, wie wir gezeigt haben, die Architekten nicht beschränkt; sie sehen die im Heute sichtbar in Architektur umgesetzte soziale Utopie als Verpflichtung an. „Dieses Neue ist von den Sozialutopisten, also von den politischen Revolutionären, bekämpft und gefürchtet worden. Sie konnten nicht zulassen, daß das Reich der Freiheit in Beton und Glas errichtet, bevor es gekommen, das heißt bevor es sich gesellschaftlich ereignet hat."[526]

# Scheitern

*Utopie ohne Vermittlung*

Resümiert man die dargestellten Ansätze einer Architektur, die – im Formmotiv des Passagierdampfers gefaßt – künftige gesellschaftliche Entwicklungen, neue und bessere Formen menschlichen Zusammenlebens zum Maßstab ihrer Wirksamkeit, ihres Erfolges machte, so muß man feststellen, daß zu einem bestimmten Zeitpunkt am Ende der zwanziger Jahre ein Moment erreicht war, an dem die Durchsetzung dieser Architektur Realität zu werden schien; Symbole einer neuen, hoffnungsvollen Architektur, Dampfer und Maschine, schienen sich durchgesetzt zu haben, als parallel in Deutschland, Frankreich und im nachrevolutionären Rußland gleiche oder ähnliche gesellschaftliche Aussagen in gleichen oder ähnlichen Zeichen gebündelt und architektonisch umgesetzt wurden: Die Chance bestand, daß allein durch dieses übergreifende Verständnis das Zeichen auch der Bevölkerung vermittelt werden könnte, daß es zum gemeinsamen Symbol werden könnte.

„Die Architektur der 20er Jahre besaß zwar ihre eigene Strenge und Nobilität, aber sie war ganz bewußt stark mit symbolischen Bedeutungen beladen, die von ihren Verfechtern (gemeint sind die auf die Pioniere folgenden Architekten; A.d.V.) in den 30er Jahren einfach fallengelassen oder ignoriert wurden."[527] Wir werden im folgenden Abschnitt die Ausbreitung des Dampfermotivs verfolgen, die den Verlust seiner Identität als „Zeichen für etwas" markiert. Das sollte jedoch nicht den eigentlichen Ansatz verschütten, der in dem Anspruch der Avantgarde liegt auf symbolische Repräsentation der „neuen Welteinheit, die den absoluten Ausgleich aller gegensätzlichen Spannungen in sich birgt"[528], wie es Gropius nennt, des Le Corbusierschen 2. Maschinenzeitalters der Harmonie oder der russischen Utopie einer klassenlosen Gesellschaft.

Der Vorwurf, der aus heutiger Sicht, nach den architektonischen Erfahrungen der letzten dreißig Jahre, der Ästhetik der zwanziger Jahre häufig gemacht wird, sie halte „die schmucklose, bloß zweckgebundene Form für die schöne" und füge sie so „in den Reproduktionszusammenhang einer Herrschaftsgesellschaft, in dem das ästhetische Moment als potentiell transzendierendes gegenüber dem zweckgebundenen unterdrückt bleibt"[529], wie es zum Beispiel Horn formuliert, dieser Vorwurf trifft nicht einmal auf den von ihm im engeren Sinn gemeinten Funktionalismus zu. Denn dieser (und mit ihm die anderen hier untersuchten

Zeitströmungen) beschränkte seine Aufgabe nicht auf „die Entlarvung des lügnerischen Eklektizismus"[530]: Diese Architektur hatte vielmehr, wie wir gezeigt haben, eine gesellschaftliche Utopie — so verschwommen und aus bürgerlichen Integrationsideologien herleitbar diese im einzelnen auch gewesen sein mag —, die sie in symbolische Formen umsetzen wollte; als „die vorweggenommene Konkretisierung eines utopischen Zielinhalts (...) hätte diese Architektur zu gemeinschaftlichem Handeln anleiten sollen (...). Man verzichtete auf individualisierende Einzelformen, da man von der Wirkung einer die individuellen Interessen formal nicht berücksichtigenden Architektur auf die Herausbildung eines kollektiven Bewußtseins überzeugt war."[531]

Erziehung durch Architektur, der Architekt als Veränderer gesellschaftlicher Zustände: Das kann nicht ausschließlich in eine Architektur münden, die nur physische Zwecke und Bedürfnisse befriedigt, also im wesentlichen grundrißorientiert ist; die „Wohnung für das Existenzminimum" war nicht nur wirtschaftliche Notwendigkeit, sondern *Programm* einer Gesellschaft, die die Klassenunterschiede nivellieren will: denn wer mehr hat, verhält sich unsozial. Sie war *Programm*, wie es die Siedlungen in Frankfurt oder Berlin waren, und *Programm* waren auch die verschiedenen Formen der Kollektivhäuser von Scharoun über Le Corbusier bis Rußland. Das aber hieß: Auch nach außen hin mußten die neuen Inhalte dargestellt werden; das hieß: Entwicklung neuer Architekturformen, die die neuen Inhalte darstellen konnten — denn schließlich wollte man ja auch nach außen hin überzeugen. Insofern hat Huse recht, wenn er im Gegensatz zu Horn und vielen anderen Kritikern des Funktionalismus, die den Verzicht auf das bürgerliche Ornament mit dem bewußten Verzicht auf Form gleichsetzen, feststellt, die moderne Architektur erweise sich „als nicht weniger darstellend als die früherer Epochen".[532] Und Posener nennt den Funktionalismus „eine künstlerische Bewegung, eine stilschaffende Bewegung".[533]

Die avantgardistischen Architekten in Deutschland, Le Corbusier in Frankreich und die Konstruktivisten im nachrevolutionären Rußland — sie alle wollten die neuen gesellschaftlichen Formen, unabhängig von ihrem konkreten Realisierungsgrad, in den architektonischen Formen repäsentieren; sie suchten die symbolische Form, in der sich die neue Gesellschaft erkennen konnte und die ihr zugleich Ziel und Richtung gab; ihre Architektur war Zeichen für etwas — und alle drei Strömungen haben in der Maschine und im Passagierdampfer gleiche außerarchitektonische Bezugspunkte gefunden, wenn auch die Umsetzung Unterschiede zeigte.

Dennoch hat sich die Architektur in den folgenden Jahren anders entwickelt, als es in jenen Anfängen vorgezeichnet war; die folgende Architektengeneration gab die wichtigsten Inhalte der Schiffsmetapher preis, und eine internationale Gegenbewegung gegen die Errungenschaften der modernen Architektur — nicht nur die diktatorisch durchgesetzten Stile des „sozialistischen Realismus" oder der „Blut- und Boden-Architektur" — ließ die Ansätze zur Entwicklung einer Architektursprache scheitern, die die symbolische Darstellung zukünftiger gesellschaftlicher

Zustände, die Utopie einer Gesellschaft freier und gleicher Individuen bei gemeinschaftlichen Rahmenbedingungen in ihr Formenvokabular einschloß, ohne dabei regionale oder individuelle Unterschiede der formalen Umsetzung zu behindern.

Was die Architekten erreichen wollten, scheiterte. Die Frage stellt sich, ob dieses Scheitern an den nicht von den Architekten zu beeinflussenden äußeren Umständen, den politischen Bedingungen, lag, ob also, im weitesten Sinne, die Inhalte „falsch" waren, oder ob vielmehr die Form, die gewählte Metapher, die Architektursprache „falsch", d.h. nicht verständlich war. Ferner ist im weiteren Verlauf der Untersuchung zu fragen, wie unter diesem Blickwinkel die Wiederkehr des Schiffsmotivs in den sechziger Jahren zu bewerten ist.

## Die Ausbreitung des Dampfermotivs

Im Verlauf der bisherigen Untersuchung wurde das Motiv des Dampfers — mit zwei signifikanten Ausnahmen — immer mit der Bauaufgabe „Behausung" in Beziehung gesetzt — im weitesten Sinne: Wohnen im Appartementhaus, in der Gemeinschaftssiedlung, im Heim, im Sanatorium. Die Ausnahmen sind die Bauten Mendelsohns, der eine andere Beziehung zum Schiffsmotiv herstellt: die Bewegung, Dynamik als Grundzug der Großstadt. Und es ist die Architektur des nachrevolutionären Rußland, wo zwar das Wohnen im Zusammenhang mit dem Dampfermotiv eine besonder starke Verbindung eingeht, darüber hinaus dieses Motiv aber auf alle Bauten der „sozialen Kondensatoren" ausgedehnt wird; die Heilserwartung, die im Schiff konnotiert wird, bezieht sich auf alle gesellschaftlichen Bereiche und wird in der „Architektur der Arbeit" metaphorisch umgesetzt.

Aus dem engen Zusammenhang zwischen der Bauaufgabe „Behausung" und dem architektonischen Formmotiv des Passagierdampfers wurden Schlüsse gezogen für die Bedeutung dieses Motivs. Die gesellschaftsutopischen Intentionen der Architekten und die Deutung des Dampfermotivs als Metapher dieser Vorstellungen wurden nicht zuletzt damit begründet, daß im Rahmen einer Architektursprache, die sich auf alle Bauaufgaben beziehen muß, gerade die Bauaufgabe „Wohnen" das Dampfermotiv konnotiert.

Wenn man jedoch die weitere Entwicklung der Ausbreitung dessen verfolgt, was Hitchcock und Johnson als „Internationalen Stil" bezeichnet haben, dann wird man feststellen, daß diese eindeutige Bindung zwischen Architekturmotiv und Bauaufgabe aufgehoben wird. Der Grund dafür mag darin zu sehen sein, daß der Stil tatsächlich internationalisiert wurde. Die — auf einer gemeinsamen Grundlage — unterschiedlichen Formensprachen der stilprägenden modernen Architekten wurden von deren Nachfolgern im Prozeß der Ausbreitung des Stiles vermischt und zu einem „Internationalen Stil" weiterentwickelt. Das ist nicht grundsätzlich als Negativum zu bewerten; im Gegenteil bewirkt die Ausbreitung

165

einer Architektursprache zwar den Verlust individueller Merkmale, fördert jedoch deren Verstehbarkeit.
Bei dem Prozeß der Verschleifung individuell entwickelter Formensprachen und Ikonologien der Avantgarde, der auch eine Vergröberung darstellt, ist aber die spezifische Bedeutung des Schiffsmotivs verlorengegangen oder nur noch in sehr allgemeiner Form erhalten geblieben: das Schiff als Metapher für Bewegung, als Beispiel der Maschine.
Das Formmotiv wurde im Repertoire des „Internationalen Stils" jedoch eingesetzt; dabei ist es vor allem die geschwungene Linie, der hervorgeschobene, gerundete Baukörper (z.B. eines Treppenhauses) mit einer Reling als Geländer, der (mit starken Assoziationen an Mendelsohns Großstadtarchitektur) ins Repertoire übergeht. Bezeichnenderweise wird diese Form schon von Hitchcock und Johnson — 1932! — nicht mit dem Passagierdampfer in Verbindung gebracht; dieser Topos kommt in ihrem Aufsatz überhaupt nicht vor. Vielmehr zeigen sie ihr fehlendes Verständnis für die Metapher, Indiz für den rapiden Verfall des Zusammenhanges von Form und Inhalt und damit möglicher Symbolbedeutungen, indem sie einen Bootsclub zeigen und die Rechtfertigung der Schiffsform nur aus Lage und Zweck des Baus herleiten. Daß sie recht haben mit dieser Herleitung, beweist den schnellen Verlust an Symbolwert; daß sie auf diesen nicht hinweisen, beweist ihr mangelndes Bewußtsein des Zeichencharakters des Motivs.[534]

Einige weitere Beispiele mögen das verdeutlichen, wobei Deutschland ausgeklammert bleibt, da die Bautätigkeit als Folge der Weltwirtschaftskrise nach 1931 praktisch zum Erliegen kommt (daß das Motiv des Passagierdampfers nicht auf die bisher genannten Architekten beschränkt war, zeigen jedoch z.B. Bauten von Karl Schneider in Hamburg). Die Beispiele sollen nur die Ausbreitung des Formmotivs „Dampfer" zeigen; auf die Darstellung der individuellen Absichten der Architekten und der besonderen Situation der architektonischen Entwicklung des Landes muß hier verzichtet werden.
1925/1926 bereits greift André Lurçat das Motiv in seinem „Haus Bomsel" in Versailles auf: Bullaugen-Fenster, runder Erker und Dachgarten mit Reling-Geländer entsprechen der Ästhetik etwa des Bauhauses oder der Siedlung Pessac; Tafuri und Dal Co sagen von Lurçat, es genüge „ihm eine vereinfachte Verwendung von Le Corbusiers Aufbau, um sich weit mehr auf die Bestimmung der funktionalen Programme zu konzentrieren", und sie weisen auf eine Äußerung E. Persicos hin, der „in Lurçat nur einen mittelmäßigen Epigonen des Schweizer Meisters sah".[535]
Zehn Jahre später — und diese Jahre umfassen ziemlich genau die Phase von den ersten gebauten Beispielen bis zum Ende dieses Architekturabschnitts — baut Robert Mallet-Stevens in Paris eine Feuerwehrkaserne (1935/1936), bei der als assoziatives Signal der oben genannte, grob dem Schiffsgrundriß angenäherte und mit Reling versehene Baukörper an hervorragender Stelle verwendet wurde.

64 André Lurçat: Villa Bomsel, Versailles, 1925/26

65 Robert Mallet-Stevens: Feuerwehrkaserne, Paris, 1935/36

Wenn man von Mallet-Stevens kritisch behauptet, er bewege sich „eklektisch (...) in den distinguierten Kreisen der Avantgarde"[536], dann deutet das an, daß hier eher die „Stromlinienform" der dreißiger Jahre als modische Form gemeint ist als das Schiffsmotiv in seiner eigentlichen Bedeutung.
Das wird ebenfalls deutlich im bereits erwähnten „Club nautico" in San Sebastian des spanischen Architekten J. Manuel Aizpúrua (1930), einem eindeutig als Dampfer gebauten Komplex: langgestreckter, an den Schmalseiten gerundeter Grundriß, zurückgesetztes Erdgeschoß, das einen Umgang als Promenade freiläßt, Fensterband, darunter Bullaugen, Mast, steile Treppe ins Obergeschoß. Die Schiffsassoziation wird hier durch die Nutzung, die Lage am Wasser, bis in den Namen hinein betont. Damit jedoch, in der Beziehung von Lage und Nutzung zur Dampferassoziation und in der Eindeutigkeit der Architektursprache auf *eine* Deutung hin, wird dieser Bau zum Beispiel rein abbildender Architektur. In unserem Zusammenhang ist interessant, daß die „Abbildung" sich im Formenkanon bewegt, der für weitergreifende gesellschaftsutopische Bedeutungen entwickelt wurde; damit läßt sich an diesem Beispiel eine Banalisierung des Dampfermotivs ablesen.
In Frankreich verdichtete sich diese formalistische Tendenz sogar zu einem sogenannten „style paquebot", wie er von Louis Cheronnet in einem Manifest der U.A.M. genannt wurde. Nur meint er damit eher die Ordnungsprinzipien der Kabine, die auf die Wohnung übertragen werden, als die symbolhaft verstandene Schiffsform als ganzheitliche Utopie.[537]

66 J. M. Aizpúrua: Club nautico, San Sebastian, 1930

Die abgebildeten Beispiele zeigen die Spannweite der Verbreitung des Motivs. Die rationalistische Architektur in Italien verwendet die Motive aus dem Schiffsbau im Sinne der Darstellung des Dynamischen, der Bewegung (wie es schon die futuristische Architektur Sant'Elias, mit anderen Formen, tat). Die ambivalente politische Haltung dieser Gruppe im faschistischen Italien − und die Mussolinis ihnen gegenüber − läßt sie „auf eine endgültige Anerkennung ihrer Produktion als architektonischer Ausdruck des faschistischen Geistes hoffen".[538] Der faschistische „Geist der Bewegung", im Schiffmotiv ausgedrückt, stellt jedoch eine Verkehrung eines sozialutopischen Impetus' in sein Gegenteil dar. Die aus einer − zwar problematischen − Verantwortung für die Lösung sozialer Probleme durch Architektur heraus entwickelten Vorschläge der Architekten der Avantgarde entbehrten in ihrem allumfassenden Ausschließlichkeitsanspruch zwar durchaus nicht gewisser autoritärer Züge, waren aber in ihrer gemeinsamen Grundtendenz der Entwicklung von Freiheitsräumen für alle als „Freie und Gleiche" eher einem verschwommenen Sozialismus verpflichtet als einer anderen politischen Haltung; das Dampfermotiv muß, trotz der Implikation einer geschlossenen Gesellschaftsform mit autoritärer Leitung, in diesem politischen Zusammenhang gesehen werden.

Schließlich sei noch auf den belgischen Architekten Louis Herman de Koninck hingewiesen, in dessen Arbeiten die Verwendung von Formmotiven aus der Schiffsarchitektur eine andauernde Bedeutung haben. Sein „Projekt für ein Restaurant" (1933) ist in Grundriß und Einzelform deutlich einem Dampfer nachgebaut (und gleicht damit im geringen Maß an Komplexität dem „club nautico" Aizpúruas). Und in einer Villa in Le Zoute (1935) geht die rein äußerliche Identifikation mit dem Motiv so weit, daß das Schiff bereits im Namen genannt wird: „Villa Paquebot".

67 A. Libera/M. de Renzi: Weltausstellungspavillon, 1933

68 M. Cereghini: Tankstelle, Lecco, 1933

69 L. H. de Koninck: Restaurant, 1933

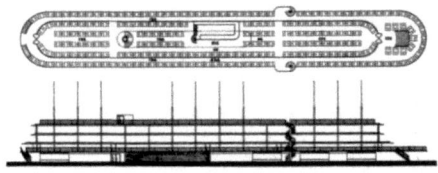

70 L. H. de Koninck: Villa „Paquebot", Le Zoute, 1935

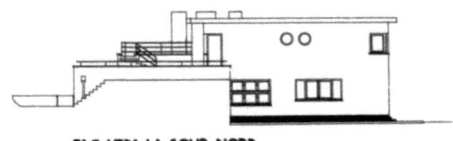

71 Ch. Trivelli/J. Austermeyer: Wohnhaus „Mont-choisi", Lausanne, 1931

72 M. Dumas: Haus Rue du Valentin, Lausanne, 1933

Das architektonisch umgesetzte und in einen Gesamtzusammenhang integrierte Motiv „Passagierdampfer", das in den Anfängen in einem komplexen Rahmen konnotiert wurde, wird also immer stärker seines Zusammenhanges beraubt und zum eindeutigen Zeichen seiner selbst. Im gleichen Maße wird die weitreichende metaphorische Bedeutung reduziert auf eindimensionale Assoziationen für „das Moderne", für „Bewegung". Schließlich geht die Beziehung zwischen dem menschlichen Urbedürfnis „Behausung" und dem mythischen Motivkreis „Schiff" durch die fortschreitende Veräußerlichung des Formelements und die wahllose Verwendung bei beliebigen Bauaufgaben verloren.

## Die gescheiterte Utopie

### Die politische Situation des „Neuen Bauens"

In seinem Aufsatz über „Sozialdemokratie und Stadt in der Weimarer Republik" hat Tafuri nachgewiesen, daß das Scheitern der sozialdemokratischen Siedlungspolitik, von dem in unserem Zusammenhang besonders May und Gropius betroffen sind, nicht etwa auf einen Beschluß der Nationalsozialisten nach 1933 oder allein auf die Wirtschaftskrise 1929 zurückzuführen sei, sondern auf nicht entschieden genug durchgeführte, halbherzige Konzepte und eigene Unfähigkeit der SPD; die erreichten Teilergebnisse wurden zudem „durch die unabhängige Entfaltung des Finanz- und Monopolkapitals neutralisiert".[539]

Das Neue Bauen in Deutschland war eng mit den sozialdemokratischen und gewerkschaftlichen Siedlungs- und Wohnungsbauvorhaben verknüpft, so daß deren Scheitern sofort schwere Auswirkungen auf jenes haben mußte. Zudem wird man davon ausgehen können, daß Bauherren wie Mieter der neuen Siedlungen am wenigsten an den gesellschaftsutopischen Vorstellungen und deren architektonischer Umsetzung interessiert waren und daher in der Krise diese nicht stützten. An der neuen Wohnform, die eine neue Lebensform konstituieren sollte, war für Mieter und Baugenossenschaft zuerst der Preis, die Verfügbarkeit wichtig; der Zusammenhang zwischen Wohnform (gleich Architekturform) und Lebensform wurde nicht problematisiert.

Die Rationalisierungsmöglichkeit, die in der „Wohnung für das Existenzminimum" und der Zerstörung des wilhelminischen Ornaments lag, war von der Industrie wie von den Architekten geradezu erwünscht — nur daß darüber letztlich die damit verbundenen gesellschaftlichen Ziele verloren gingen: Die

> „befreite Insel, die Antistadt, (hat) die Konzepte der technischen und ethischen Rationalisierung befördert. In ihrer eigenen Herstellung und im asketischen Pathos ihrer Botschaft. Sie brachten einen bedeutenden wohnkulturellen Fortschritt, aber fast gleichzeitig verlor sich (...) ihre Hoffnung auf eine vernunftgeleitete gesellschaftliche Entwicklung in der realen Rationalisierung des Arbeitsprozesses (...)."[540]

Die Verbindung mit der Industrie wurde von den Architekten angestrebt, Rationalisierung und Industrialisierung waren ihre erklärten Ziele. Ein Formenvokabular, das diese ermöglichte, mußte also ganz im Sinne der Industrie sein (wenn auch nicht im Sinne des weitgehend mittelständisch strukturierten Baugewerbes). Eine Ablehnung der neuen Architektur kann also nicht aus einem Gegensatz zum Kapital hergeleitet werden.

Auch in den gesellschaftlichen Vorstellungen stand nicht der Klassengegensatz sozialistischer Architekten gegenüber einer kapitalistischen Gesellschaft im Vordergrund, sondern die Harmonisierungsideologie des Bürgertums, dem die Architekten entstammten, selbst wenn sie einen Sozialismus „im unpolitischen Sinne" (B. Taut) anstrebten.

So war, wie erwähnt, das Interesse an den arbeitsteiligen Taylorisierungsbestrebungen eines Henry Ford sowohl bei Le Corbusier als auch in Deutschland sehr groß. Adolf Behne zitiert bereits 1923 sehr ausführlich aus dessen Lebenserinnerungen[541]; die Parallelen im Vokabular zu den Äußerungen der Architekten sind signifikant — „saubere, helle und gut gelüftete Fabrikräume"[542] werden bei Ford zur Leistungsfähigkeit in Relation gesetzt und diese als moralische Qualität verstanden: „Ohne Sauberkeit auch keine Moral"[543] und: „Wir brauchen Menschen, die die formlose Masse in politischer, sozialer, industrieller und ethischer Hinsicht zu einem gesunden, wohlgebildeten Ganzen umzuformen vermögen."[544] Alles das könnte durchaus von einem der avantgardistischen Architekten gesagt worden sein; auch Le Corbusier sah die individuelle Freiheit nur in der Einord-

nung in die Gemeinschaft gewährleistet, und „Licht, Luft und Sonne" des deutschen Siedlungsbaus waren auch ethische Qualitäten — auf die Parallelen zwischen Sanierung und Sanatorium hatten wir bereits hingewiesen.
Die neue Architektur bedrohte zwar das mittelständische Baugewerbe — zumindest fühlte sich dieses bedroht und entfachte einen wütenden Kampf gegen das flache Dach —, war aber nicht revolutionär im Sinne einer Ablehnung des kapitalistischen Systems, so daß eine Bekämpfung durch die Industrie und ein Scheitern der Architektur aus diesen Gründen nicht angenommen werden kann (auf die anderen Bedingungen in Rußland hatten wir bereits hingewiesen). Entsprechend war auch die Ablehnung der modernen Architektur als „kulturbolschewistisch" durch den Nationalsozialismus keineswegs zwingend und von vornherein aus ihren Grundlagen heraus unvermeidlich. Die Gründe, die schließlich zur Ablehnung der modernen Architektur führten, lagen vielmehr nur teilweise in deren Ästhetik begründet, viel mehr aber in den politischen Kontroversen während der Weimarer Zeit: "Baldur von Schirach, for example, who as head of the Hitler Youth was responsible for a large amount of building, defended the right of his organization to build in a 'youthful' style using steel, glass and concrete"[545] und Gropius, Wagner und Häring betonten noch 1934 in Briefen an die Reichskulturkammer das Deutsche ihrer Architektur.[546]
Trotzdem begann sich nach der Weltwirtschaftskrise in ganz Europa eine Architektur durchzusetzen, die sich selbst als „national" oder „regional" verstand, den „Internationalen Stil" ablehnte und eine Flucht in die (klassizistischen) Werte der Vergangenheit mit einer Ablehnung der Großstadt verband. Das Scheitern der Utopie der Architektur der zwanziger Jahre muß also andere Gründe haben, als es der politische Umbruch allein deutlich macht.

## Die Angemessenheit des Dampfermotivs

Was wir bereits bei der Betrachtung des Scheiterns der russischen Architektur-Avantgarde als Möglichkeit angedeutet hatten, nämlich, daß eine „Architektur der Hoffnung" von einer Staatsmacht nicht akzeptiert werden kann, solange die gesellschaftlichen Verhältnisse diese Hoffnungen nicht eingelöst haben, daß stattdessen eine „Architektur der Erinnerung" die Verbindung zur Vergangenheit und damit die Legitimität des Neuen herstellen soll, das kann für Westeuropa ebenfalls zutreffen. Die breite Bewegung zu dieser „Architektur der Erinnerung" war zweifellos überall vorhanden, nicht nur in den totalitären Staaten. Diese Begründung des Scheiterns würde den Schluß zulassen, die „Architektur der Hoffnung", eine Architektur, die gesellschaftsutopische Entwürfe umfaßt, wurde aus inhaltlichen Gründen *abgelehnt*, d.h. ihre Utopie wurde nicht akzeptiert, oder sie wurde *nicht verstanden*, d.h. ihre Zeichen waren inadäquat oder so neu, daß sie nicht übersetzt werden konnten.

Der erste Grund, die inhaltliche Ablehnung, ist unwahrscheinlich einfach deshalb, weil die Utopie seitens der Architekten nicht präzise genug formuliert war, um dezidierten Widerstand (außer auf der Seite einer konservativen oder reaktionären Staatsmacht) herauszufordern; die Hoffnung auf eine bessere Zukunft, auf ein freies und gleiches Zusammenleben mußte im Gegenteil gerade diejenige Mehrheit der Bevölkerung ansprechen, die unter schlechteren Bedingungen leben mußte.
Bleibt der zweite Grund, nämlich die Frage, ob das Formenvokabular der Maschinenästhetik einschließlich des Dampfermotivs dem zu vermittelnden Inhalt adäquat und dem Rezipienten gegenüber verständlich war — wogegen allein spricht, daß in der Ausbreitung des Formmotivs bereits wichtige inhaltliche Nuancen verloren gingen.

In einem früheren Kapitel, bei der Untersuchung der Zeichenfunktionen und deren definitorischer Abgrenzung, waren Eigenschaften von Symbol und Zeichen genannt worden, die auch auf das architektonische Zeichen zutreffen müssen, wenn Architektur als ein Medium zur Vermittlung von Inhalten verstanden werden soll. Ein Architekt kann grundsätzlich Inhalte auf drei Arten vermitteln; nämlich

im Falle einer vollständigen *Anpassung* an die bestehenden Lebens- und Wohngewohnheiten, an die Normen des Zusammenlebens einer Gesellschaft, durch den Bau von Häusern, die genau diese traditionellen Verhaltensweisen ermöglichen: Der Architekt verwendet nur die typologischen Codes der bestehenden Architektur; oder

der Architekt versucht, eine radikale *Änderung* aller architekturbezogenen Verhaltensweisen zu erzwingen, indem er radikal andere, neue Codes entwickelt (diese können jedoch, eben wegen ihrer Neuheit, nicht verstanden werden); oder

der Architekt untersucht die traditionellen Codes auf *neue Anwendungs*möglichkeiten hin, die zwar ungebräuchlich im traditionellen Sinne sind, aber noch im Rahmen des Verständlichen, und die so die Bewohner veranlassen, die ursprünglich denotierten Zusammenhänge zu überdenken.[547]

Die Architektur der zwanziger Jahre ging einen vierten Weg, der nicht so radikal war wie das zweite Modell — das völlig unverständlich bleiben muß —, jedoch weitergehend als die dritte Möglichkeit, die von den vorhandenen Codes ausgeht. Aus der Erkenntnis, die bekannten Codes der *Architektur* böten keine Möglichkeit der Weiterentwicklung, die die inhaltlich radikal neuen Anforderungen auszudrücken in der Lage wäre, griffen sie auf zwar bekannte, aber *außerarchitektonische* Elemente zurück, um so den Charakter des radikal Neuen auch durch eine radikal neue Architektur deutlich werden zu lassen. Andererseits sollten jedoch durch die Bekanntheit der Elemente an sich Verständnis ermöglicht und weitergehende Inhalte vermittelt werden, die sich nicht nur auf die Mitteilung „neu" beschränken, sondern mit den außerarchitektonischen Elementen verbundene Mitteilungen konnotieren können. Diese intellektuelle Überlegung (die sicher nicht in dieser rationalen Form stattgefunden hat) kann jedoch nicht ausreichen, um sich verständlich zu machen; nicht der Wunsch des Produzenten, sondern auch das Vermögen des Empfängers ist in die Überlegung von der Angemessenheit eines Zeichens einzubeziehen. D.h. die Codes der Mitteilung müssen soweit allgemeingültig sein, daß sie nicht — nach Meinung der Architekten — nur verstanden werden *könnten*, sondern tatsächlich auch als „ein von den einzelnen ergriffenes (und ins Ich-Ideal eingeführtes) Symbol"[548], als „Bindeglied" zur Erreichung eines gemeinsamen Gruppenverständnisses begriffen *werden*. Dabei ist nicht von vornherein gesichert, daß verstanden wird, was der Architekt in die Architektur — bewußt oder unbewußt — projiziert, sondern es bleibt vorerst offen, „ob das Publikum in einem Kunstwerk das vorfindet oder in ein Kunstwerk das hineinprojiziert, was seinen Bewußtseinsinhalten entspricht"[549]; der Architekt hat den Bewußtseinsstand des Rezipienten zu berücksichtigen.

Das Symbol, das den Intentionen der Architekten entsprach, mußte also dem Publikum bekannt sein (auch in einem neuen Kontext), *und* dieses mußte bereit sein, es auch als Symbol zu akzeptieren; denn die Symbole können zwar „Wege in die Zukunft weisen; sie können das freilich nur dann, wenn die empirischen Subjekte (das Publikum, A.d.V.) sie so verstehen wollen. Das Verstehen von Symbolen muß gelernt werden."[550]

Wenn das moderne Passagierschiff in der dargestellten Breite der Entwicklung innerhalb ganz weniger Jahre im Rahmen der Ausformung einer „Maschinenästhetik" als Zeichen in die Architektur integriert wurde, dann spricht allein das dafür, daß ein gemeinsames Grundverständnis auf der Seite der Architekten über die Bedeutung und Angemessenheit des Dampfermotivs vorhanden war, ohne daß man sich darüber intellektuell hätte zu verständigen brauchen. Es erfüllte die Bedingungen, die sie an ein adäquates Zeichen stellen mußten, um den neuen Inhalten gerecht zu werden: Es stellte einen *Bruch* dar mit den traditionellen Codes der Architektur und war Teil der *Maschinenästhetik* (mit ihren inhaltlichen Aspekten der Hoffnung auf Befreiung vom „Reich der Notwendigkeit" und ihrer „objektiven Symbolhaftigkeit"); es bezog sich — als Passagierdampfer — auf eine *Gesellschaft*, die Modellcharakter hatte, und auf eine bestimmte Wohnform, das *Kollektivwohnen*; durch dieses sollte die künftige Gesellschaftsform erreicht werden. Die neue Architekturform und die neue Gesellschaftsform kamen also im Bild des Dampfers zur Deckung; dieser verzichtete zudem als Großform auf die bürgerliche Individualisierung durch das Ornament.
Darüber hinaus bestanden die mythischen Implikationen des Symbols „Schiff", das Bild der *Arche*, der schützenden Behausung im Meer der Unwirtlichkeit, das Sinnbild der *Bewegung* hin auf ein utopisches Ziel. Die Begegnung der Utopie

mit den Archetypen ist im Bild des Dampfers als Symbol einer neuen „Behausung" realisiert und erfüllt so den Blochschen Anspruch der Verbindung von Vergangenheit und Zukunft im Symbol.[551]
Die Architekten, die eine „*Überwindung* der Praktiken des Bürgertums im Umgang mit der ästhetischen Form in der Architektur" anstrebten, konnten also hoffen, im Bild der Maschine und des Schiffes wäre die „ästhetische Form (...) dabei im lebenspraktischen Bereich konkretisiert, ihrem Wahrheitsgehalt nach eingelöst und in den Beziehungen der Menschen weitergetragen worden (...).[552]
Demgegenüber ist der Einwand nicht stichhaltig, die Formensprache der Maschinenästhetik sei schon deshalb nicht angemessen oder zumindest nur für einen kurzen Zeitraum der zwanziger Jahre gültig, weil der Stand der Technik objektiv ein anderer als der dort dargestellte gewesen sei; die Formen seien „nicht organisch aus Prinzipien erwachsen (...), die Technologie und Architektur gemeinsam haben".[553] Denn für eine symbolische Form ist ihre objektive Richtigkeit ohne Bedeutung; es kommt nur darauf an, wie sie subjektiv verstanden wird. Nicht, daß das Haus technisch auf dem letzten Stand ist und funktioniert, sondern seine *Darstellung* als Maschinenprodukt und funktionsfähiges Instrument sind gefragt; die Weiterentwicklung der Formen der Maschinen und Verkehrsmittel zur „Stromlinienform" der dreißiger Jahre (die auch Einfluß auf die Architektur hatte) sind demgegenüber sekundär.


Das Verstehen des Dampfermotivs

Das Dampfermotiv wurde zumindest in Ansätzen auch verstanden, sowohl als solches — das Haus als Dampfer — als auch in seinem gesellschaftlichen Gehalt. Wir hatten an einigen Stellen bereits auf das unmittelbare Verständnis einiger signifikanter Bauten durch das Publikum hingewiesen, bei Mendelsohns Mosse-Bau wie bei Salvisbergs „Elfenau". Dieses unmittelbare Verständnis jedoch — „das sieht so aus, wie ..." — bleibt auf oberflächliche Effekte beschränkt; wieweit das Schiffsbild als reine Abbildung, nicht aber als inhaltliches Programm verstanden wurde, läßt sich nicht mehr empirisch nachprüfen.
Daß zumindest einige Aspekte dieses Programms sehr wohl verstanden wurden, läßt sich anhand der Kritik an der neuen Architektur belegen. Wenn Rudolf Pfister etwa von den Verteidigern der Siedlung Dammerstock sagte, sie müßten eingestehen, „daß man zu einer proletarisch-zivilisatorischen Weltanschauung" stehe, denn „neusachliche Siedlungen bauen heißt, das Bürgertum proletarisieren, Schmitthennersche Siedlungen bauen heißt, das Proletariat verbürgerlichen"[554] —, dann entsprach eine solche Kritik zwar nicht den Intentionen der Architekten, zeigt aber, daß ihre Harmonisierungsbestrebungen, die die Klassenunterschiede verwischen sollten, richtig erkannt wurden.
Auch Sedlmayr hat nicht nur die äußerliche Verwendung des Schiffsmotivs und der Maschinenästhetik gesehen, sondern radikale inhaltliche Tendenzen in dieser

Architektur erkannt; so spricht er von der Leugnung der „Erdgebundenheit" der neuen Architektur[555] – Le Corbusiers „Pilotis"! – und sieht den großstädtischen Menschen als neuen Nomaden, der in beweglichen (Maschinen-)Häusern wohnt, „klarstes Symbol dafür, daß der Mensch keinen Ort mehr haben will, an dem er bleiben, auf den er ‚bauen' kann"[556]; der Architekt sehe sich als „‚Erfinder' und Lebensreformer".[557]

Nun entsprach zwar das Bild des „neuen Nomaden" in der negativen Tendenz nicht den Absichten der Architekten; andererseits wurden mit diesem Begriff aber Bestandteile der gesellschaftlichen Utopie aufgegriffen, die im Bild des Schiffes architektonischen Ausdruck fanden: der Scharounsche Großstadtmensch in seiner Anonymität wie auch das letztlich einsame Individuum bei Le Corbusier finden hier Entsprechungen; was anderes als Nomaden sind die Menschen, die zum Umzug nur noch die Koffer zu packen brauchen (Hilberseimer) oder als „Arbeiterheere" zu den jeweiligen Arbeitsstätten ziehen (Scharoun)? Selbst die Verfechter des Neuen Bauens zogen den Vergleich, indem sie die Maschine als Mittel sahen, das den Menschen „überall zum Nomaden" macht; „das chronisch gewordene Wanderungsbedürfnis (hat) (...) eine wirklich neue Mentalität hervorgebracht (...). *Es gibt Reisende, die nicht mehr wissen, daß sie reisen, Nomaden, die kein anderes Zuhause mehr kennen als Passagierdampfer und Luxushotels.*"[558]

Auch Ernst Bloch hat von seiner ganz anderen Position her den Schiffscharakter der Architektur interpretiert und kritisiert:

> „Heute sehen die Häuser vielerorts wie reisefertig drein. Obwohl sie schmucklos sind oder eben deshalb, drückt sich in ihnen Abschied aus. Im Innern sind sie hell und kahl wie Krankenzimmer, im Äußeren wirken sie wie Schachteln auf bewegbaren Stangen, aber auch wie Schiffe. Haben flaches Deck, Bullaugen, Fallreep, Reling, leuchten weiß und südlich, haben als Schiffe Lust, zu verschwinden."[559]

Das Schiffsmotiv als Metapher der Flucht aus einer kapitalistischen Gegenwart, die bereits den nächsten Krieg ahnte; eine Architektur, deren Öffnung nach außen bereits erstarrt war, denn „die südliche Lust zur Außenwelt wurde, beim gegenwärtigen Anblick der kapitalistischen Außenwelt, kein Glück"[560]; die Form erstarrte zum geschichtslosen Formalismus: „so abgehoben ist das alles von wirklichen Menschen, von Heim, Behagen, Heimat".[561]

Vogt hat bereits darauf hingewiesen, daß die Interpretation, die Bloch dem Schiffsmotiv gibt, für die russische Situation, die andere gesellschaftliche Voraussetzungen hatte, nicht zutreffend sein kann.[562] Nun beschreibt Bloch auch eher die Villa Savoye als einen der russischen neuen Bauten. Aber selbst auf die westeuropäische Situation bezogen, kann die Interpretation des Schiffsmotivs als Darstellung einer Fluchtabsicht nicht schlüssig sein. Sie vernachlässigt den positiven gesellschaftsutopischen Impetus, der die Architekten bewegte, die das „Abfahren zu einem erstrebten Ziel", nicht die „Flucht vor etwas" im Fortbewegungsmittel „Schiff" gemeint haben. Wenn Bloch von der Architektur sagt, sie könne als soziale Kunst „im spätkapitalistischen Hohlraum überhaupt nicht blühen"[563], dann ignoriert das die utopischen Möglichkeiten, die Architektur hat — und die Bloch an anderer Stelle beschreibt.[564]

**Bauen für keine Gesellschaft?**

Dennoch steckt in der Kritik Blochs ein weiterführender Gedanke, der die Gründe für das Scheitern der Architektur der Avantgarde zu erhellen hilft; er liegt in der Feststellung, diese Architektur sei vom „wirklichen Menschen" abgehoben. Bereits 1930 hatte Behne in einer Kritik der Siedlung Dammerstock auf die Diskrepanz zwischen dem Wollen der Architekten und dem Bewußtseinsstand der Bewohner und auf die „Bedenklichkeit der diktatorischen Methode des modernen Architekten"[565] hingewiesen. Der Architekt versuche, aufgrund seiner Erkenntnis der „richtigen" Bedürfnisse der Bewohner, diese in seiner Architektur kompromißlos durchzusetzen, ohne ihre Wohnerwartungen zu berücksichtigen. Die Utopie, das Fernziel werde als unmittelbar umsetzbar begriffen, ohne den Bewußtseinsstand der Betroffenen als Ausgangspunkt einer Veränderungsstrategie zu nehmen. Auch die erste vollständige Bestandsaufnahme der Architektur der zwanziger Jahre von Hitchcock und Johnson spricht davon, die Funktionalisten bauten zu häufig "for some proletarian superman of the future (...). Instead of facing the difficulties of the present, they rush on to face the uncertain future."[566]

Die Bewohner sollten zu einem Glück gezwungen werden, das sie nicht als das ihre erkennen *konnten*: „Die Wortführer des Konstruktivismus und Funktionalismus muteten dem Proletarier aber auch noch eine kulturelle Bewußtheit zu, wie sie nicht einmal das Bürgertum als Klasse erreicht (...)." Sie „transportierten die eigene, intellektuelle Bewußtseinslage in die ökonomische Situation des Proletariers"[567], erkannte 1940 der schweizerische Architekturkritiker Peter Meyer.

Gerade der Ansatz der neuen Architektur beim Wohnen, also der selbstverständlichsten Architektur — der in sich folgerichtig war — mußte zwangsläufig zu Konflikten führen. Denn die unvermittelte Konfrontation der Bewohner mit der neuen Architektur im privaten Bereich, der sie sich nicht entziehen konnten, gab ihnen keine Chance der Gewöhnung, sondern forderte die unmittelbare Stellungnahme heraus: „Fast jeder Verbraucher wird das Unpraktische des erbarmungslos Praktischen an seinem Leib schmerzhaft gespürt haben."[568] Das diskreditiert nicht das ideelle Ziel, die Utopie des vollkommenen Standards, sondern nur die praktische Umsetzung in der Architektur; denn es kann sich kein Gefühl der Geborgenheit, der Gewohnheit in Häusern einstellen, die die Bewohner zu etwas zwingen wollen — und sei es zu ihrem Glück.

Damit war die im Begriff bereits enthaltene Beziehung — Wohnen und Gewöhnung — von vornherein gestört: „Modern zu wohnen wurde zu einer verpflich-

73 zeitgen. Karikatur (Frankfurt 1927)

tenden Aufgabe, deren man sich nicht ohne theoretische Studien und moralische Vorsätze entledigen konnte."[569] Die Architektur ignorierte also ihre eigene Voraussetzung; denn wenn das *neue* Bauen den Menschen zu einer neuen Gesellschaft, einer neuen Lebensform umerziehen sollte und konnte, dann mußte angenommen werden, daß das *alte* Bauen, daß die überkommenen Wohnformen den gleichen Einfluß gehabt hatten und eben nicht radikal, sondern nur schrittweise geändert werden konnten. Die Architekten ignorierten, daß nur über die Gewöhnung das Wohnen in der neuen Architektur zur selbstverständlichen Gewohnheit werden konnte − ein langsamer, schrittweiser Prozeß. Der Umschlag von der Wohnung als Behausung, als Heimat, zum „Vorrang der Mobilität vor dem Zufluchtsort"[570] war zu radikal, als daß er nachvollzogen werden konnte. Das läßt dann die Frage zu, ob der Nachvollzug überhaupt wünschenswert wäre.

Das Nicht-Eingehen auf den Bewußtseinsstand der Bewohner, die Ausrichtung einer Gebrauchsarchitektur − nichts anderes kann das Bauen für den normalsten Zweck: Wohnen sein − an gesellschaftsutopischen Zielvorstellungen allein, heißt aber, letzten Endes „für *niemanden*" zu bauen, wie es Posener genannt hat[571], weder für eine gegenwärtige Gesellschaft, die man ablehnt oder ignoriert, noch für eine zukünftige, zu der man keinen Weg weist, *weil* man die gegenwärtige in ihrem Bewußtseinsstand nicht als Ausgangspunkt ernst nimmt.

Das Scheitern einer Architektur, die auf die vermittelnde Instanz verzichtet zwischen dem, was ist, und dem, was sie als Ziel anbietet, ist zwangsläufig und unabhängig von der Frage nach dem Inhalt der Utopie. Die Architektur der Avantgarde bot nur das Ziel an, in der Maschine und im Bild des Passagierdampfers zeichenhaft umgesetzt; sie verweigerte aber das Aufzeigen eines Weges − vielleicht konnte sie das nicht leisten, weil deren Protagonisten dann ihren bürgerlichen Horizont hätten sprengen müssen. So konnte der Widerspruch nicht gelöst werden, der in der „funktionellen Rationalität" ihrer Bauten enthalten war: „Statt daß sie eine Funktion menschlicher Bedürfnisse war, wurden die Menschen immer deutlicher zu Funktionen ihres gesellschaftlichen Systems, das nach eben jener Zweckrationalität eingerichtet war."[572]

Diese grundsätzliche Kritik soll jedoch nicht den umfassenden Ansatz in Frage stellen, der hier — zum letzten Mal in diesem Jahrhundert — unternommen wurde. Der Versuch, allen gemeinsame, umfassende gesellschaftliche Ziele zu formulieren, die in der Architektur antizipiert wurden, führte zu einer Formensprache, die für eine kurze Zeit gemeinsamer Besitz der Architekten der Avantgarde war. Damit war der Ansatz zu einem Symbolverständnis gelegt — in dieser Untersuchung am Motiv des Dampfers dargestellt —, das Architektur wieder zum Kristallisationspunkt einer Gesellschaft machen und ihr die gemeinschaftstiftende Funktion geben konnte, die das architektonische Symbol besitzt. Die Formen wurden auch ansatzweise als Zeichen dafür verstanden; nur konnten sie nicht in die Breite wirken, solange die Diskrepanz zwischen den Bedürfnissen der Bevölkerung und den utopischen Zielen der Architekten zu groß war und von den Architekten nicht der Versuch gemacht wurde, diese Distanz zu überbrücken. So mußte das radikal Neue dieser Architektur, die vom Publikum den radikalen Bruch forderte, an ihren eigenen Anforderungen scheitern.
Adorno hat in seinem Aufsatz „Funktionalismus heute" dargelegt, daß diese Antinomie notwendig und unauflösbar zugleich ist, solange die Menschen von dem „sozialen Antagonismus" beherrscht werden, „daß die gleiche Gesellschaft, welche die menschlichen Produktivkräfte ins Unvorstellbare entwickelte, sie fesselt an die ihnen auferlegten Produktionsverhältnisse, und die Menschen, die in Wahrheit die Produktionskräfte sind, nach dem Maß der Verhältnisse deformiert".[573] Einerseits hat der Mensch, der in diesen Verhältnissen leben muß, das Recht auf die Erfüllung seiner Bedürfnisse, mögen diese auch „falsch" sein; denn setzt „der Gedanke an das wahre, objektive Bedürfnis sich rücksichtslos über das subjektive hinweg, so schlägt er (...) in brutale Unterdrückung um"[574] — eine Gefahr, die wir beschrieben haben: das Bauen für keine Gesellschaft. Andererseits muß eine Architektur, die emanzipatorischen Anspruch stellt, die fortschrittlichsten Möglichkeiten — auch auf technischem Gebiet — verarbeiten, gerät aber in das Dilemma, im Heute verwirklicht und beurteilt zu werden: „Was, als sein virtuelles Subjekt, einen befreiten, emanzipierten Typus des Menschen, der erst in einer veränderten Gesellschaft möglich wäre, visiert, erscheint in der gegenwärtigen wie Anpassung an die zum Selbstzweck ausgeartete Technik, wie die Apotheose von Verdinglichung."[575]
Die Architektur der Avantgarde der zwanziger Jahre konnte noch Zeichen formulieren, die die Überwindung dieser Antinomie als Hoffnung darstellten. In ihrem Scheitern zeigt sich die Stimmigkeit des Dampfermotivs auf einer anderen, von ihr nicht beabsichtigten Ebene: das Schiff nicht nur als Bild von Hoffnung, sondern auch des Scheiterns.

# Wiederkehr

*Renaissance eines Symbols oder Formalismus?*

„Hegel bemerkt irgendwo, daß alle großen weltgeschichtlichen Tatsachen und Personen sich sozusagen zweimal ereignen. Er hat vergessen hinzuzufügen: das eine Mal als Tragödie, das andere Mal als Farce."[576]

Die Utopie einer Gesellschaft freier und gleicher Individuen, durch Architektur zumindest befördert, wenn nicht gar initiiert, scheiterte am Ende der zwanziger Jahre; eine konservative „Architektur der Erinnerung" setzte sich fast überall durch. Die Architekten, die weiterhin eine Formensprache der Moderne entwickelten, konnten selbst in den Ländern, die nicht im Rahmen einer offiziellen Architekturdoktrin erstarrt waren, nur wenige Bauten verwirklichen. Dabei verschwammen die inhaltlichen Bedeutungen einzelner Formen immer mehr und reduzierten sich auf die allgemeine Aussage „modern" im Gegensatz zur konservativen Architektur; die Formensprache wurde ihres Inhalts beraubt, verlor ihre Differenzierungsmöglichkeiten und wurde eindimensional.

Mit dieser Eindimensionalität des Verständnisses wie der Verständnismöglichkeit müssen sich Architekten und Bevölkerung in einer Architektur nach 1945 auseinandersetzen, die unter dem Begriff „funktionalistische Architektur" subsumiert wird.

Die deutsche Nachkriegsentwicklung versuchte, die Zeit des Nationalsozialismus zu verdrängen und direkt an die als „moralisch gut" verstandenen formalen Traditionen der zwanziger Jahre anzuknüpfen, ohne den gesellschaftsutopischen Ansatz erneut aufgreifen zu können. Die deutsche Entwicklung ist jedoch nur der krasseste Ausdruck des Verlustes der semantischen Zeichenfunktion der Formensprache, die in jener Zeit entwickelt worden war.

Eine weitverbreitete Architektur des „Internationalen Stils" stellte in ihrem Verlust einer im gesellschaftlichen Einverständnis aufgehobenen Bedeutung die Reduktion der Architektur weitgehend auf die syntaktische Zeichenfunktion dar, auf die Beziehung zwischen den einzelnen Zeichen ohne nachvollziehbaren Bezug zum Benutzer oder zur Bedeutung. Das heißt nicht, die Architektur hätte keine Bedeutung oder würde nicht „irgendwie" verstanden; es deutet jedoch auf die unüberbrückbaren Divergenzen hin, die zwischen den vom Bauherrn intendierten Gehalten, den vom Architekten (auch im städtebaulichen Kontext) vermittelten Zeichen und dem hin, was das Publikum aus der Architektur abliest:

„Sender" und „Empfänger" haben unterschiedliche Verständigungscodes bzw. für unterschiedliche Bedeutungsschlüssel gleiche Zeichen; das Bürohochhaus, das für den Bauherrn z.B. Effektivität, Werbewirksamkeit und Selbstbehauptungswille am Markt darstellt, kann für den Architekten (technischen) Fortschritt und daraus folgend humane Arbeitswelt und städtischen Orientierungspunkt („städtebauliche Dominante") bedeuten und wird vielleicht vom Betrachter als abweisende „Kiste" und monotone, „tote" Fläche im innerstädtischen Gefüge verstanden.
Die Diskrepanz zwischen Aussage und Realität im heutigen Bauen stellt die Vorspiegelung dar „einer lebenspraktischen Funktionalität nüchternen Geistes (...), die sie (die Bauten; A.d.V.) nicht erfüllen. Sie werden also bloß gestaltet als Zeichen für etwas, das sie nicht sind."[577] Der Unterschied zur gebauten Utopie besteht darin, daß diese etwas *noch* nicht Vorhandenes als erreichbar und wünschenswert hinstellt, während ein großer Teil des heutigen Bauens den *Schein* der Funktionalität und Rationalität über eine andere, nicht-funktionale und nicht-rationale Wirklichkeit breitet.
Zu der unterschiedlichen Bewertung (gleichzeitig „gut" und „schlecht") im Verständnis heutigen Bauens kommt hinzu — und hier liegt sicher auch eine Wurzel in der Beziehung der Architektur der zwanziger Jahre zur Industrie und zum standardisierten Massenprodukt, das die Formensprache radikal vereinfachte —, daß schon visuell die Architektur eindimensional wirkt, insofern sie in jeder Maßstabsebene gleich verstanden, also informationsarm bis zur Monotonie wird.
Sicherlich gelten diese Feststellungen nicht für jedes Gebäude; sie treffen aber auf die dominierende Architektur der Städte zu, die damit die anderen Bauten ebenfalls belastet.

In der zweiten Hälfte der fünfziger Jahre entstehen besonder in Japan, den USA und in Großbritannien neue Tendenzen, die als eine erste Phase der kritischen Auseinandersetzung mit der Sterilität des „Internationalen Stils" verstanden werden müssen (die zweite Phase wäre etwa 10 Jahre später anzusetzen mit dem, was Jencks „postmoderne Architektur" nennt). Diese Tendenzen sind einerseits eine Auseinandersetzung mit technischen Möglichkeiten, die die Maschinenfaszination des Futurismus wiederholt; Tafuri und Dal Co nennen all diese Zukunftsträume der Archigram, Superstudio oder auch der Metabolisten „lediglich graphische ‚Divertissements'"[578] und interpretieren sie als ein „Zeichen von Ohnmacht".[579] Zum anderen handelt es sich — bei Kahn oder Tange — um eine Polemik „gegen die durch billige Interpretationen deformierten und verflachten Erfahrungen der ‚radikalen' Urbanistik der zwanziger und dreißiger Jahre, deren politische Dimension ignoriert und deren auf rein formaler Ebene erkannter typologischer Schematismus angefochten wird".[580]
Ganz unabhängig von den einzelnen Stilen der verschiedenen Regionen aber ist bei einer ganzen Reihe von Projekten eine Wiederkehr von Dampfermotiven der zwanziger Jahre festzustellen. Die Frage ist zu untersuchen, welche Bedeutung

diesem Motiv im neuen gesellschaftlichen Zusammenhang der Restaurationsphase nach dem Zweiten Weltkrieg zukommt. Das soll dadurch geschehen, daß durch eine Reihe unterschiedlichster Beispiele die Bandbreite dieser Entwicklung gezeigt wird; an drei Architekten sollen dann unterschiedliche formale Umsetzungen und ihre Bedeutung dargestellt werden.

## Die Verbreitung des Dampfermotivs seit den sechziger Jahren

Das Dampfermotiv der zwanziger Jahre wurde vor dem Hintergrund eines Versuches interpretiert, ein gemeinsam verständliches Zeichensystem in der Architektur zu entwickeln; stellt das gleiche Motiv in den sechziger Jahren einen erneuten Versuch dar, eine allgemein verständliche „Sprache", ein gemeinsames Symbolsystem zu entwickeln, oder muß seine Verwendung als eklektische Spielerei ohne tieferen Bedeutungshintergrund verstanden werden — Form ohne Inhalt?
Daß die Anwendung des Dampfermotivs — wie jedes Elementes der Maschinenästhetik — bei beiden Anworten nur eine vermittelte, über die Anwendung in den zwanziger Jahren reflektierende und damit intellektuell verarbeitete sein kann, darauf ist bereits hier hinzuweisen; denn für eine „naive", ungebrochene Verwendung fehlen die seinerzeit vorhandenen äußeren Voraussetzungen. Damals war der Dampfer durch seine Bedeutung als Verkehrsmittel wie auch als gesellschaftliche Bühne fest im allgemeinen Bewußtsein verankert, während in den sechziger Jahren gerade die Linienschiffahrt im Atlantikdienst nur noch marginale Bedeutung hatte; das Flugzeug hatte das langsamere Schiff praktisch verdrängt. Die großen Passagierschiffe wurden stillgelegt oder verschrottet, und nur die reine Vergnügungsfahrt als Kreuzfahrt konnte wirtschaftlich überleben.
Eine Verwendung des formalen Vokabulars des Liners mußte also schon aus diesem Grunde höchst problematisch sein; denn die Durchsetzung und allgemeine Verbreitung einer Architektursprache ist von der Verständlichkeit ihrer Formmotive abhängig; wenn diese nicht aus dem gegenwärtigen gesellschaftlichen Bewußtsein heraus unmittelbar verständlich sind, muß zumindest ein „Verständnis aus Tradition" möglich sein, auf das in der zweiten Anwendungsphase nach dem Zweiten Weltkrieg angespielt wurde.

Das Werkzeuggebäude und Fahrzeugdepot in London von Bicknell und Hamilton (1966) nimmt direkte formale Bezüge zur Architektur der zwanziger Jahre auf: gerundete, zylindrische Formen, Fensterband, einfache weiße Baukörper. Der Dampfer wird in diesen Elementen und in den Schornsteinen, Geländern und dem gesamten gestaffelten Baukörper konnotiert, ohne daß ein Bezug zwischen Nutzung und Formmotiv erkennbar wäre, der über den allgemeinen Themenbereich „Technik" hinausginge. Der Vergleich mit der russischen Architektur, die das Schiffsmotiv ebenfalls ohne Bezug zur Nutzung verwendete, kann hier nicht angestellt werden, da nicht die kontruktivistische, sondern die Ästhetik des Funktionalismus als Bezugspunkt gewählt wurde.

74 P. A. Hamilton: Revisionsdepot Paddington, London

75 Kenzo Tange: Sporthalle Takamatsu, 1962–64

Kenzo Tanges Kagawa-Sporthalle aus dem Jahr 1964 dagegen verweigert selbst die vage Verbindung von Nutzung und architektonischem Motiv, die beim Werkstattgebäude in der Assoziation zur Technik liegt; der Baukörper stellt die Verbindung zum Schiffsthema in der direkten Abbildung her, verweigert aber die Maschinenassoziation sowohl im Abgebildeten — eher Boot als Dampfer — als auch in der Ästhetik, die im „Brutalismus" eher den Le Corbusierschen Rückgriff auf das Archaische nachvollzieht, als die saubere Maschine zu assoziieren.

So bleibt ( da es keine spezifisch aus der japanischen Tradition heraus verstehbare Ideenverbindung als Erklärung gibt) nur die ziemlich äußerliche Motiverklärung aus der Verbindung von Gemeinschaftserlebnis — hier beim gemeinsam erlebten Sportereignis — und Boot, der geschlossenen Gemeinschaft.

Auch die Abbildungen anderer Bauten zeigen, daß keine eindeutige Zuordnung des Motivs zu einer Nutzung möglich ist, wenn auch Wohnbauten und Industrieanlagen dominieren. Und sie zeigen — wenn man das gesamte Werk der jeweiligen Architekten betrachtet — die Isoliertheit des Motivs in der jeweiligen Ikonologie, Hinweis für die geringe Aussagekraft und Kohärenz dieser architektonischen Form. An drei Architekten soll beispielhaft das Motiv und seine Bedeutung im Zusammenhang des Werkes untersucht werden: bei James Stirling, Richard Meier und Fehling & Gogel.

## Drei Architekten als Beispiele

### James Stirling[581]

"'It looks like a great battle-ship' (...) ‚it looks like a splitlevel aircraft-carrier' (...)"[582] — so äußern sich Betrachter zum Studentenwohnheim in St. Andrews. Die Gedankenverbindung zum nautischen Umfeld ist also gegeben, wenn hier auch die kriegerische Variante des Schiffs genannt wird. Aber das Werk von Stirling ist ungewöhnlich komplex in seinen verschiedenen Bezügen und Anspielungen, so daß ganze „Assoziationssampler" möglich wären; die Kritiker der Ingenieurfakultät in Leicester z.B. sehen F. L. Wright, Sant'Elia, die Maschinenästhetik der zwanziger Jahre und die Ingenieurbauten des 19. Jahrhunderts als Einflußgrößen: alles zusammen geschaffen "to create a self-contained dream"; das Gebäude "remains the embodiment of a dream. It is a dream with marine associations. The floodlit control tower floats over the sea of the park and on over a sea of translucent ever-changing glass (...)."[583] Die Vielfalt der historischen Bezüge, die die Stirlingsche Ästhetik erlaubt, zu denen auch noch der russische Konstruktivismus zu zählen wäre, zeigt den hohen Grad an Komplexität an, den Stirlings Architektur besitzt. Die Schiffsassoziation kann also nur als Konnotat verstanden werden im Zusammenhang einer Architektur, die sowohl versucht, symbolische Aussagen zu treffen, als auch historische Bezüge bewußt in das formale Repertoire aufnimmt: "in all our projects there is a historic contextural connection."[584]

77 K. Munk: Carlsberg Brauerei, Northampton

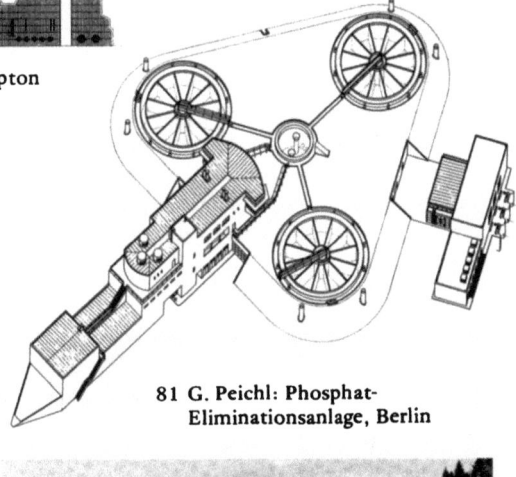

81 G. Peichl: Phosphat-Eliminationsanlage, Berlin

76 Manteola u.a.: Haus und Bootsclub, Buenos Aires, 1975

78 L. Snozzi/L. Vacchini: Eigentumswohnungen, Orselina

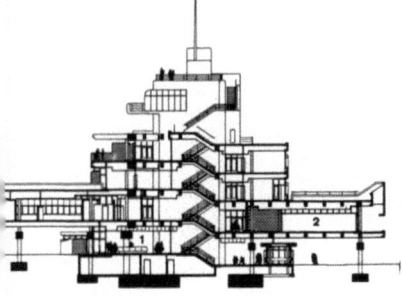

79 v. d. Broek/Bakema: Rathaus Terneuzen

80 H. Prader u. a.: Wohnhausanlage Purkersdorf

## Ingenieurgebäude der Universität Leicester

Das Ingenieurgebäude der Universität Leicester[585] trägt die gleiche Art "readymades", wie sie z. B. Le Corbusier im Hause Ozenfant oder die russischen Konstruktivisten verwendet haben: die Reling aus einfachem Stahlrohr, mehrfach übereinander und durch vertikale Stäbe gehalten; der freistehende Schornstein (der hier eher das Aussehen eines Industrieschornsteins hat); die stählerne Wendeltreppe; und besonders die signalhaft an der Eingangsrampe plazierte Windhutze. Alle genannten Teile sind auch Bestandteil einer allgemeinen Maschinenästhetik; erst die besondere Fügung der Baukörper beläßt sie im Assoziationsfeld des Dampfers.

82 James Stirling: Ingenieurgebäude der Universität Leicester, 1959

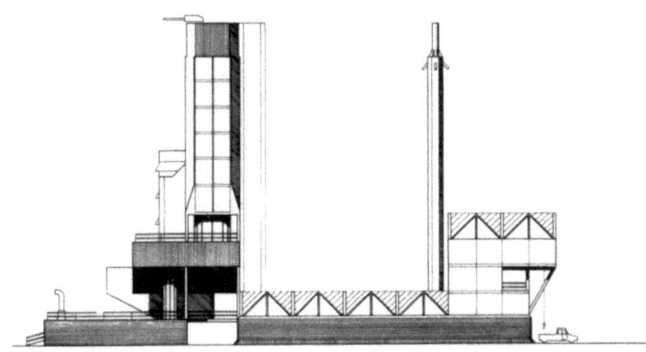

83 James Stirling: Ingenieurgebäude der Universität Leicester, 1959

  84 Dinnerkarte

Die von einem Studenten gezeichnete Skizze des Gebäudes auf der Menükarte des ersten Jahresdinners der "Engineering Society", die im Werkbericht Stirlings abgebildet ist, transportiert den Bau als Dampfer ins Meer; sie zeigt die Signifikanz der Schiffsassoziation durch die Baukörper, die besonders im Schnitt erkennbar wird — primär durch die nach oben gerichtete Schräge des größeren Hörsaal-Baukörpers erzeugt, der auf Glaswände gesetzt zu sein scheint und damit vom Boden gelöst wird; das Dach des Hörsaals verstärkt die Wirkung durch die Ausbildung als Plattform mit Reling, so daß der Hochhausteil als überdimensionale Schornsteinform oder als Assoziation an Dampferaufbauten erscheint.

Wir werden später darauf eingehen, daß Stirling selbst für die Fügung der Baukörper und ihre Gestaltung eine in jedem Punkt funktionelle Begründung liefert.[586] Dennoch gibt es eine Äußerung von ihm, in welcher ein Vergleich zwischen der Ingenieurfakultät und einem Flugzeugträger gezogen wird — "an aircraft-carrier with its island structure to one side of an offset deck"[587] — was auch nur beweist, daß Stirling denselben Ideenverbindungen unterliegt wie der naive Betrachter; von einem vorbedachten Entwurf dieser Assoziation kann nicht ausgegangen werden. Diese gäbe in der Form — Kriegsschiff — auch keinen Sinn außer als rein formalistische Spielerei.

Dagegen ist die Metapher „Dampfer" als Maschine wie als Ort einer geschlossenen Gesellschaft und als Fortbewegungsmittel durch den Zweck des Gebäudes — Ingenieurwissenschaften und Ort des Studiums — nahegelegt (die Beziehung von Universität zum Gesellschaftsmodell wird am Beispiel des Wohnheims St. Andrews noch klarer). Die Metapher läßt sich einleuchtend aus der Nutzung entwickeln — was nicht heißt, sie sei die einzig mögliche. Durch die Ästhetik des Gebäudes, durch die komplexen historischen Verbindungslinien, auf die angespielt wird, werden zudem Schnittpunkte mit architekturgeschichtlichen Bezügen besonders der zwanziger Jahre markiert, die ebenfalls die Schiffsmetapher im architektonischen Repertoire hatten; deren Konnotationen gehen somit in den komplexen Bedeutungszusammenhang der Architekturformen der Ingenieurfakultät ein: der russische Konstruktivismus wie die Ästhetik der frühen Bauten Le Corbusiers.

Es wäre sinnlos, den Versuch zu machen, diese Nebenbedeutungen eines Architekturmotivs in Worten zu analysieren; das geht in der Baukunst so wenig wie in jeder anderen Kunst. Aber in diesen Nebenbedeutungen realisiert sich eine Architektur im historischen Kontext; sie nimmt Verbindungen auf zur Vergangenheit und schafft dadurch erst die Möglichkeit zum Verständnis; das "déjà vu" braucht nicht die verbale Entschlüsselung jeder auch unterschwelligen Bedeutung — das unterschwellige Wissen von ihrem Vorhandensein genügt.

Insofern beschreibt Banham zutreffend Stirlings Ingenieurfakultät, wenn er sagt, sie fühle sich nicht genötigt, heroische Statements über das Leben und die Bedingungen des Menschen im Maschinenzeitalter abzugeben: "And if this is in the grand old phrase *architecture parlante*, a speaking architecture, then it speaks no rhetoric but the casual, real-life poetry that passes in conversation between airline pilots, skin divers and the like, discussing the life and workings of the machinery with which they share their lives."[588]

*Studentenwohnheim St. Andrews*

Wir haben bereits aus den Assoziationen zitiert, die Jencks im Zusammenhang mit dem Studentenwohnheim der Universität St. Andrews (1964) gesammelt hat. Jencks versucht eine semiotische Analyse des gesamten Gebäudes, indem er die Übereinstimmung von architektonischer Form, dem daraus zu entnehmenden Inhalt und der tatsächlichen Funktion überprüft. Er kommt zu dem Ergebnis, daß Mehrdeutigkeiten und Ambiguität des Verständnisses nicht nur notwendig, sondern in St. Andrews besonders signifikant sind, wobei er auch auf historische Bezüge zurückkommt: "In fact it seems to me reminiscent of the Heroic Period of the 20 s when form had a functional and social intention indicative of a new society to come, except alas, it is here without the faith in the formal institutions of men that inspired the 20 s"[589] — ein Satz, der die oben zitierte Feststellung von Banham kommentiert, Stirling habe ein entspanntes Verhältnis zur Architektur der zwanziger Jahre: nicht heroisch (was auch unbedingten Glauben an die Utopie bedeutet), sondern pragmatisch, realistisch (was die Möglichkeit des eigenen Scheiterns miteinbezieht).

Die formalen Beziehungen beim Studentenwohnheim St. Andrews, die das Geflecht der Dampferassoziation herstellen, sind ungewöhnlich vielfältig.[590] Wieder werden die bereits von Leicester her bekannten Elemente — Stahlreling, Windhutze und Stahltreppen — verwendet; funktionaler und baukörperlicher Zusammenhang sind jedoch noch dichter als dort entwickelt.

85 James Stirling: Studentenwohnheim der Universität St. Andrews, 1964 (Isometrie)

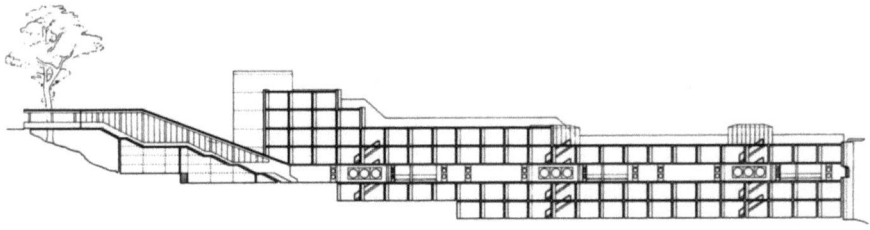

Schnitt durch Brücke, Eingangstreppe und Promenadendeck

86 James Stirling: Studentenwohnheim der Universität St. Andrews, 1964

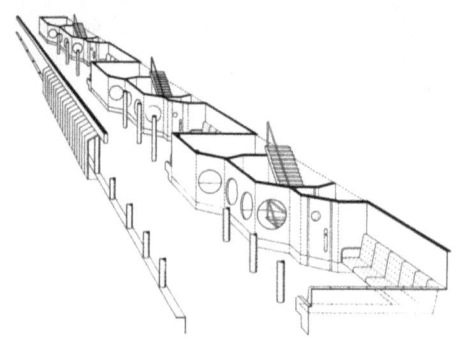

87 James Stirling: Studentenwohnheim der Universität St. Andrews, 1964 (Isometrie Promenade)

88 James Stirling: Studentenwohnheim der Universität St. Andrews, 1964 (Dachterrassen)

89 James Stirling: Churchill College, Cambridge, 1958

Man betritt das Gebäude von der Hangseite her über eine Brücke, die in eine schräg geführte Gangway übergeht (die verglaste Treppe, die von der Höhe des Hanges auf die Hauptverteilungsebene führt) — das Brückenmotiv als Eingang nimmt ein Element der Cité de Refuge von Le Corbusier auf. Diese Hauptverteilungsebene folgt dem Typus der Deckspromenade des Dampfers: vollständig verglast mit einem Fensterband zur „See"-Seite hin, mit Nischen zum Aufenthalt und zur Kommunikation. Gleichzeitig sind die Nischen Ausgangspunkte der vertikalen Verbindungen (Treppen nach oben und unten); die Treppenhäuser haben runde Durchblicksmöglichkeiten: überdimensionierte Bullaugen.
Die Betonung der Verkehrswege als „Schiffsarchitektur" — Brücke, Gangway, Promenadendeck — hat ihre besondere Bedeutung. Stirling selbst betont die Erschließung bei allen seinen Bauten als strukturierendes Kommunikationselement[591]; er hebt die Notwendigkeit hervor, "to re-think the role of circulation (...) and to re-state it as the dynamic and motivating element of the building"[592]; "the circulation routes are the only consistent aesthetic element running through the building."[593] Und zur Promenade von St. Andrews sagt er: "This promenade is the main artery of circulation and is intended to be the mayor element of sociability."[594] Die Promenade wird also auch von Stirling als Kommunikationselement begriffen; die Schiffsassoziation bekommt hier eine besondere Dimension, indem das ungezwungene Leben des Passagiers zitiert wird, das zwanglose Kontakte gestattet.
Frampton[595] aber weist darauf hin, Stirling baue auch den Widerspruch mit, indem er die Promenade nicht als die Zirkulationsmöglichkeit begreife, die sie auf dem Dampfer darstellt, sondern durch die nur an einer Stelle verbundenen Bautrakte ausschließlich Zielverkehr zulasse: die Möglichkeit zum informellen Kontakt werde auf die Bewohner eines Traktes begrenzt. Typologisch bildet St.

Andrews damit die Antithese zum Entwurf für das Churchill-College in Cambridge (1958), das den alten College-Typ des einen Hof umschließenden Blocks aufnimmt, jedoch keine erkennbaren Referenzen zum Dampfer enthält. Die Ambivalenz der architektonischen Aussage wird in der Gegenüberstellung klar: Das Churchill-College ohne Schiffsmetapher (dafür den traditionellen College-Typ aufgreifend) erlaubt durch die Blockanordnung mehrdeutige Verkehrsführungen — das St. Andrews-Studentenheim greift die Dampferassoziation mit der Zirkulationsmöglichkeit auf der Deckspromenade formal auf, erlaubt diese Zirkulation tatsächlich aber nicht.

Aber Stirling formuliert die Schiffsmetapher noch weiter, über das Konnotat der "ready-mades" und der Verbindungswege hinaus. Die gestaffelten „Decks" (Dachgärten), durch Schiffsleitern verbunden und mit Windhutzen besetzt, dazu das Treppenhaus als höchster Aufbauteil stellen die assoziative Verbindung zum Bild des Dampfers als Ganzes her, das durch die exponierte Lage am Hang, der die Nordsee überblickt, ohnehin nahegelegt wird.

In seiner Analyse von St. Andrews kommt Rykwert zu dem Schluß, die Assoziation zum Ozeandampfer sei deswegen gerechtfertigt, weil dieser die Wechselwirkung von privater Zelle — den studentischen Einzelzimmern — und öffentlichen Gemeinschaftseinrichtungen zum Thema habe, wie sie gleichermaßen in Hotels, einigen Verwaltungen und Krankenhäusern als Aufgabe gelöst werden müsse.[596]
Diese Erklärung der Metapher jedoch kann keinesfalls ausreichen, denn sie stellt nur eine Analogie her, ohne die Wahl der Metapher zu begründen: die Tatsache, daß auf dem Dampfer ein ähnliches organisatorisches Problem gelöst werden muß, erklärt nicht, daß man seine Formen in die Architektur überträgt.
Stirling erwartet von Architektur, sie müsse "functional-symbolic elements"[597] zusammenfügen; trotz der funktionellen Erklärungen, die er — einer Tradition der modernen Architektur folgend, die immer auf einer anderen Ebene argumentierte als sie baute — zu seinen Bauten liefert, vernachlässigt er also ausdrücklich nicht die Frage nach der Bedeutung von Bauformen. Deswegen muß die Schiffsmetapher beim St. Andrews-Studentenwohnheim auch als "condensation of architectonic and social ideas"[598] begriffen werden und steht damit in der von uns dargestellten Tradition der zwanziger Jahre.
Damit aber — Frampton hat dies als erster erkannt[599] — stellt Stirling auch den Zusammenhang zwischen Schiff, Kloster und Phalanstère zumindest assoziativ her, wie er bei Le Corbusier (dessen Arbeit Stirling in mehreren Aufsätzen genau analysiert hat) galt: Sinnbild einer geschlossenen Idealgesellschaft, die nach außen hin eher abweisend ist: Das Fehlen der Zirkulationswege korrespondiert mit der Unzugänglichkeit der Landschaft vom Promenadendeck aus; dieses wird zur "street in the air"[600], von der man nicht in die offene Stadt (die ohnehin nicht vorhanden ist — die Isolation spiegelt sich schon in der einsamen Lage des Gebäudes) flüchten kann: selbstbewußte Isolation. Das „Schiff symbolisiert, ähnlich wie Fouriers Phalanstère, einen unerreichbaren gemeinschaftlichen Willen

(...); über den Wunsch, eine integrale Gemeinschaft zu bilden, isolieren sie sich von der übrigen Welt"; Stirling — wie Le Corbusier — vermittelt, wie Tafuri weiter sagt, eine „schmerzliche Erkenntnis: Sozialer Utopismus ist nur in der Form des literarischen Dokumentes diskutierbar und kann nur als sprachliches Element in die Architektur eingehen, genauer gesagt, als Vorwand für den Gebrauch von Sprache."[601]

*Der Stellenwert des Schiffsmotivs bei Stirling*

Wir haben am Beginn der Auseinandersetzung mit dem Wiedererscheinen des Schiffsmotivs in der Architektur seit etwa 1960 darauf hingewiesen, daß die naive, unreflektierte Haltung des Architekten diesem gegenüber nicht mehr dem Stand der architektonischen Diskussion entsprechen konnte; der Gebrauch des Motivs konnte nur unter dem Aspekt der Tradition der zwanziger Jahre, der „heroischen Epoche" der modernen Architektur, gesehen werden; man muß berücksichtigen, daß der Dampfer als sein Vorbild faktisch keine Bedeutung mehr im gesellschaftlichen Leben der sechziger Jahre hatte. Die Rechtfertigung, die die Architekten des Konstruktivismus wie des Funktionalismus für die Verwendung dieser außerarchitektonischen Metapher beanspruchen konnten, nämlich die Verankerung des Passagierdampfers als „neues Baylon" im gesellschaftlichen Bewußtsein, also zugleich als technisches Wunderwerk wie als Abbild einer Lebensform, diese Rechtfertigung konnten die Architekten der „dritten Generation" nicht mehr für sich in Anspruch nehmen; deren Legitimierung lag allenfalls in der Tatsache, *daß* das Motiv zu einem bestimmten Zeitpunkt der architektonischen Auseinandersetzung verwendet worden war — mit all den Konnotationen, die wir genannt haben. Die erneute Verwendung des Motivs wurde also zur Auseinandersetzung mit der Tradition der modernen Bewegung und ihrem gesellschaftsutopischen Anspruch.

Stirling ist sich dessen sehr wohl bewußt; von den formalen Bezügen seiner Architektur nicht nur zur Tradition der Moderne, sondern auch zur funktionalistischen Architektur des 19. Jahrhunderts war bereits die Rede. In einem Rückblick auf seine Entwicklung berichtet er von der universitären Auseinandersetzung über den Wert der modernen Architektur und stellt als Schluß fest: "I was left with a deep conviction of the moral rightness of the New Architecture."[602]
Die moralische Berechtigung des Neuen Bauens: Stirling stellt sich bewußt in die Tradition derjenigen Architekten, die glaubten, mit dem Bau von Häusern die Menschen verändern zu können, die eine gesellschaftliche Utopie in gebauten Formen umzusetzen suchten; Jencks nennt es die „idealistische Tradition" der Architektur, einer Architektur auf der Grundlage von "certain social ideals — humanitarian liberalism, reformist pluralism and a vague social Utopianism".[603]
Aber die Erfahrungen der Architekten sind nicht mehr die gleichen wie noch 1920; der ungebrochene Glauben an die Zukunft der Maschine hatte sich als Irr-

tum herausgestellt. Stirling selbst formuliert in seinem Rückblick die Enttäuschung über die Entwicklung der Utopie der zwanziger Jahre — "now that it has come we are all somewhat disillusioned"; die heutige Gesellschaft ist keinesfalls "the Utopian way of life envisaged by the pioneers of the modern movement".[604] Die angestrebte Einheit der Kultur ist nicht eingetreten oder zerbrochen: "If there isn't a consistent cultural level you are really operating in terms of a gamble."[605] Die „heroische" Haltung gegenüber der Technik, der Maschine, die in der Tradition des 19. Jahrhunderts stand, ist gebrochen in eine "derisive attitude towards the myth of progress"[606], wie Stirling bereits 1956 in bezug auf Le Corbusier schrieb. Was dem Architekten bleibt, sind "contributions to a fragmentary Utopia".[607]
Insgesamt ergibt sich daraus eine zutiefst gebrochene und ratlose Haltung gegenüber der Möglichkeit von Architektur, Inhalte zu vermitteln: der Besitz eines formalen Vokabulars der modernen Architektur, die wegen ihrer moralischen Haltung als verpflichtende Tradition begriffen wird, deren Utopie aber nur noch als Fragment möglich ist, und die zerbrochene Einheit einer Kultur, die als Übergangsstadium interpretiert wird — "A new culture will, in time, become apparent, quite unlike what we know now (...)."[608] — beides mündet in eine Architektur, die „keine neuen Wege" öffnet; sie „weist keinerlei Ziele auf und vertraut das eigene Schicksal einzig sich selbst an. Stirling befreit die architektonische Sprache von der Pflicht, andeuten, sprechen, ausdrücken zu müssen."[609]
Die Gebäude Stirlings — wie die der anderen Architekten — können also nur noch aus ihren eigenen Voraussetzungen heraus interpretiert werden; der Sinn der architektonischen Sprache, der in der Kommunikation liegt — die auch Ausdruck gemeinsamen kulturellen Verständnisses ist —, geht verloren. Was bleibt, ist eine private Ikonologie; was bleibt, ist "operating in terms of a gamble".[610]
Das schließt nicht aus, daß eine „symbolische Funktion" für das Einzelgebäude angestrebt wird; Jencks gesteht Stirlings Bauten der sechziger Jahre zu, sie seien "the 'essence' or representation of function"[611], und Stirling selbst antwortet auf die Frage, ob er symbolische Formen im Sinne bestimmter, zu vermittelnder Bedeutungen anstrebe: "Yes — for certain buildings were it's appropriate i. e. museums."[612] Aber die Antwort mißversteht in signifikanter Weise die Frage nach der architektonischen Sprache als geschlossenem Kommunikationssystem; denn die Bedeutung eines bestimmten Gebäudetyps — ob Museum oder anderes — läßt sich nur im Rahmen eines gemeinsamen Kulturverständnisses beantworten; die Auswahl einzelner Typen als „bedeutsam" und damit potentiell „symbolisch" vernachlässigt zudem den Kontext, denn das „Bedeutsame" läßt sich nur im Zusammenhang mit dem „Nicht-Bedeutsamen" bestimmen.
Daß Stirling die Auswegslosigkeit seiner Position erkennt, beweisen seine letzten Entwürfe. Der Rückgriff auf Formen des 19. Jahrhunderts wie bei der Stuttgarter Staatsgalerie — Formen, wohlgemerkt, der bürgerlichen Repräsentationsarchitektur, nicht der anonymen funktionellen — zeigt den fortschreitenden Verlust

der Formensprache der modernen Bewegung und damit des Glaubens selbst an die Fragmente einer Utopie; das Schiffskonnotat kommt heute in Stirlings Werk nicht mehr vor.

## Richard Meier

Der amerikanische Architekt Richard Meier baute in der ersten Hälfte der siebziger Jahre eine Reihe von Einfamilienhäusern, die in manchen Details Anklänge an die in Architektur umgesetzten Schiffsformen der zwanziger Jahre aufnehmen (die öffentlichen Bauten Meiers lassen allenfalls noch vage Beziehungen zur Maschinenästhetik erkennen – z. B. beim Bronx Development Center –, sind aber in ihrer hermetischen Abgeschlossenheit nach außen im Zusammenhang der heutigen amerikanischen Architektur zu sehen, die eine starke Tendenz zur Isolation des einzelnen Gebäudes hat, das die Öffnung zu einem städtischen, damit gemeinschaftsbezogenen Umfeld verweigert).

Das „Haus Douglas" in Harbor Springs, Michigan – ein Ferienhaus für eine vierköpfige Familie, an einem steilen Hang mit Blick über der Michigansee gelegen – wurde 1974 fertiggestellt.

Hoyt nennt als das Gemeinsame der Bauten Meiers die Artikulation eines Raumsystems aus gegeneinander abgegrenzten privaten, halböffentlichen und öffentlichen Räumen[613] (wobei sich der Begriff des „Öffentlichen" nach der Bestimmung des Hauses jeweils ändert; beim Einfamilienhaus ist er ein anderer als bei einem Krankenhaus). Dieses System erscheint beim Douglas-Haus als

die *Zimmer* für die einzelnen Bewohner – Kinder und Eltern –, die zur Hangseite hin orientiert und zellenähnlich minimiert sind;

ein aufwendiges *Verkehrssystem*, das mit den Begriffen „Flur" und „Treppe" nur sehr unzureichend charakterisiert ist – zum „öffentlichen" Teil hin öffnet es sich in Form von Ausbuchtungen (innenliegenden Balkonen), Galerien und Brücken –, und

ein über drei Geschosse erlebbarer Raum, der mit dem Wort „*Wohnbereich*" ebenfalls nur sehr unzureichend bezeichnet ist.

Die strukturelle Verwandtschaft dieser Raumorganisation mit der Anordnung auf einem Passagierdampfer – privaten, zellenähnlich abgeschlossenen Kabinen, dem Verkehrssystem der Promenadendecks, die gleichzeitig andere Aktivitäten ermöglichen, und den Gesellschaftsräumen – ist zwar gegeben, aber so allgemein gehalten, daß sich allein hieraus die Schiffsbezüge nicht schließen lassen. Vielmehr bekommt das Gebäude sein besonderes „Schiffsgepräge" durch Elemente wie die Reling-Geländer, die Schiffstreppen, die freistehenden Schornsteine, die alle besonders den Außenbereich der Balkons und Terrassen charakterisieren;

90 Richard Meier: Haus Douglas, Harbor Springs, 1971–73

Lüfter und Holzfußboden dieser dem See zugewandten Bauteile rechtfertigen, daß Meier sie selbst als "decks, which are interconnected with one another by a system of stairs and ladders"[614] bezeichnet. Zusammengefaßt stellt sich das Haus dar „als ein Schiff auf dem Trockenen, mit der Brücke, die an ein Fallreep erinnert, mit den Relinggeländern, und den gebogenen Aufbauten, Holzbelag auf den Terrassen, ausgekragte Stahltreppe".[615]

Die Deutlichkeit, mit der beim „Haus Douglas" auf Motive aus dem Bereich der Passagierdampfer hingewiesen wird, ist im Werk von Meier einmalig, wenn auch

91 Richard Meier: Haus Douglas, Harbor Springs, 1971—73

einzelne Motive, wie Geländer oder Treppen, mehrfach auch bei anderen Projekten vorkommen. Das deutet darauf hin, daß das Motiv „Schiff" stark aus der örtlichen Situation, der Lage am Wasser, entwickelt wurde. Zudem besteht eine assoziative Verbindung zwischen der Nutzung als Ferienhaus und dem sorglosen Leben ohne Arbeit als Passagier auf einem Schiff. Diese Verbindung ist qualitativ jedoch nicht mit der von Le Corbusier hergestellten zu vergleichen, der das Leben auf dem Schiff zum Vorbild für eine Gesellschaftsform machte; der Unterschied wird im Unterschied der Nutzung zwischen einer Wohnung als für jeden notwendiger Behausung, als Grundausstattung des Lebens, und einem Ferienhaus als Luxusgut deutlich.

Mit dem Hinweis auf Le Corbusier ist der historische Bezugspunkt bereits genannt, auf den die Ästhetik Meiers zurückgeht. Colin Rowe hat in bezug auf Meier auf die Legitimität eines Vorgehens hingewiesen, das die Weiterentwicklung der ästhetischen Errungenschaften der zwanziger Jahre unter veränderten Bedingungen versucht:

> "*How to be intelligible without involving retrospection?* (...) it should be enough to observe that except in terms of retrospection, in terms of memory upon which prophecy itself is based, upon recollection of words with meaning (...) it is difficult to see how any ideal of communication can flourish."[616]

Rowe geht in einer kurzen Analyse der Architektur der zwanziger Jahre jedoch noch weiter, indem er die Diskrepanz zwischen dem gesellschaftspolitischen Wollen, der Utopie jener Architekten und ihrer Ästhetik banalisiert; er gesteht jener nur die Funktion eines verbalen Feigenblattes zu: "In the end what is understood as the theory of modern architecture reduces itself to little more than a constellation of escapist myths which are all active in endeavouring to relieve the architect of responsibility for his choices (...)."[617] Rowe stellt fest, nach der Theorie der Avantgarde der zwanziger Jahre sei eine Architektur Häresie, die — wie die von Meier — 1970 so aussieht wie ein Haus von Le Corbusier 1928; bei ihrem Anblick heute seien wir "in the presence of anachronism, nostalgia, and, probably, frivolity".[618] Und er schließt aus dem von ihm behaupteten untergeordneten Stellenwert dieser Theorie, daß Meiers Bauten nicht anachronistisch sind. Wenn jedoch Rowes Aussage über den Stellenwert der Theorie — als Feigenblatt willkürlicher ästhetischer Entscheidungen — *nicht* zutrifft, was wir in den vorhergehenden Kapiteln gezeigt zu haben hoffen, dann trifft das Urteil über die Architektur Meiers zu: anachronistisch, nostalgisch und, wahrscheinlich, frivol.
Das besagt jedoch, ausdrücklich, nichts über die Qualität dieser Bauten, sondern nur etwas über die Bedeutung der Verwendung von formalen Elementen aus dem Bereich der Passagierdampfer. Die räumlichen Qualitäten einer Villa Le Corbusiers nachzuvollziehen, beweist nur die Sensibilität Meiers für diese. Wenn man jedoch die gesellschaftliche Utopie aufgreifen wollte, die mit dem Schiffsmotiv verbunden war, müßte man heute eine andere Vermittlungsform verwenden, um das Scheitern der Vermittlung ein zweites Mal zu vermeiden; wenn dagegen der Utopie nicht mehr getraut wird, dann ist die Verwendung der alten Formen eben nur noch nostalgisch oder frivol: Form ohne Inhalt, Dekoration.

**Fehling & Gogel**

Auf einer ähnlichen Ebene des Verständnisses müssen auch zwei Institutsbauten der deutschen Architekten Hermann Fehling und Daniel Gogel angesiedelt werden: das Max-Planck-Institut für Bildungsforschung, 1974[619], und das Institut für Hygiene und Medizinische Mikrobiologie der Freien Universität, 1975[620], beide in Berlin.
Besonders das Hygiene-Institut verwendet deutlich Formen aus dem Vokabular der Schiffsarchitektur: runde Bullaugen-Fenster, einige Stahldetails (Leiter, Geländer), vor allem aber die Übernahme von assoziativen Formen in den gerundeten Baukörpern und der Terrassierung sowie, als auffälligstes Merkmal, die Form des Kurssaales. Die Architekten begründen — in guter funktionalistischer Tradition (und ebensowenig überzeugend) — die Form des Saales mit der notwendigen großen Entlüftungsanlage[621]; die Rumpf- und Bugform eines Schiffes sind jedoch eindeutig ablesbar.

92 H. Fehling/D. Gogel: Institut für Hygiene und medizinische Mikrobiologie, Berlin

Den Institutsbau als Stätte der wissenschaftlichen Arbeit, gebaut im assoziativen Umfeld der Dampferarchitektur — das gab es bereits im russischen Konstruktivismus, wo die Arbeitsstätten und Fabriken zu den „sozialen Kondensatoren" gehörten; gewisse formale Ähnlichkeiten z.B. zu Melnikow sind auch bei Fehling und Gogel feststellbar. Aber ihre Formensprache ist eher in der Nachfolge Scharouns angesiedelt als in der des Konstruktivismus (Scharoun war übrigens Preisrichter beim Wettbewerb des Max-Planck-Institutes).
Damit stellt sich die Frage, welche Bedeutung das Schiffsmotiv im Zusammenhang eines Institutsbaus haben kann. Scharoun hat — mit Ausnahme der Philharmonie — das Motiv auf seine Wohnbauten beschränkt; die Dialektik der Situation des „anonymen Großstadtmenschen", aufgehoben im Kollektiv der Wohngemeinschaft, zum (musikalischen) Gemeinschaftserlebnis (im Inneren der Philharmonie sinnfällig gemacht durch die Plazierung des Orchesters in der Mitte) wird im gleichen Formmotiv ausgetragen. Die Erweiterung des Motivs auf den Bereich „Arbeit" ist einleuchtend und wäre im Rahmen einer Weiterentwicklung und differenzierenden Umdeutung einer Formensprache verständlich.
Sie wäre es — wenn die erste Bedeutung verständlich wäre! Wenn man aber das Scheitern der Architektur der Avantgarde in den zwanziger Jahren darauf zurückführt, daß diese ihre inhaltlichen Vorstellungen nicht in eine Formensprache umgesetzt hat, die dem Publikum die Möglichkeit des Verstehens und des Gewöhnens gab, die es somit überforderte, dann ist es zumindest fraglich, ob man Fragmente dieser Formensprache, wiederum unvermittelt, 40 Jahre später mit der begründeten Hoffnung auf Verstehbarkeit verwenden kann.

Die formale Berufung auf die Anfänge der modernen Architektur, auf Scharoun, ist bei Fehling & Gogel kaum frivol zu nennen, da ihr die Ironie fehlt (und, das sei wiederum betont, sie besagt nichts über die räumliche Qualität dieser Architektur!); aber sie weicht der Frage nach der Vermittlung verstehbarer Inhalte, nach der Architektur als kommunikativem Symbolsystem mit gemeinschaftstiftender Funktion aus. Genauer: Die Antwort wird auf die Benutzer begrenzt, denen Grundriß und Baukörper der Anlage „Einsiedelei und Gruppenbildung, konzentriertes Arbeiten und provozierende Kommunikation"[622] ermöglicht, ohne daß die Formensprache verstanden werden muß.

## Das Dampfermotiv als private Ikonologie

Bei der Untersuchung der Zeit nach dem Zweiten Weltkrieg im Hinblick auf Architekturformen, die aus dem Umfeld des Passagierdampfers herrühren, lassen sich nach dem zuvor Gesagten einige Schlußfolgerungen ziehen, die zu weiteren Fragen Anlaß geben.

Vor allem ist die Feststellung wichtig, *daß* zu einem Zeitpunkt, da in verschiedenen Ländern Entwicklungen in Gang gesetzt wurden, die die kritiklose Übernahme des Formenrepertoires des „Internationalen Stils" infrage stellten, also etwa von 1960 an, das Schiffsmotiv in der Architektur wieder vorkommt. Damit stellt sich die Frage nach der inhaltlichen Bedeutung des Motivs in einer Phase der Architekturentwicklung, die einerseits die im allgemeinen wenig komplexe, eindimensionale Architektur der unmittelbaren Nachkriegszeit zunehmend als unzureichend auch im Hinblick auf ihren Symbolwert, ihre inhaltliche Aussage, kritisiert, andererseits aber aufgrund der historischen Entwicklung die gesellschaftliche Utopie der Avantgarde der zwanziger Jahre nicht aufgreifen kann.

Im Unterschied zur Architektur der zwanziger Jahre, als man das Dampfermotiv noch in stilistische Kontexte einigermaßen konsistenter Art einordnen konnte — Funktionalismus, Konstruktivismus —, zwischen denen gegenseitige Einflüsse und Beziehungen bestanden, läßt sich eine solche Einordnung in der Nachkriegsarchitektur nicht mehr vornehmen; die Schiffsbezüge beispielsweise zwischen Tanges Sporthalle, der Ingenieurfakultät Leicester und Meiers Haus Douglas lassen sich weder stilistisch noch inhaltlich auf eine gemeinsame Wurzel zurückführen.

Das gleiche gilt für die Nutzung der jeweiligen Gebäude; aus der Verwendung des Schiffsmotivs im Umfeld „Wohnen" ließen sich für die Untersuchung der Architektur der zwanziger Jahre bestimmte Schlüsse ziehen, wie auch aus der Tatsache, daß bei Mendelsohn oder in Rußland die Eingrenzung auf die Nutzung „Wohnen" nicht galt. Ähnliche, für eine Entwicklung allgemein zutreffende Schlüsse sind in den sechziger Jahren nicht möglich, weil die einzelnen Beispiele kein zusammenhängend interpretierbares Muster ergeben.

Das Gemeinsame der Beispiele liegt nur im gemeinsamen historischen Fluchtpunkt: in der Architektur der Avantgarde in den zwanziger Jahren. Der russische Konstruktivismus bei Stirling, die „weiße Architektur" Le Corbusiers bei Meier oder Scharouns Formensprache bei Fehling & Gogel — um zur Verdeutlichung zu diesen vergröbernden Zuordnungen zu greifen — sind zusammen mit dem Motiv des Dampfers in den neuen Gebäuden präsent; seine Verwendung ist untrennbar mit der Architektur jener Zeit gekoppelt.
Unter dieser Voraussetzung ist zu fragen, welche Aussagekraft dann das Motiv in dem anderen gesellschaftlichen Umfeld der Gegenwart haben kann, in einer Architektur, die zumindest bei den genannten Protagonisten sich über die zwanziger Jahre hinausentwickelt hat.

Die Situation stellt sich vereinfacht folgendermaßen dar: Ein architektonisches Zeichen, das einen bestimmten Inhalt vermitteln sollte, wurde seitens der Architekten aus einem zwar außerarchitektonischen, aber mit erheblichen Stellenwert im Bewußtsein der Gesellschaft verankerten Zusammenhang entwickelt: dem Passagierdampfer. Jedoch wurde das Zeichen (als pars pro toto einer Architektursprache hier untersucht) allenfalls auf einer sehr allgemeinen Ebene verstanden, nicht jedoch in seiner vollständigen inhaltlichen Aussage, weil jede Verständnishilfe verweigert wurde (nämlich das Ausgehen von den „Erinnerungen" der Gesellschaft; im Gegenteil wurde in den theoretischen Erörterungen der Architekten eher der Eindruck erweckt, diese Architektur wolle gar keine verstehbaren Zeichen).
In einer zweiten Phase der Entwicklung wird das Zeichen wiederverwendet; jedoch hat sich der ursprüngliche außerarchitektonische Hintergrund des Zeichens so verändert, daß er im ebenfalls gewandelten gesellschaftlichen Kontext kaum noch Bedeutung hat; es kann also erst recht nicht im Hinblick darauf verstanden werden, sondern allenfalls über die Vermittlung des ersten Auftretens — in gewisser Weise: über die Erinnerung.
Die Erinnerung kann jedoch — und hier liegt ein Haupteinwand — nur das Architektur*motiv* wiedererkennen, nicht aber die damals beabsichtigte *inhaltliche* Aussage (weil diese schon damals nicht verstanden wurde), so daß die Befrachtung des Zeichens mit jenen Inhalten — wenn sie denn von den heutigen Architekten beabsichtigt wäre — wirkungslos bleiben müßte. Und neue Inhalte, die auf der Grundlage bekannter Codes durch deren schrittweise erfolgende Unformulierung und durch neuartige Zusammenhänge vermittelt werden könnten, sind nicht nur nicht erkennbar, sondern auch wegen der geringen Bedeutung des Schiffs als dem tertium comparationis wenig wahrscheinlich.
Diese Einstellung bezieht sich auf den gesellschaftlichen Aussagewert des Zeichens, auf seine Möglichkeiten als Symbol; sie schließt keineswegs aus, daß im Rahmen einer je eigenen Ikonologie des Architekten weitergehende Zeichenwerte vermittelt werden sollen. Die Tatsache allein jedoch, daß sich zwischen den jeweiligen Anwendungen des Zeichens keine Beziehungen herstellen lassen, die

über den gemeinsamen Bezugspunkt der Architektur der zwanziger Jahre hinausgehen, läßt den Verweis auf diese als einzigen gemeinsamen Inhalt übrig — ein Inhalt, der ohne weitere Spezifizierung banal ist.

Die weitergehende Spezifizierung kann in der den Architekten eigenen Ikonologie erbracht werden, wie wir es an den Beispielen von Stirling, Meier oder Fehling & Gogel zu zeigen versucht haben. Insofern kann das Schiffsmotiv auch heute eine mehr als banale Aussage enthalten, aber eben nur im Rahmen einer privaten Ikonologie, so daß konsequenterweise „eine den verwendeten Sprachen je spezifisch angemessene Art, sie zu ‚lesen‘, je unterschiedliche Weisen, sich ihrer Analyse zu nähern"[623] erforderlich ist.

Eine Ursache dafür liegt im Scheitern der Architektur der zwanziger Jahre selbst begründet, im Scheitern ihrer Utopie. Tafuri hat die Haltung der heutigen Architekten im Bewußtsein dieses Scheiterns scharfsinnig erkannt: „Wo sich die Ideologie nicht mehr als Utopie behaupten kann, verfällt sie in nostalgische Betrachtungen in die eigene überwundene Rolle (...). Als Alternative gibt es nur den Sprung nach rückwärts, den ‚Mut, von den Rosen zu sprechen‘, das Zurückversinken in die ‚goldenen Jahre‘ der bürgerlichen *Kultur*"[624] — eine Alternative, die am nostalgischen Hauch der Architektur eines Richard Meier, der Entwicklung der „Postmoderne" insgesamt, besonders deutlich wird.

Es muß im Zusammenhang dieser Untersuchung bloße Behauptung bleiben, daß kein anderes Symbol oder gar Symbolsystem, keine andere kohärente, verbindliche Architektursprache an die Stelle des Schiffsmotivs getreten ist — dieses wiederum verstanden als pars pro toto des in den zwanziger Jahren unternommenen Versuches der Entwicklung eines gemeinsamen, gemeinschaftstiftenden Symbolsystems der Architektur. Das Ergebnis unserer Untersuchung des Motivs „Schiff" kann nur Indiz dafür sein, daß die „Anarchie der Einzelinteressen"[625], wie sie in der gegenwärtigen Architektur ablesbar ist, sich im Symbolzerfall als dem Verfall einer gemeinschaftlich verstandenen Architektursprache spiegelt.

Diese Behauptung aber, die Ausgangspunkt dieser Untersuchung war, ist in unserer gebauten Umwelt täglich empirisch belegbar.

# Ausblick

*Utopie einer menschenwürdigen Architektur*

Die vorliegende Untersuchung eines Formmotivs der modernen Architektur war in einen inhaltlichen Kontext gestellt, der über den rein deskriptiven Charakter einer baugeschichtlichen Bestandsaufnahme hinausging; Ausgangspunkt war zum einen die — als isoliertes Phänomen nur begrenzt bedeutungsvolle — Tatsache, daß es die Herleitung architektonischer Formen aus dem Umkreis des modernen Passagierdampfers in der modernen Architektur gegeben hat; Ausgangspunkt war zum anderen aber der Zustand unserer gebauten Umwelt allgemein und die Hypothese, die gesellschaftliche Unfähigkeit zur symbolischen Darstellung eines gemeinschaftlichen Ich-Ideals in der Architektur, der „Symbolzerfall" im Lorenzerschen Sinne sei Ursache dafür, daß diese als monoton und chaotisch empfunden werde; weil man sich nicht mit ihr identifizieren könne, werde sie als negativ empfunden.

Diese Hypothese konnte nicht im Rahmen dieser Arbeit verifiziert werden; es sollte vielmehr ein konkretes Beispiel untersucht werden, um anhand seiner zu Schlüssen zu kommen, die die Hypothese erhärten oder wiederlegen.

Die Wahl des Dampfermotivs als Untersuchungsgegenstand lag nahe aufgrund der pragmatischen Überlegung, daß dieses in der Architektur des 20. Jahrhunderts zu zwei signifikanten Zeitpunkten in Erscheinung tritt, nämlich nach den beiden Weltkriegen in den zwanziger und sechziger Jahren. Das bot die Möglichkeit, die Veränderungen in der Bedeutung des Motivs aufzuspüren.

Das Schiffsmotiv bot sich jedoch noch aus zwei weiteren Gründen an. Zum einen gibt es kein anderes formal isolierbares Motiv in der Architektur der Moderne, das an seine Stelle treten könnte, außer dem allgemeineren Motiv der Maschine. Dieses war, wie Mumford bereits feststellt, "a single symbol of almost universal validity"[626], mit dem sehr komplexe Inhalte vermittelt werden sollten; die Hoffnungen einer ganzen Generation erkannten sich in ihr: "many modern architects were trying to pour in this restricted mode of symbolism all the feelings and sentiments that had hitherto flowed freely into love and religion and politics".[627]

Auch die Maschine als Architekturmotiv kann sicherlich in den sechziger Jahren beobachtet werden, zumal wir festgestellt haben, daß der Passagierdampfer immer im Zusammenhang einer allgemeinen Maschinenästhetik gesehen werden muß: der Dampfer als Spezialfall einer Maschine.

Darin liegt jedoch auch der Grund für die Bevorzugung des Dampfermotivs als Untersuchungsgegenstand: das Speziellere ist präziser zu isolieren und zu analysieren als das verschwommenere Allgemeine.

Der zweite Grund für die Bevorzugung des Schiffsmotivs liegt in dem überaus komplexen Bedeutungszusammenhang, in dem es gelesen werden muß, der vielfältiger und facettenreicher als das Maschinenmotiv ist. Der inhaltliche Bezug zur Maschine einerseits, das Modell einer Gesellschaftsform andererseits und das Formvorbild für eine „funktionale" Ästhetik als drittes sind die Aspekte des modernen Dampfers, der für die Architekten so faszinierend war. Die mythische Bedeutung des Schiffes, der Archetypus, die Arche, muß jedoch in das konnotative Umfeld einbezogen werden; der Dampfer als Symbol schlägt damit die Brücke zwischen einem alten Mythos und dem neuzeitlichen, als Neubeginn verstandenen Aufkommen eines Hilfsmittels des Menschen, das das „Reich der Notwendigkeit" für immer vergessen lassen sollte.

Einschränkend muß dabei betont werden, daß die verbale Übersetzung von Inhalten eines künstlerischen Motivs und seiner Anwendung nur Hilfsmittel sein, dieses jedoch niemals restlos deuten kann; wenn dem so wäre, dann könnten Schrifttafeln, an den betreffenden Stellen der Bauten angebracht, eindeutigere Aussagen treffen als die komplizierte und eher verschleiernde „Übersetzung" in Form; künstlerische Gestaltung ist vielmehr „als ein medium sui generis zu sehen, als eine gesellschaftliche Tätigkeit, die nicht in erster Linie diskursiv schon Geläufiges ausdrückt, sondern sich, aufgrund bestimmbarer geschichtlicher Erfahrungen und Bedürfnisse, allein in der künstlerischen Verarbeitung eines vorgegebenen Materials verwirklichen kann".[628]

Die inhaltliche Aussage der Architektur wurde also mit einem formalen Motiv in Beziehung gesetzt, das aus dem Bereich der „abbildenden Architektur" herrührt. Damit ist nicht ausgeschlossen, daß andere, abstraktere Architekturformen – z.B. die veränderte Art der Raumbildung, der „freie Grundriß" oder ähnliches – zeichenhaften Charakter für die moderne Architektur haben oder symbolische Qualität gewinnen; bei der im allgemeinen ablehnenden Haltung der modernen Architektur gegenüber ist jedoch fraglich, ob die „gemeinschaftstiftende Funktion", der „Besitz eines emotional gleichlautenden Symbolsystems"[629] in der Formensprache der modernen Architektur erkannt werden kann.

Insofern können die Ergebnisse der Untersuchung des Schiffsmotivs, das den abstrakten Architekturelementen gegenüber leichter zu entschlüsseln ist und klarer faßbare Inhalte einschließt, Indiz für die Richtigkeit der dargestellten Hypothese sein: Ein Motiv, das mit umfassenden, über es selbst hinausweisenden Gehalten in die architektonische Gestalt integriert wurde und so im Rahmen eines Zeichensystems seinen bestimmten (und bestimmbaren) Stellenwert besitzen konnte, wurde nicht in vollem Umfang verstanden – wie die gesamte Architektur, in deren Rahmen es verwendet wurde. In einer zweiten Phase seiner Verwendung wird es – im Sinne seiner gesellschaftlichen Bedeutung – zur inhaltslosen Form,

die nur in einer je eigenen Ikonologie der Architekten entziffert werden kann. Diese bezieht sich dabei nicht nur auf dieses Motiv; sie ist vielmehr charakteristisch für die heutige Architektur allgemein, die damit die Entsprechung zur „Anarchie der Einzelinteressen" des städtischen Gefüges darstellt.
Aber es wird der Versuch gemacht, wieder eine Sprache zu entwickeln, die auf gemeinsamen Codes von Gesellschaft und Architekt beruht; die Entwicklung der letzten Jahre, so unterschiedliche Ansätze im einzelnen auch unternommen werden, zeigt die intensive Forschung der Architekten auf der Suche nach einer Antwort, die darüber hinaus geht, „kollektive Erinnerungen (zu beschwören), an die sich niemand als kollektive erinnert".[630] Diese Ansätze versuchen nicht mehr, wie noch in den sechziger Jahren, durch eine Fortentwicklung der Formensprache der Architektur der Avantgarde der zwanziger Jahre, sondern durch deren Überwindung zu einer gemeinsamen Sprache zu gelangen. Das Dampfermotiv wird darin endgültig unmöglich sein.
Im folgenden soll, als Ausblick auf weiterführende Entwicklungen, kurz auf einige dieser Tendenzen eingegangen und am Beispiel Venturis dargestellt werden, welche formalen Umsetzungen einen möglichen zukünftigen Weg beschreiben.

## Die heutige Ausgangsposition des Architekten

Die semantische Zerstörtheit, das Fehlen eines „deckungsgleichen Repertoires von Sender und Empfänger"[631], ist ein gesellschaftliches Problem, das den Verlust einer gemeinsamen Ideologie widerspiegelt. Der Architekt kann nicht die Voraussetzungen für ein gemeinsames Symbolsystem in der gebauten Umwelt durch die Herstellung einer gemeinsamen Ideologie leisten — diesen (negativen) Beweis haben die Utopien der zwanziger Jahre erbracht.
Das schließt aber nicht seine Verantwortung für eine positive Beziehung zwischen Individuum und gebauter Umwelt aus, die mehr ist als nur die Vermittlung von Informationen: „Merkmale des Beziehungsaspektes sind (...) nicht von vornherein sprachlich zu fassen oder mathematisch zu formalisieren (letzteres ein Hinweis auf die begrenzte Aussage der Informationsästhetik; A.d.V.). Sie sind zum Teil *noch nicht* oder *nicht mehr* logisch strukturierbar. Die Fähigkeit, Symbole zu bilden, zu symbolisieren, hat genau *die* Funktion, nicht-verbalisierbare Gehalte einer Beziehung gleichwohl zu vermitteln"[632] — der Architekt muß die Möglichkeit auf seinem Gebiet dazu herstellen.
Der Irrtum des „Funktionalismus" gerade nach dem Zweiten Weltkrieg war, daß er „einer ausschließlich denotativen Sprachebene zuneigte und auf dem Appell an Vernunft, Logik und Wirtschaftlichkeit basierte"[633] und darüber so tat, als gebe es nicht die Ebene der konnotativen Bedeutungen. Deren Vernachlässigung führte dazu, daß diese Architektur falsch verstanden wurde — eine Vernachlässigung, die in der *Theorie* der Architekten der zwanziger Jahre bereits angelegt

war, jedoch in den von uns gezeigten *Formen* jener Bauten *nicht* enthalten war — im Unterschied zur Architektur nach dem Zweiten Weltkrieg.
Auf der Seite der Architekten ist das Bewußtsein von der rhetorischen Qualität der Architektur in den letzten Jahren gestiegen, so daß die Hoffnung besteht, daß diese bewußt akzeptiert und eingesetzt wird, anstatt verdrängt zu werden, wie es noch Maxwell gerade dem „aufrichtigen Architekten" nachsagte, der aus „Furcht, der bewußten Manipulation der Form im Sinne einer Rhetorik der Überredung bezichtigt zu werden, (...) den unvermeidlichen rhetorischen Gehalt seiner bevorzugten Formen"[634] einfach leugnete.

Dieses Verdrängen spiegelt auch die Unsicherheit des Architekten angesichts einer Situation, in der nicht auf gesicherte Codes zurückgegriffen werden kann; während in früheren Gesellschaften der Architekt aus dem gesicherten und nur graduell zu verändernden Bestand an Formen und Bedeutungen heraus eher „Vollstrecker" war, sieht er sich heute in der Lage des „*Anbieters*" von formalen Lösungen ohne gesicherte Bedeutung in der Hoffnung, diese würden verstanden; er arbeitet ohne den sichernden Rückhalt eines gesellschaftlichen Bedeutungsrepertoires (es ist klar, daß das kein Problem der Architekten, sondern eines der veränderten gesellschaftlichen Bedingungen ist und damit grundsätzlich für alle Künste zutrifft).

Ein weiteres Charakteristikum der gegenwärtigen Situation ist die wachsende Ungleichzeitigkeit der Lebensdauer eines Gebäudes und der in ihm vermittelten Bedeutungen. Entsprechend dem durch den Markt diktierten Zwang zu immer schnellerer Innovation, der unsere Umwelt ständig umformt, verändert sich notwendig auch die Bedeutung eines Gebäudes durch die Bedeutungsveränderung seines städtischen Umfeldes. Bedeutungen werden nicht mehr durch Gewohnheit verstehbar, sondern eher durch massenweise Verwendung — z.B. in der Werbung — banalisiert. Der weiße Kubus, der in den zwanziger Jahren revolutionierend und erschreckend neu wirkte, ist heute banal, ohne daß der Architekt auf diese Veränderung Einfluß gehabt hätte; die technische Lebensdauer eines Gebäudes von 50 oder 100 Jahren ist in vielen Fällen größer als die Bedeutungskonstanz seiner Formen (daß das nicht für alle Formen gilt, ist an der Bedeutungskonstanz, der annähernd gleich gebliebenen Verständnismöglichkeit beispielsweise einer mittelalterlichen Stadt oder eines Bauwerks wie dem Eiffelturm zu sehen — offensichtlich hängt die Bedeutungskonstanz ab von der Qualität und der Prägnanz der Form wie auch vom Grad ihrer Verankerung im gesellschaftlichen Bewußtsein).

Für die heutige Architektur dürfte jedoch eher Jencks' Feststellung gelten, "yesterday's creative metaphor becomes today's tired usage, a conventional word"[635]; er empfiehlt dagegen, "the architect must overcode his buildings using a redundancy of popular signs and metaphors, if his work is to communicate as intended and survive the transformation of fast-changing codes"[636], er empfiehlt also den Versuch, durch viele zeichenhafte Mittel, auf jeder Ebene des Verständnisses, dieselbe Aussage zu vermitteln.

# Einige Bedingungen einer zukünftigen Zeichentheorie

Charles Jencks hat die neuen Tendenzen in der Architektur, die sich kritisch mit dem Erbe der zwanziger Jahre auseinandersetzen, unter dem Begriff „postmoderne Architektur" subsumiert und damit das Ende eines Abschnitts der Architekturentwicklung markiert.

In seinem Buch* fordert er:

> "We must go back to a point where architects took responsibility for rhetoric, for how their buildings communicated intentionally, how 'decorum' and *bienséance* were consciously achieved, and then combine insights from such a study with a relevant theory of semiotics, so that an updated rhetoric can be consciously taught along with other specialities (...)."[637]

Die Forderung nach einer schlüssigen Rhetorik der Architektur beantwortet jedoch nicht — bei aller Berechtigung der Forderung an sich — die Frage nach den Inhalten dieser Zeichentheorie, die das Produkt eines Zusammenwirkens von Gesellschaft und Architekt — deren Teil er ist —, von „Empfänger" und „Sender" sein muß. Nach der vorangegangenen Untersuchung der Bemühungen der Avantgarde der zwanziger Jahre sollen im folgenden einige der Bedingungen skizziert werden, die eine solche Zeichentheorie heute erfüllen muß — Bedingungen, in die die Lehren aus dem Scheitern der Architektur der zwanziger Jahre eingegangen sind.

Jene Architekten hatten eine gesellschaftliche Utopie, die sie in der Architektur formulierten, ohne jedoch Betrachter und Bewohner den Zugang zu dieser Formulierung zu zeigen; die Jahre darauf beriefen sich dagegen auf überlieferte Formen in dem Versuch, auch deren obsolet gewordene Inhalte zu reproduzieren. Ein erneuter Rückgriff auf ein historisches Formenvokabular, wie es von einer Nostalgiewelle heute nahegelegt wird, würde kein anderes Ergebnis erbringen; es kommt immer noch — und wohl als dauernde Aufgabe — darauf an, das Noch-nicht—Seiende in der Welt, wie Bloch es genannt hat, zu formulieren. Eine menschenwürdige Architektur, die eine menschenwürdige Gesellschaft spiegelt, muß immer noch — und immer wieder — utopischen Charakter tragen: umso mehr, als wir den heutigen Zustand unserer gebauten Umwelt als „monoton" und „chaotisch" zugleich bezeichnet haben. Den utopischen Charakter einer solchen Architektur hat schon Adorno auf den Begriff gebracht: „Menschenwürdige Architektur denkt besser von den Menschen, als sie sind; so, wie sie dem Stand Ihrer eigenen, in der Technik verkörperten Produktivkräfte nach sein könnten."[638]

---

* Die Sprache der postmodernen Architektur, Stuttgart 1978; das angeführte Zitat findet sich jedoch nur im englischen Original.

Die Utopie einer menschenwürdigen Architektur als Ort einer menschenwürdigen Gesellschaft aber muß vom Bestand ausgehen: Sie „kann (...) die Menschen, wie sie sind, nicht einfach negieren, obwohl sie das, als autonome, ebenfalls muß".[639] Burghart Schmidt hat den Blochschen Utopiebegriff auf die Notwendigkeit einer neuen Zeichentheorie bezogen[640] und den antizipatorischen Charakter der Utopie betont; er faßt die Verbindung des Wünschbaren – die Utopie als Ziel – mit dem Realisierbaren – dem sofort begehbaren Weg dorthin – im Begriff der konkreten Utopie: „Die konkrete Utopie verbindet demnach in sich die planende, auch Prognosen einbeziehende, in Besonderheit kritisch einsetzende Arbeit an den nächsten Schritten mit dem, was in ferner Zukunft durch solche Schritte zu verwirklichen ist."[641]

Die konkrete Utopie einer menschenwürdigen Architektur, ausgehend vom Bestand, um in Zeichen sprechen zu können, die sie verständlich machen, *und* um die heutigen Bedürfnisse derer zu erfüllen, die noch nicht in ihr leben: das sind die widersprüchlichen Forderungen an die Architektur. Sie muß auf Veränderung gerichtet sein, aber vom Heute ausgehen. Sie muß verständlich sein, also in einer *Sprache* sprechen, kann aber in einer pluralistischen Gesellschaft nicht davon ausgehen, von allen verstanden zu werden, wenn sie in *einer* Sprache spricht.

Der Architekt sieht sich in einer Situation, in der von ihm erwartet wird, unvereinbare Widersprüche in gebaute Form umzusetzen und diese als solche verständlich zu machen. Die „Rezepte", wie das zu tun sei, sind – verständlicherweise – eher hilflos. Jencks hatte das "overcoding" empfohlen[642]; Maxwell neigt zur „Ambivalenz" – sucht der Architekt „Glaubwürdigkeit und vermeidet er Ambivalenz, muß er sich im klaren sein, daß unter Umständen Ambivalenz die größere Glaubwürdigkeit besitzt"[643]; schließlich nennt Robert Stern, selbst Architekt, als das gemeinsame Merkmal der „postmodernen Architektur" "(it) accepts diversity; it prefers hybrids to pure forms; it encourages multiple and simultaneous readings in its effort to heighten expressive content".[644] Architektur strebe also nach der Herstellung von Verstehensmöglichkeiten der Architektursprache auf verschiedenen Ebenen: für verschiedene gesellschaftliche und intellektuelle Gruppen. (Auf diesen Unterschieden des Verständnisses beruhte auch die frühere Architektur häufig; der ikonische Reichtum einer mittelalterlichen Kathedrale war nur dem gebildeten Mönch zugänglich, der Bau war dennoch für alle Objekt der Identifikation.)

Ob „Ambivalenz", "overcoding" oder "multiple readings" – Einigkeit besteht darüber, daß die Widersprüchlichkeit der Anforderungen nicht durch die eindimensionale, „funktionalistische" Architektur nach dem Zweiten Weltkrieg auszudrücken ist – die das auch gar nicht versuchte; sie ist aber auch nicht auszudrücken durch eine Architektur, die sich letztlich an keine Gesellschaft richtete wie die der zwanziger Jahre.

Schumpp und Throll haben in einem Aufsatz „Thesen zu einer kritischen Theorie des Bauens" aufgestellt.[645] Darin beschreiben sie, wie eine die Wirklichkeit abbildende Architektur aussehen müßte, „in der die gesellschaftliche Praxis nicht durch Sozialtechniken gesteuert wird, sondern in der sich der Mensch in der Materie wiedererkennt und als handelndes Subjekt diese Wirklichkeit im Sinne potentieller, vor allem qualitativer Veränderung durch Zerschlagen der Scheinwirklichkeit selbst bildet".[646] Dieser Architektur entspreche die

> „widersprüchliche, die zersprungene, scheinbar zersplitterte Form, die sich im Augenblick des Auseinanderfallens zu einer Konstellation verdichtet, die vieldeutige Form, in der Dissonanzen und Konflikte ausgetragen werden (...). In 'Formen des Zerfalls' wird die objektive, zur Erscheinung gebrachte Widersprüchlichkeit der Phänomene aufgedeckt, das Maskenhafte der Fassade zugunsten realer Konkretion durchbrochen. Das Janusköpfige, Gebrochene, Heterogene – sedimentiert in der Form – wird Index eines Beharrens auf dem Realen, Konkreten im Gegensatz zur Reproduktion der falschen Erscheinung."[647]

Aus der interpretierenden Widerspiegelung – und das heißt: Negierung – der heutigen Wirklichkeit soll also der positive Impuls für die Veränderung dieser Wirklichkeit gewonnen werden (wobei mißtrauisch macht, daß mit Wertungen wie „richtig" und „falsch" auf Erscheinungsformen der Gegenwart reagiert wird). Wenn man – vielleicht etwas vereinfacht – in der heutigen Architekturszene nach Übersetzungen dieses Konzepts sucht, dann wird man an Architekten wie Peter Eisenman denken: eine Architektur, die aus den zerbrochenen Formen, der Reduktion auf einzelne Elemente des Bauens, der „Dekomposition", eine neue Syntax gewinnen will – im Ergebnis aber kaum ohne Erläuterung begriffen werden kann; damit eine Architektur, die schwerlich den angestrebten Symbolcharakter gewinnen kann, nicht den „Raum als Ort menschlicher Lebenspraxis" gestaltet. Denn die Architektur (besonders im Wohnbau) ist, stärker als andere Kunstformen, auf ein spontanes Verständnis angewiesen, soweit sie ohne Interpretation genutzt werden muß (das Verständnis muß jedoch nicht für jeden gleich und nicht für jeden gleich vollständig sein) – das Haus als Gegenstand, nicht als komplizierter Apparat: „Von der Sprache her hat Wohnen mit Gewohnheit zu tun. (...) Das Gewohnte sind die Gegenstände. Sie sind aber auch (...) das Faßbare, das einfach Dienende, das unmittelbar und ohne Mysterium zum Dienst Bereite."[648]
Nicht eine Architektursprache ist zu entwickeln, die die Negation beschreibt, sondern eine, die den positiven Zukunftsaspekt bereits im Heute mit zu umfassen sucht: konkrete Utopie – „Bewertet wird es nicht nach Maßgabe der Realisierbarkeit, sondern vor allem erst nach der Wünschbarkeit des von ihm vorentworfenen Zustands."[649] Und es muß eine Sprache sein, die im Sinne von Poseners „Gegenstand" die Vertrautheit zwischen Mensch und gebauter Umwelt herstellen kann, aus der heraus die Stadt als symbolisches Zeichen (wieder) entwickelt *und* verstanden werden kann. Das schließt nicht aus – im Gegenteil verlangt es das in unserer Gesellschaft geradezu –, daß die bestehenden Widersprüche eben-

falls dargestellt werden; die ideologische Harmonisierung vieler Architekten der Avantgarde der zwanziger Jahre produzierte gerade eine Architektur, die sich an keine Gesellschaft wandte: „Schönheit heute hat kein anderes Maß als die Tiefe, in der die Gebilde die Widersprüche austragen, die sie durchfurchen und die sie bewältigen einzig, indem sie ihnen folgen, nicht, indem sie sie verdecken."[650]

## Zum Beispiel: Venturi

„Versuchen wir, eine Utopie ins Auge zu fassen, deren Sprache sich von der des täglichen Gebrauches kaum merklich unterscheidet"[651], so fordert Posener in seinem Versuch, sich eine „Architektur für das Glück" vorzustellen (die mit der Adornoschen „menschenwürdigen Architektur" identisch wäre). Eine Architektur, so wäre zu ergänzen, die zugleich in der Lage ist, die beschriebenen Widersprüche in sich auszutragen, ohne nur die „zerrissene Form" zu zeigen: die Widersprüche einer Utopie, die im Heute wurzelt, einer Architektur, die das Bild eines besseren, veränderten, „menschenwürdigeren" Daseins zeigt, die aber für die heutigen Menschen bereits taugt und deren Bedürfnisse ernst nimmt; einer Architektur, die von allen verstanden wird, aber in einer pluralistischen Gesellschaft.

Am Beispiel einer Architektengruppe wollen wir zum Schluß zeigen, wo erste Ansätze einer solchen Architektur vielleicht gesucht werden können. Venturi und Partner werden nicht deshalb als Beispiel gewählt, weil sie die einzigen wären, die solche Ansätze entwickelt haben, sondern vor allem, weil durch ihre zahlreichen Veröffentlichungen auch ihr theoretischer Hintergrund in die Betrachtung einbezogen werden kann.

Robert Venturi und seine Partner Denise Scott Brown, John Rauch und Steven Izenour versuchen, in ihrem architekturtheoretischen Fundament wie in ihren Entwürfen Antworten zu geben, die die Entwicklung der modernen Architektur über ihre eigenen Voraussetzungen hinaus vorantreiben — insofern also wahrhaft „post"modern sind —, andererseits in ihrer Verbindung von Theorie und Praxis an Le Corbusier erinnern und das Votum von Vincent Scully aus dem Vorwort der ersten Auflage von Venturis "Complexity and Contradiction in Architecture" rechtfertigen, dieses Buch sei für die Architekturdiskussion das wichtigste seit "Vers une architecture".[652]

Die Venturis beschreiben ihre Stellung zur modernen Architektur als distanziert; die gegenwärtige Situation wird nicht mehr als „heroische" Epoche, sondern als Phase der Erstarrung einer einstmals revolutionären Entwicklung, als „Dogma einer Revolution"[653] gesehen. Diese Erstarrung — die als erstarrte, nicht vermittelbare Formensprache erscheine — gelte es aufzubrechen, allerdings ohne dabei selbst fertige Lösungen anbieten zu können. Ihre Architektur will Dialog mit der

Bevölkerung sein (also in „verständlicher" Sprache, auf einer kommunikativen Ebene vermittelbar), nicht Nötigung, das Zwingen zum Glück (unausgesprochen steht dahinter: wie die Architektur der historischen Avantgarde).
Dennoch bleibt nach diesem allgemeinen „Programm" die Frage nach der Umsetzung. Wenn man die Bevölkerung ernst nimmt, also für dialogfähig hält, dann muß man, nach Venturi, auch ihr Bedürfnis nach Rhetorik ernst nehmen: „Die Menschen wollen Rhetorik, sie wollen Ausdruck (...), sie wollen die große, zur übersichtlichen Form zusammengefaßte Aussage"[654] — aber „ich weiß ganz einfach nicht, was *unsere* großen Aussagen in Amerika, heute, sein könnten".[655] Der Widerspruch einer verbindlichen, eindeutigen Aussage in einer extrem heterogenen Gesellschaft läßt sich nicht lösen.
Deswegen heißt es: Komplexität und Widerspruch *in* der Architektur — die Widersprüche und Brüche müssen im Medium ausgetragen und erkennbar gemacht werden, nicht einem Harmonisierungsideal geopfert — das Passagierschiff kann nur so lange Vorbild für eine Gesellschaftsform sein, wie man von den den Service aufrecht erhaltenden Menschen abstrahiert.
Das bedeutet nicht die unbedingte Unordnung in der Architektur, das Chaos: „Die Zusammenhanglosigkeit und die Willkür nicht bewältigter Architektur aber lehne ich ab"[656] ist der zweite Satz des "gentle manifestoe" „für eine beziehungsreiche Architektur!"; eine „Ordnungsstruktur muß zunächst erst einmal bestehen, bevor sie gesprengt werden kann".[657] Im Rahmen dieser Ordnung jedoch ist das kongruente Bild der Widersprüche unserer Gesellschaft nicht die Eindimensionalität der „funktionalistischen" Architektur nach dem Zweiten Weltkrieg, sondern seine Bestandteile sind mehrdeutig, haben doppelte Funktionen, erlauben das „sowohl — als auch", drücken die vorhandenen Gegensätze aus: Dialog.
Die Aussage einer solchen Architektur wird immer komplex sein; sie ist auf vielen Ebenen zu lesen. Das deckt sich mit der Maxwellschen Forderung nach „Ambivalenz" oder dem Jenckssschen "overcoding"; die „gleichzeitige Wahrnehmung interdependenter Bedeutungsebenen zwingt den Betrachter in einen Konflikt der Wertung, läßt ihn zögern und seine ganze Betrachtungsweise lebendiger werden".[658]

Dialog und Komplexität — das stellt die Frage nach der Gestalt einer Architektur, die diese Bedingungen erfüllt. Die Venturis sehen den Ansatz dazu in einer Sprache, die von der bestehenden ästhetischen Realität mit all ihren Banalitäten ausgeht, diese aber kritisch (und ironisch) reflektiert; wie in der Pop Art kommt es „nicht so sehr auf die gewöhnliche Realität an (...) als auf ihre Verarbeitung".[659] So entsteht eine Sprache, die „,billig', volkstümlich, ja ordinär (ist); ihre Aussage aber komplex, vielschichtig (...)".[660] Das entscheidend Neue dieser Architektursprache ist, daß sie nicht von vorgefaßten Vorstellungen über das ausgeht, was gut für die Bevölkerung ist, sondern ihre Gewohnheiten ernst nimmt: „Die beste Rechtfertigung des Vulgären als Teil der Architektur ist zunächst seine bare Existenz. Es gibt diese Dinge eben."[661]

Die Konvention ist nicht etwas, das eo ipso schlecht ist, sie ist vielmehr das bewußt anerkannte Fundament, von dem ausgehend man – vielleicht! – etwas verändernd Neues entwickeln kann. Die Veränderung geht von den bekannten Codes aus: der „Architekt muß vor allem verstehen, richtig auszuwählen; erfinden kann er dann immer noch"[662] – ein Schlüsselsatz, der eine Architekturauffassung auf den Kopf (oder auf die Füße) stellt, die, den Gesetzen des Marktes seit dem 19. Jahrhundert folgend, in der gewollten Originalität bereits eine Qualität erkannte.

Ein Ausgehen von bekannten Codes, auch denen des „Vulgären", schließt nicht den Willen zur Veränderung aus, sondern nur die Einstellung, „der Architekt müsse ‚hingehen und dem Volk' kühne, saubere, moderne Wohnungen hinstellen".[663] Die „Verwirklichung unserer sozialen Anliegen" soll versucht werden, „und zwar in der unmittelbaren Zukunft und mit Hilfe der Instrumente, die uns die Gesellschaft, die uns umgibt, zur Verfügung stellt".[664] Die Instrumente – das ist das formale Repertoire der gebauten Umwelt ebenso wie die wirtschaftlichen Bedingungen; beide sind da, ob man will oder nicht; das Einverständnis damit oder ihre Ablehnung werden in der *Art der Umsetzung* des Materials dargestellt: „Wir glauben, daß wir es ironisch verwenden: wir lachen, um nicht zu weinen."[665]

Die „linke" Architekturtheorie hat mit der Einordnung der Arbeit Venturis und seiner Mitarbeiter große Schwierigkeiten, weil diese – wie sie – einerseits die „funktionalistische" Architektur ablehnen, andererseits auf Formen der kapitalistischen Warenästhetik zurückgreifen. Eine solche Haltung läßt sie die kritiklose Anerkennung der gegenwärtigen Gesellschaft vermuten. So schreibt Müller über die Arbeiten der Venturis: „Man darf darüber hinaus annehmen, daß diese Architektur das Bestehende *bewußt affirmativ* aufzugreifen sucht"[666]; die Aufnahme trivialer Formen der Warenästhetik ermögliche zwar die Verstehbarkeit durch den Rezipienten; wenn man aber von der Prämisse ausgehe, diese korrumpiere die Bevölkerung, dann wäre auch eine davon ausgehende Architektur korrumpierend: „Daß alle in einer Straße lebenden Menschen sich an diese oder jene ästhetische Zeichensprache der Werbung gewöhnt haben, sagt ja noch nichts darüber, ob sie in einer daran ästhetisch orientierten Architektur tatsächlich ‚Gemeinsamkeit' begründen werden (...)."[667]; die „Phantasieproduktion des Menschen, seine Triebphantasien, seine Bedürfnisse, Hoffnungen, Sehnsüchte und Wünsche können in einer Architektur, die dem warenästhetischen Formenvokabular des *Strip* nachgebildet wird, nur noch sehr schwer freigesetzt werden".[668] Und Tafuri sieht bei Venturi nur „die desillusionierte Anerkennung der Wirklichkeit, die zu einem Exzeß des puren Zynismus gesteigert wird".[669]

Dieser Kritik liegt das Mißverständnis zugrunde, die bloße Verwendung von Trivialformen oder von Formen der Warenästhetik bedeute schon die Identifikation damit. Nun legt Venturi in seinen Schriften aus einer polemischen Überpointierung heraus bisweilen diesen Gedanken nahe – "Main street is almost alright" –, widerlegt ihn jedoch eindeutig in seinen Arbeiten.

Die kritiklose Affirmation einer bestehenden Wirklichkeit — das sind die Fertighausprogramme der Industrie oder die jeden modischen Trend aufnehmenden Bauteilkataloge. In der Betrachtung der Arbeiten der Venturis fällt viel eher auf, daß die propagierten Trivialmythen von Las Vegas nicht übermäßig häufig sind — das Formenrepertoire bezieht vielmehr die gesamte Baugeschichte ein —, und daß der jeweils entstandene Entwurf das Repertoire nie *unkritisch* übernimmt, sondern *verarbeitet*, damit nicht affirmativ ist. Der beste Beweis für diese Feststellung ist, daß die Häuser der Fertigbauindustrie gekauft werden, während das Oeuvre der Venturis eher schmal ist, also offenbar keineswegs so populär und anbiedernd wie angenommen. (Es wäre übrigens falsch, daraus eine Widerlegung der Behauptung herzuleiten, daß Ausgangspunkt der Architektur der Venturis das Bestehende sei. Die kritische Verarbeitung und Umformung der Vorstellungen des Publikums, auch des Vulgären und Banalen, muß nicht populär sein — sie kann aber verstanden werden. Selbst wenn viele Bauten der Venturis kaum vollständig verstanden werden im hohen Grad ihrer Komplexität, spricht das nicht gegen sie — dies ist kein Plädoyer für eine verständliche, weil eindimensionale Architektur, sondern für eine Architektursprache, die gesellschaftliche Widersprüche in sich austrägt, komplex ist und deshalb auf vielen Ebenen Verständnisansätze bietet.)

Die Möglichkeit zur Identifikation mit einem Gebäude oder mit einer Stadt durch die Bevölkerung ist einerseits eine Frage nach den Inhalten dieser Gebäude und der Verfügungsgewalt über sie — also eine gesellschaftliche Fragestellung.

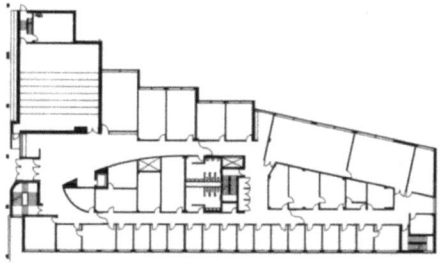

93 Venturi und Rauch: Franklich Court, Philadelphia, 1972

94 Venturi und Rauch: Social Science Building, Purchase, 1970/78

Zum anderen ist sie ein ästhetisches Problem seiner Verstehbarkeit, die etwas Fremdes, Unbegriffenes zum selbstverständlichen Besitz werden läßt und damit Orientierung durch bekannte und vertraute Fixpunkte ermöglichlicht. Die Entwicklung einer Architektur, die so viel ästhetischen Widerstand liefert, daß sie nicht als banal eingestuft wird, sondern auf jeder intellektuellen und emotionalen Ebene Frage *und* Antwort gibt, ist also auch eine sozial fortschrittliche Tat.
Die Architektur der Venturis — hier als Beispiel „postmoderner" Architektur betrachtet — vermittelt den Eindruck, daß sie in Ansätzen diese Forderung erfüllt. Sie ist in einzelnen Formfindungen und Motiven so schlagend einleuchtend, daß sie jedem verständlich zu sein scheint; gleichzeitig aber sind diese Formen in einen überaus komplexen Zusammenhang eingebunden, so daß sie Anlaß zum weiteren Befragen werden, anstatt langweilig und eindimensional zu sein (die neueren Entwürfe Venturis lassen jedoch häufig diese Verbindung von Zeichenhaftigkeit und Komplexität vermissen und nähern sich bedenklich einer unreflektierten Eindimensionalität).
Diese Feststellung bezieht sich nicht nur auf die zeichenhaften Aspekte der Architektur, die Anleihen aus der Warenästhetik. Vielmehr bezieht sie sich auf Entwürfe wie den „Franklin Court" in Philadelphia oder auf grundrißliche Zusammenhänge. Die Aufstellung eines Hausumrisses aus Stahlrahmen als Zeichen für ein früher an gleicher Stelle vorhandes Haus ist als architektonische Geste unmittelbar selbst-verständlich, ohne banal zu sein; genauso ist es eine Eingangssituation — z.B. beim Social Science Building in Purchase, N.Y. —, die Nebenräume als solche behandelt, damit eine Hierarchie innerhalb eines Gebäudes herstellt und daraus mit einfachsten Mitteln sowohl funktionell als auch zeichenhaft einleuchtende Lösungen entwickelt.

Die Einschränkung, die bei der Architektur Venturis und seiner Partner gemacht werden muß, geht nicht von der Frage nach ihrer Stellungnahme zur bestehenden Gesellschaft oder nach ihrem „sozialen Engagement" aus, sie ergibt sich vielmehr aus den Bedingungen dieser Gesellschaft und betrifft *jeden* Versuch, die Architektur heute weiterzuentwickeln.
Tafuri hat die Illusionen der Architekten, „mit der alleinigen Kraft des Bildes die Bedingungen einer Architektur ‚für eine befreite Gesellschaft' antizipieren zu wollen", bereits kritisiert — das war die Illusion der Architekten der zwanziger Jahre; er nennt es das Ausweichen vor der Frage, „ob dieses Ziel ohne linguistische, methodologische und strukturelle Revolution zu erreichen ist, Revolutionen aber, die doch über den bloßen subjektiven Willen oder die bloße Erneuerung einer Syntax hinausgehen".[670]

Der Zwiespalt der Architekten, einerseits „Gewöhnliches" zu entwerfen, Bauten, die den Vertrautheitsgrad erreichen können, der zur Identifikation und damit letztlich zur Symbolbildung notwendig ist, andererseits jedoch durch Originalität und eine „eigene Handschrift" die wirtschaftlichen Bedingungen der eigenen Exi-

95, 96  Venturi und Rauch: Projekt eines Jazzclubs, Houston, 1976

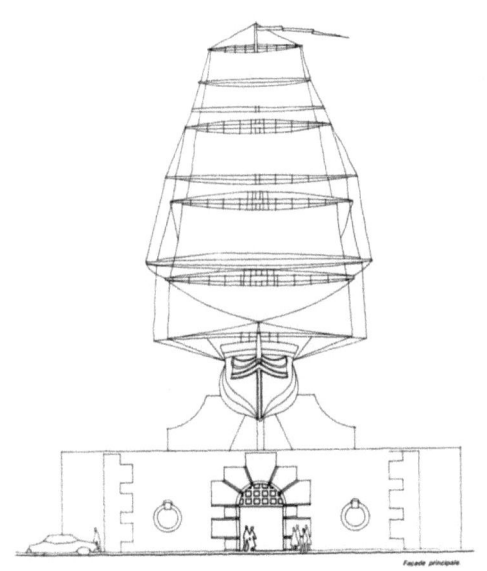

97 Caspar David Friedrich: „Die gescheiterte Hoffnung"

stenz herstellen zu müssen, ist nur aufzulösen, wenn die Bevölkerung das „Gewöhnliche" fordert. Diese Situation ist jedoch nicht einseitig von den Architekten herzustellen; die Architektur der Venturis – als Beispiel – bietet die immanenten *Voraussetzungen* für eine „gewöhnliche" Sprache; die gesellschaftliche Situation der Architekten jedoch wird nicht erlauben, daß diese sich allgemein durchsetzt und damit die Architektur als Symbolsystem wieder herstellt.

Die „gewöhnliche" Sprache bedeutet eine Überwindung der Traditionen der zwanziger Jahre; Venturis einzige Erwähnung jener zentralen Metapher, des Dampfers, stellt konsequenterweise ihre Negation dar: das Projekt für einen Jazzclub in Houston, dessen Dach von einer liebevoll-ironisch nachgebauten Fregatte in voller Besegelung gekrönt wird – Abmessungen: etwa 38 m lang und 27 m hoch. Der Eingang ist mit überdimensionierten Festmacherringen als Anlegeplatz markiert.

Dieser Entwurf aus dem Jahr 1976 ist so etwas wie der Schwanengesang auf die Hoffnung, durch die Maschine eine neue Gesellschaft der Freien und Gleichen zu verwirklichen, die im Motiv des Passagierdampfers ihren architektonischen

98 „Untergang der Titanic"

Ausdruck fand. Wie weit der dargestellte Bedeutungsverlust dieses Motivs symptomatisch für die gesamte Architekturentwicklung der Moderne ist, wieweit Chaos und Monotonie unserer gebauten Umwelt Abbild des Symbolverfalls einer gemeinsamen Architektursprache sind oder ob andere Symbole an die Stelle des Dampfers getreten sind, das konnte hier nicht schlüssig bewiesen, es sollte als Hypothese dargestellt werden.

In den zwanziger Jahren des Aufbruchs, der Zeit der Entwicklung einer noch immer für unsere Zeit bestimmenden Architektur, war das Motiv des Dampfers gedacht als Symbol der Hoffnung; heute, im Rückblick, ist es zum Zeichen des Scheiterns geworden — insofern stimmt die Metapher „Schiff" auf eine Weise, wie sie nicht beabsichtigt war, wie sie aber dennoch im Archetypus enthalten ist; Caspar David Friedrichs Bild „Die gescheiterte Hoffnung" bringt es auf den Begriff.

Das Bild der „gescheiterten Hoffnung" des Maschinenzeitalters war der Untergang der „Titanic", das Menetekel eines uneingeschränkten Glaubens an die Technik, an die Maschine, die uns eine bessere Welt bringen werde.

Der Untergang der „Titanic" fand nicht nur im Jahre 1912 statt.

„Das urtümliche Schiffsbild bezeichnet den Willen zur Ausreise, den Traum von fahrender Rache und exotischem Sieg. Argo (und das Auswechselbare, das fast jede individuelle Erfahrung an ihre Stelle setzen kann) ist eine Art Arche für die hauptsächlichsten Wünsche dieser Zeit: für die Trumpfwünsche. Der Wille zerbricht das Haus, worin er sich langweilt und worin das Beste verboten ist. So baut er in der endlosen Geschichte sein Bergschloß an den Wolken oder die Ritterburg als Schiff".

Ernst Bloch[671]

# Anmerkungen zum Kapitel „Ausgangslage"

1 Norberg-Schulz (1965), S. 131
2 Der pessimistische, endzeitliche Ton wird erst recht im Vergleich zu Titeln aus dem Beginn des Jahrhunderts deutlich: „Stadt der Zukunft" (Th. Fritsch 1897), „Garden Cities of Tomorrow" (E. Howard), "La ville radieuse" (Le Corbusier).
3 Blake (1977), S. 11
4 Posener (2) (1977), S. 40
5 Bloch (1977), S. 862
6 ebd.
7 Sedlmayr 1948 (1973), S. 76
8 a.a.O., S. 118
9 a.a.O., S. 128
10 a.a.O., S. 133
11 Lorenzer (1) (1977), S. 144
12 ebd.
13 ebd.
14 a.a.O., S. 145
15 Norberg-Schulz (1965), S. 78
16 Lorenzer (1) (1977), S. 145
17 a.a.O., S. 144
18 Norberg-Schulz (1965), S. 123
19 a.a.O., S. 124
20 a.a.O., S. 127
21 Jencks (1972), S. 26 f.
22 a.a.O., S. 29
23 Jens, Walter: Republikanische Reden, München 1976, S. 86 f.
24 Le Corbusier 1927; z.B. in: Conrads (1964), S. 93: die Stützen (Pilotis), Dachgärten, der freie Grundriß, das Langfenster (Fensterband), die freie Fassadengestaltung)
25 Bloch, Ernst: Tübinger Einleitung in die Philosophie, Werkausgabe, Bd. 13, Frankfurt 1970, S. 71
26 Lloyd, S./Müller, H.W./Martin, R.: Architektur der frühen Hochkulturen, Stuttgart 1976, S. 147
27 ebd.
28 a.a.O., S. 114
29 a.a.O., S. 132
30 Hahn, P.: Irische Klöster, in: „Bauwelt", 15/78, S. 590 ff.
31 Lewcock/ Brans (1975), S. 107 ff.
32 Zitiert nach: Heinz-Mohr, G.: Lexikon der Symbole, Düsseldorf/Köln $1974^3$, S. 253
33 Siehe: Ehlers, J.: Arca significat ecclesiam. Ein theologisches Weltmodell aus der ersten Hälfte des 12. Jahrhunderts, in: Frühmittelalterliche Studien. Jahrbuch des Instituts für Frühmittelalterforschung der Universität Münster, Berlin/New York 1972, S. 171 ff.
34 Heinz-Mohr, G.: a.a.O.
35 Grimm, J. u. W.: Deutsches Wörterbuch, Leipzig 1899, Bd. 9, S. 58
36 Bloch (1977), S. 2

# Anmerkungen zum Kapitel „Begriffliche Abgrenzung"

37 Klaus, G./Buhr, M.: Philosophisches Wörterbuch, Leipzig 1972$^8$. Im weiteren Verlauf der Begriffsbestimmung schlagen die Autoren vor, das Wort — wegen der Unschärfe des Begriffes — am besten aus dem wissenschaftlichen Sprachgebrauch zu streichen; man solle nur noch von „Zeichen" sprechen. Allerdings ist inzwischen der Zeichenbegriff mindestens so unscharf geworden, so daß diese pragmatische Lösung nicht weiterhilft.
38 Becker/Keim (1972), S. 61
39 Für die allgemeine Wortbedeutung und die Begriffsentwicklung s.a. Schlesinger (1967). Die kunsthistorische Entwicklung bei Vischer und Warburg einerseits und Cassirer sowie Panofsky andererseits s.a. Dittmann (1967). Die psychoanalytische Begriffsentwicklung schließlich stellt Lorenzer (1970) ausführlich dar.
40 Vogt, A. M.: Das geometrische Ideal der französischen Revolutionsarchitekten Boullée, Ledoux, in: TU Berlin, Lehrstuhl für Entwerfen VI (Hrsg.): Architekturtheorie, Berlin 1968, S. 205
41 Jencks (1972), S. 21
42 Eco (1977), S. 60
43 Jencks (1972), S. 21
44 ebd.
45 Eco (1977), S. 62
46 a.a.O., S. 60 ff.
47 a.a.O., S. 63
48 Jencks (1972), S. 25
49 a.a.O., S. 27
50 a.a.O., S. 21
51 ebd.
52 Eco (1972), S. 60
53 Jencks (1972). S. 29
54 Wenn Eco z.B. feststellt: „Die gegenwärtigen Tendenzen der Semiologie gehen freilich dahin, alle Aspekte der Kultur und des sozialen Lebens als Zeichen zu begreifen" (Eco (1977), S. 42 f.) und andere Autoren auch noch den Bereich der „natürlichen Zeichen" in die Zeichentheorie einbeziehen, dann ist eine Grenze erreicht, wo der Begriff des Zeichens an sich fragwürdig wird.
55 Eco (1977), S. 166
56 ebd.
57 a.a.O., S. 167
58 a.a.O., S. 168
59 a.a.O., S. 181
60 Magnago-Lampugnani (1977)
61 Eco (1971), S. 32
62 Eco (1977), S. 170
63 s.a.: Jencks (1972), S. 26 f.
64 Eco (1977), S. 189
65 Eco (1971), S. 30
66 Kiemle (1967), S. 13
67 a.a.O., S. 53
68 a.a.O., S. 55
69 a.a.O., S. 110
70 a.a.O., S. 18
71 a.a.O., S. 19
72 ebd.
73 a.a.O., S. 58

74 a.a.O., S. 59
75 a.a.O., S. 130
76 Auf die falsche „Übersetzung" der Bedeutung gerade in der modernen Architektur hat Jencks (1977) hingewiesen. Es wäre zur Überprüfung dieser Folgerung interessant, ob die bewußt als „abbildende Architektur" geplanten Gebäude – z.B. das TWA-Gebäude von Saarinen – nicht diesem Mißverständnis unterliegen.
77 Kiemle (1967), S. 60
78 a.a.O., S. 59
79 a.a.O., S. 60
80 Schneider (1976), S. 65
81 Pohl (1974), S. 238
82 a.a.O., S. 238 ff.
83 ebd.
84 a.a.O., S. 239
85 a.a.O., S. 240
86 Magnago-Lampugnani (1977), S. 160
87 Jencks (1) (1970), S. 24
88 Magnago-Lampugnani (1977), S. 161
89 a.a.O., S. 171
90 Der Hinweis, daß für die Semiotik der Architektur linguistische Modelle nicht direkt übernommen werden könnten, ist schon mehrfach gemacht worden (Eco, Jencks, Barthes). Das Problem ist jedoch, daß über die Semiotik der Architektur Aussagen verbal gemacht werden müssen; Begriffe wie „Sprache der Architektur" sind also nur als Metapher zu verstehen.
91 Barthes (1976), S. 38
92 Sperber (1975), S. 9
93 ebd.
94 a.a.O., S. 131
95 a.a.O., S. 156
96 Das ganzheitliche Verständnis von Symbolen haben verschiedene Autoren untersucht; dabei ist wichtig, daß „Vieldeutigkeit" nicht mit „Unklarheit" gleichzusetzen ist (s.a. Helle (1969), S. 18)
97 Sperber (1975), S. 127
98 a.a.O., S. 155
99 Becker/Keim (1972), S. 66
100 Norberg-Schulz (1975), S. 428
101 Norberg-Schulz (1965), S. 78
102 Helle (1969), S. 11
103 a.a.O., S. 11 ff.
104 a.a.O., S. 74
105 a.a.O., S. 52 ff.
106 a.a.O., S. 74
107 Bloch (1977), S. 202
108 Lorenzer (1) (1977), S. 143
109 Lorenzer in: Berndt/Lorenzer/Horn (1968). Darüber hinaus hat er sehr ausführlich und umfassend, ausgehend vom Freudschen Symbolverständnis, eine Weiterentwicklung des psychoanalytischen Symbolbegriffs versucht, die wesentliche Gedanken auch anderer Autoren – besonders von Cassirer und Langer – einbezieht, auf die im Rahmen dieser Arbeit nur verwiesen werden kann (Lorenzer (1970)).
110 a.a.O., S. 80
111 a.a.O., S. 81
112 ebd.

113 Lorenzer (1) (1977), S. 145
114 Lorenzer; in: Berndt/Lorenzer/Horn (1968), S. 88
115 a.a.O., S. 89
116 Susanne Langer; zitiert nach: a.a.O., S. 91
117 Becker/Keim (1972), S. 73
118 Sehr eindrucksvoll hat für die mittelalterliche Gesellschaft Warnke (1976) diesen Zusammenhang zwischen den Antagonismen gesellschaftlicher Gruppen und dem gemeinsamen Verständnis von gebauter Form dargestellt.
119 Norberg-Schulz (1975), S. 432
120 Becker/Keim (1972), S. 66
121 Jencks (1972), S. 29 (nach Saussure)
122 Peirce; in: Eco (1977), S. 60
123 Piaget; in: Lorenzer (1970), S. 43
124 Helle (1969)
125 Lorenzer (1970), S. 47; Dittmann (1967), S. 107

# Anmerkungen zum Kapitel „Voraussetzungen und Ansätze"

126 G. Lampmann 1929; zitiert nach: Pfankuch (1974), S. 86
127 zitiert nach: a.a.O., S. 82
128 Le Corbusier 1923 (1969), S. 83
129 Vogt (1974), S. 161
130 von Moos (1975), S. 49
131 Banham (1964), S. 272
132 Le Corbusier 1923 (1969), S. 86
133 Vogt (1974), S. 158 ff.
134 a.a.O., S. 161
135 a.a.O., S. 163
136 W. Hogarth: Analysis of Beauty. Zitiert nach: Cassou, Jean/ Langui, Emil/ Pevsner, Nikolaus: Durchbruch zum 20. Jahrhundert, München 1962, S. 230
137 Eine Sammlung seiner Artikel erschien 1852 unter dem Titel "The Travels, Observations and Experiences of a Yankee Stonecutter".
138 Zitiert nach: Fitch (1968), S. 140 ff.
139 Collins (1965), S. 160
140 Zitiert nach: Fitch (1968), S. 142
141 Mumford (1949), S. 178
142 Collins (1965), S. 161
143 ebd.
144 Norberg-Schulz (1965), S. 123 ff.
145 Pevsner (1957)
146 Banham (1964)
147 Collins (1965), S. 162
148 ebd.
149 a.a.O., S. 164; zitiert aus dem posthum 1916 erschienen Buch "L'architecture, le passée, le présent".
150 F. L. Wright: "The Arts and Craft of the Machine"; zitiert nach: Pevsner (1957), S. 23
151 Zitiert nach: a.a.O., S. 26
152 Junghanns (1964), S. 185
153 Zitiert nach: a.a.O., S. 188
154 Paul (1914), S. 55

155 Neumann (1914), S. 48
156 Gropius (1914), S. 29
157 ebd.
158 a.a.O., S. 32
159 Posener (1) (1977), S. 20 f.
160 R. Musil: Der Mann ohne Eigenschaften, Hamburg 1970, S. 55
161 Tafuri/Dal Co (1977), S. 99
162 B. Brecht: Vom armen B.B. (Ges. Gedichte, Bd. 1; Frankfurt 1960, S. 147)
163 Pevsner (1957), S. 24
164 Tafuri (1977), S. 61
165 F. Tönnies: Gemeinschaft und Gesellschaft; zitiert nach: Tafuri/Dal Co (1977), S. 100
166 Müller (1977), S. 38
167 entfällt
168 Sedlmayr 1948, (1973), S. 49
169 Janssen (1971), S. 51 f.
170 a.a.O., S. 54
171 Die Bautheorien des 19. Jahrhunderts hat eingehend untersucht: Döhmer, Klaus: „In welchem Style sollen wir bauen?". München 1976.
172 Petsch (1) (1973), S. 136
173 ebd.
174 Giedion (1976), geschrieben 1938/1939
175 a.a.O., S. 280 f.
176 Gropius (1914), S. 32
177 E. Friedell: Kulturgeschichte der Menschheit, München o.J., S. 1351
178 Petsch (1) (1973), S. 137
179 Sedlmayr 1948, (1973), S. 114
180 a.a.O., S. 86 f.
181 Petsch (1) (1973), S. 138
182 Vogt (1977)
183 Petsch (1) (1973), S. 150
184 Huse (1975), S. 30
185 Zitiert nach: Banham (1964), S. 124; siehe auch: Behne (1964), S. 23
186 Müller (1977), S. 162
187 Für eine bestimmte Mittelschicht hat diesen Prozeß der Dequalifikation Kracauer dargestellt: „Die Stellung dieser Schichten (Der Angestellten, A.dV.) im Wirtschaftprozeß hat sich gewandelt, ihre mittelständische Lebensauffassung ist geblieben. Sie nähren ein falsches Bewußtsein. (...) sie frönen einem Individualismus, der dann allein sanktioniert wäre, wenn sie ihr Geschick noch als einzelne gestalten könnten (...). Eine verschollene Bürgerlichkeit spukt in ihnen noch". (Kracauer, Siegfried: Die Angestellten; Frankfurt 1971, S. 81 f. Zuerst erschienen 1929)
188 s.a. Müller (1977), S. 50, wo das „weltstädtische Massenpublikum" im Unterschied zum bürgerlichen des 19. Jahrhunderts erläutert wird.
189 Tafuri (1977), S. 49
190 Huse (1975), S. 122
191 Schumpp (1972), S. 84
192 Coleman (1977), S. 13
193 Die Zahlen nach: a.a.O., S. 183
194 Wall (1977), S. 187
195 a.a.O., S. 176
196 a.a.O., S. 92
197 G. Rageot 1927 in "L'homme standard". Zitiert nach: Virilio (1979), S. 369
198 Wall (1977), S. 88 f.

199 Giedion (1929), Abb. 8—9
200 Marinetti 1910, zitiert nach: Baumgarth (1966), S. 37
201 Schmidt-Thomson (1) (1967); Der Autor klärt auch die Frage nach der Urheberschaft des Architekturmanifests,
202 Schmidt-Thomson (2) (1967), S. 220
203 Aus dem "Messaggio" zur Ausstellung der Gruppe "Nuove Tendenze" Mai 1914, der unter Sant'Elias Namen erschien und Vorläufer des futuristischen Manifests war. Zitiert nach: Banham (1964), S. 105
204 Banham (1964), S. 105
205 Schmidt-Thomsen (1) (1967)
206 a.a.O., S. 145
207 Zitiert nach: Baumgarth (1966), S. 26
208 Zitiert nach: a.a.O., S. 130
209 Pehnt (1973), S. 173
210 Aus: Paolo Buzzi: „Hymne an die neue Dichtung". Zitiert nach: Baumgarth (1966), S. 269
211 Tafuri/Dal Co (1977), S. 121
212 Futuristisches Manifest „Architektur", 1914; zitiert nach: Conrads (1964), S. 34
213 Banham (2) (1955), S. 297
214 Gründungsmanifest der Futuristen 1909; zitiert nach: Baumgarth (1966), S.. 24
215 Technisches Manifest zur Malerei 1910; zitiert nach: a.a.O., S. 182
216 Sie wird sogar in den Rang einer Gottheit erhoben — siehe das Manifest „Die mechanische Kunst" (1922), zitiert nach: Baumgarth (1966), S. 221
217 Futuristisches Manifest „Architektur", Conrads (1964), S. 32
218 Pehnt (1973), S. 175
219 Schmidt-Thomsen (1) (1967), S. 140
220 Severini; zitiert nach: Baumgarth (1966), S. 188
221 Pehnt (1973), S. 170
222 Banham (1964), S. 100
223 Banham (2) (1955), S. 301
224 a.a.O., S. 198
225 Müller (1977), S. 38
226 Wilhelm (1977), S. 73
227 Tafuri/Dal Co (1977), S. 129
228 Marx, K./Engels, F.: Manifest der Kommunistischen Partei, Berlin 1969[31], S. 77
229 Zirkular des „Arbeitsrates für Kunst" 1919; zitiert nach: Conrads (1964), S. 42
230 Taut (1919), S. 59 f.
231 a.a.O., S. 63
232 Pehnt (1973), S. 31
233 Taut (1919), S. 62
234 Lane (1968), S. 51, weist darauf hin, daß Taut keineswegs der einzige gewesen sei, der die Idee der neuen Stadt entwickelte; Parallelen gab es bei Gropius, Kampffmeyer („Friedensstadt") und anderen.
235 Huse (1975), S. 23
236 Taut (1919), S. 61
237 Schumpp (1972), S. 95

# Anmerkungen zum Kapitel „Verwirklichung I"

238 Vogt (1977), S. 24
239 a.a.O., S. 25
240 a.a.O., S. 26
241 Serenyi (1967)
242 Im übrigen sei hier auf die drei Herleitungen eines theoretischen Funktionalismus verwiesen, die Collins (1965) erläutert: die „biologische Analogie", die „mechanische Analogie" und „die gastronomische Analogie". Diese letzte wäre etwa als ein „Funktionalismus des Geschmacks" zu bezeichnen, der seine formalen Begründungen in Analogie zur Herstellung eines Essens aus Rohstoffen herleitet – wie Collins selbst betont, ist diese Analogie nur selten bezogen worden; sie hat auch für den Funktionalismus der zwanziger Jahre keine Bedeutung.
243 Posener (1) (1977), S. 18
244 Tafuri/Dal Co (1977), S. 128
245 Lethen (1970), S. 8
246 Gropius 1935 (1967), S. 28
247 a.a.O., S. 62
248 ebd.
249 F. Block: Haus und Wohnung des modernen Menschen (Funktion und Form), in: Block (1928), S. 90
250 W. Gropius: Grundsätze der Bauhausproduktion (1926), in: Conrads (1964), S. 91
251 ebd.
252 Jencks sieht, wie bereits erwähnt, in dieser Vieldeutigkeit geradezu ein wichtiges positives Kriterium von Architektur: "Certain buildings have a richness and density of meaning which make them more enjoyable to inhabit, view and visit than other. These are the buildings which are reinterpreted anew by every generation." (Jencks (1973), S.14)
253 W. Gropius um 1919, zitiert nach: Tafuri/Dal Co (1977), S. 132
254 Hübner (1963), S. 62
255 a.a.O., S. 24
256 a.a.O., S. 64
257 a.a.O., S. 82
258 Huse (1975), S. 66
259 Jencks widerholt den Gedanken, das Bauhaus sei für Gropius – "at least in some senses" – Verwirklichung seiner sozialen Vorstellungen gewesen. (Jencks (1973), S. 123)
260 Argan (1962), S. 55
261 H. Schmidt: „Aufgabe und Verwirklichung der Minimalwohnung (1929), in: Schmidt, Hans: Beiträge zur Architektur 1924 – 1964, Berlin 1965, S. 51
262 F. u. L. Kramer: Sozialer Städtebau der Stadt Frankfurt a.M., in: Kommunaler Wohnbau (1977), nicht pag.
263 Huse (1975), S. 69
264 Lorenzer (1) (1977), S. 143
265 Tafuri/Dal Co (1977), S. 176
266 Ernst May (o.J.), zitiert nach: Buekschmitt (1963), S. 55
267 ders.; zitiert nach: a.a.O., S. 56
268 ebd.
269 May (1930), S. 25
270 a.a.O., S. 34
271 F. u. L. Kramer; in: Kommunaler Wohnbau (1977), nicht pag.
272 Lewis Mumford; zitiert nach: Buekschmitt (1963), S. 57

273 Ein Motiv für die prinzipielle Vertrautheit mit den Schiffsformen liegt sicher darin, daß Scharoun aus Bremerhaven stammt. Jedoch kann das nur über die Kenntnis der Bauformen Auskunft geben, nicht aber über die Tatsache ihrer Anwendung.
274 Pfankuch (1974), S. 82
275 ebd.
276 a.a.O., S. 77
277 Scharoun 1946; zitiert nach: Akademie der Künste (1967), S. 15
278 Scharoun 1930; zitiert nach: Pfankuch (1974), S. 78
279 Scharoun 1950; zitiert nach: a.a.O., S. 88
280 ebd.
281 Pehnt (1973), S. 106
282 Jones (1978), S. 492
283 Pfankuch (1974), S. 89
284 von Moos (3) (1977), S. 3
285 a.a.O., S. 4
286 Salvisberg 1933 (1977), S.. 54
287 Lichtenstein (1977), S. 9
288 von Moos (1974), S. 33
289 von Moos (1) (1975), S. 49
290 Mendelsohn (1930), S. 28
291 Mendelsohn 1919; in: Mendelsohn (1930), S. 8
292 Vogt (1977), S. 30
293 Mendelsohn (1930), S. 23
294 Tafuri/Dal Co (1977), S. 164
295 Huse (1975), S. 31
296 Mendelsohn 1923; in: Mendelsohn (1930), S. 24
297 Lindahl (1959), S. 256
298 Huse (1975), S. 29
299 Virilio (1979), S. 369
300 Mendelsohn 1923; in: Mendelsohn (1930), S. 28
301 Lindahl (1959), S. 259
302 Mendelsohn 1924; zitiert nach: Hilberseimer (1967), S. 40
303 Tafuri/Dal Co (1977), S. 163
304 a.a.O., S. 341
305 a.a.O., S. 164
306 Vogt (1977), S. 25
307 Tafuri/Dal Co (1977), S. 163 f.
308 E. Jäckh: Idee und Realisierung der Internationalen Werkbundausstellung „Die Neue Zeit", Köln 1932, in: Schwarz/Gloor (1969), S. 44
309 Jencks (1973), S. 39
310 a.a.O., S. 32
311 Müller (1) (1976), S. 275
312 Müller (1977), S. 52
313 ebd.
314 Gropius o.J.; in: Banham (1964), S. 269
315 Junghanns (1964), S. 195
316 Jencks (1973), S. 34
317 Posener (1) (1977), S. 19
318 Venturi/Scott Brown (1977), S. 34
319 Posener (1) (1977), S. 19
320 Tafuri/Dal Co (1977), S. 149
321 K. Horn; in: Berndt/Lorenzer/Horn (1968), S. 121

322 Banham (1964), S. 268
323 W. Gropius (o.J.); zitiert nach: Argan (1962), S. 49
324 Behne 1923 (1964), S. 46
325 ebd.
326 ebd.
327 Schwab 1930 (1973), S. 94
328 a.a.O., S. 104 f.
329 „Die soziologischen Grundlagen der Minimalwohnung" (1929); in: Gropius (1956), S. 89
330 a.a.O., S. 88
331 In: „Bau und Wohnung", 1927; zitiert nach: Pfankuch (1974), S. 70
332 Antrittsvorlesung an der Staatlichen Akademie für Kunst und Kunstgewerbe Breslau, 1925; in: Pfankuch (1974), S. 50
333 ebd.
334 Gropius (1956), S. 92 (zuerst 1929)
335 ebd.
336 von Moos (1974), S. 30
337 Hilberseimer 1927 (1978), S. 39
338 a.a.O., S. 19
339 ebd.
340 In: Gropius (1956), S. 94 (zuerst 1931)
341 M Breuer: Beiträge zur Frage des Hochhauses (1930); in: Schwarz/Gloor (1969), S. 163
342 Steinmann (1974), S. 4
343 May (1930), S. 35
344 Forbat (1929), S. 143
345 E. Sax: Die Wohnungszustände der arbeitenden Classen, Wien 1869, S. 87; zitiert nach: Steinmann (1974), S. 6
346 Reklame der „Frankfurter Aktiengesellschaft für kleine Wohnungen", in: Wilhelm (1977), S. 76
347 Forbat (1929), S. 142
348 1931; Zitiert nach: Gropius (1956), S. 94
349 Janssen (1971), S. 70
350 a.a.O., S. 80
351 Tafuri (1974), S. 312
352 a.a.O., S. 310
353 a.a.O., S. 312
354 ebd.
355 a.a.O., S. 313
356 Stratmann (1977), S. 40
357 Borngräber (1979), S. 377
358 „Neubau", 1924, S. 42; zitiert nach: Lindahl (1959), S. 280
359 Lindahl (1959), S. 281
360 Mies van der Rohe 1923 (1977), S. 1087
361 Lindahl (1959), S. 278
362 Hilberseimer 1927 (1978), S. 100
363 A. Brenner: Neuzeitliche Grundrißlösungen auf kleinstem Raum, in: Block (1928), S. 158
364 Pfankuch (1974), S. 82
365 Huse (1975), S. 48
366 ebd.
367 Vogt (1977), S. 26

368 Hilde Weiß 1927; zitiert nach: Hilpert (1978), S. 42
369 Lethen (1970), S. 20
370 Vogt (1977), S. 29
371 ebd.
372 a.a.O., S. 26

# Anmerkungen zum Kapitel „Verwirklichung II"

373 Collins (1965), S. 165
374 ebd.
375 von Moos (1974) und (1) (1975)
376 Vogt (1977)
377 Rowe, C./Slutzky, R./Hoesli, B.: Transparenz. Basel/Stuttgart 1974
378 Jordy (1963)
379 a.a.O., S. 179
380 a.a.O., S. 181
381 ebd.
382 a.a.O., S. 182
383 Le Corbusier 1929 (2) (1964), S. 88 f.
384 Le Corbusier 1923 (1969), S. 83
385 Serenyi (1967), S. 278
386 Collins (1965), S. 166
387 Hilpert (1978), S. 125, unter Bezug auf einen Satz von Le Corbusier
388 Sedlmayr 1948 (1973), S. 84
389 Banham (1964), S. 273
390 Boesinger (1941), S. 11
391 Posener (2) (1977), S. 40
392 In der Unité von Nantes (1952/3) und bei den anderen Unités war der Dachgarten in ähnlicher Form wie in Marseilles geplant, so daß im Planungsstadium durchaus auf das Dampfermotiv Bezug genommen wird; jedoch sind diese Teile nur zum geringen Teil — am stärksten ausgeprägt noch in Nantes — ausgeführt worden.
393 Die erste Gruppierung der Dom-Ino-Häuser muß geradezu als Zitat der Phalanstère verstanden werden; s. Boesinger (1937), S. 24
394 von Moos (1968), S. 246
395 Jencks (1975), S. 139
396 In der Ansprache bei der Übergabe der Unité am 14. Oktover 1952 weist Le Corbusier auf die Kartause von Ema als Vorbild ausdrücklich hin; s. Boesinger (1953), S. 192
397 Serenyi (1967), S. 283
398 Jencks (1973), S. 18
399 Le Corbusier 1923 (1969), S. 186
400 Le Corbusier: "The Marseilles Block", S. 22; zitiert nach: Serenyi (1967), S. 281 (Die Zitate aus den Büchern Le Corbusiers, die bisher nicht in deutscher Übersetzung vorliegen, wurden vom Verfasser übersetzt)
401 Ch. Fourier, 1772–1837; zitiert nach: Bollerey/Hartmann (1973), S. 23
402 a.a.O., S. 24
403 Huse (1976), S. 90
404 Tafuri/Dal Co (1977), S. 353
405 von Moos (1) (1975), S. 50
406 Serenyi (1967), S. 384

407 von Moos (1974), S. 39
408 a.a.O., S. 37
409 Tafuri/Dal Co (1977), S. 140
410 von Moos (1974), S. 37
411 a.a.O., S. 38
412 a.a.O., S. 40
413 Le Corbusier 1933 (1) (1964), S. 340
414 Serenyi (1967), S. 279
415 Le Corbusier 1923 (1969), S. 77
416 Le Corbusier (1945), S. 9
417 Le Corbusier/Pierrefeu (1948), S. 78
418 a.a.O., S. 102
419 Le Corbusier (1945), S. 11
420 Le Corbusier 1933 (1) (1964), S. 176
421 Bollerey/Hartmann (1973), S. 21
422 Le Corbusier 1933 (1) (1964), S. 37
423 Le Corbusier (1957), S. 30 f.
424 siehe dazu: Evenson (o.J.), S. 12
425 Le Corbusier (1945), S. 102
426 Le Corbusier 1923 (1969), S. 205
427 Le Corbusier 1933 (1) (1964), S. 177
428 Le Corbusier (1929), S. VIII
429 Le Corbusier 1933 (1) (1964), S. 37
430 a.a.O., S. 70
431 Le Corbusier (1947), S. 177; s.a.: Le Corbusier (1) (1964), S. 67
432 Le Corbusier 1933 (1) (1964), S. 59
433 Evenson (o.J.), S. 18, zitiert hierzu z. B. Mumford als einen der sicherlich scharfsinnigsten Kritiker Le Corbusiers.
434 Hilpert (1978), S. 260
435 Huse (1976), S. 30
436 Sedlmayr 1948 (1973), S. 86
437 Jencks (1973), S. 162
438 Jencks (1975), S. 35 f.
439 Serenyi (1965), S. 15
440 Hilpert (1978), S. 142
441 Le Corbusier (1929), S. 45
442 a.a.O., S. 46
443 Es sei besonders verwiesen auf: Banham (1964), S. 189 ff.; von Moos (1968), S. 74 ff.; Huse (1976), S. 19 ff.; Collins (1965), S. 164 ff.
444 Collins (1965), S. 164
445 Le Corbusier 1923 (1969), S. 77
446 a.a.O., S. 78 f.
447 a.a.O., S. 81 ff.
448 a.a.O., S. 85
449 a.a.O., S. 86
450 Collins (1965), S. 165, S. 283
451 Le Corbusier 1923 (1969), S. 32
452 Banham (1964), S. 201
453 Le Corbusier 1923 (1969), S. 89
454 Le Corbusier 1929 (2) (1964), S. 224
455 a.a.O., S. 208
456 a.a.O., S. 89

457 a.a.O., S. 90
458 a.a.O., S. 91
459 Hilpert (1978), S. 126
460 Le Corbusier (1929), S. 63
461 a.a.O., S. 64
462 Le Corbusier 1933 (1) (1964), S. 30
463 a.a.O., S. 59
464 a.a.O., S. 178
465 von Moos (1974) ist auf die Zusammenhänge und Le Corbusiers Bewertung der sowjetischen Experimente eingegangen.
466 Le Corbusier (o.J.); zitiert nach: Huse (1976), S. 11
467 Serenyi (1967) hat die Hintergründe der Fourierschen Vorstellungen und die Beziehungen Le Corbusiers dazu am genauesten behandelt.
468 a.a.O., S. 280
469 Huse (1976), S. 88
470 K. Horn; in: Berndt/Lorenzer/Horn (1968), S. 116
471 a.a.O., S. 118
472 Frampton (1968), S. 112

# Anmerkungen zum Kapitel „Verwirklichung III"

473 Kopp (1970), S. 1
474 Vogt (1974), S.. 214
475 a.a.O., S. 181
476 a.a.O., S. 143
477 a.a.O., S. 154
478 a.a.O., S. 160
479 Kopp (1970), S. 168
480 a.a.O., S. 155 f.
481 Lissitzky 1929 (1965), S. 39 f.
482 Vogt (1974), S. 143
483 um 1929; zitiert nach: Vogt (1974), S. 148
484 Lissitzky 1929 (1965), S. 25
485 Jencks (1973), S. 84
486 Lissitzky 1929 (1965), S. 26
487 Vogt (1974), S. 146
488 zitiert nach: Gradow (1971), S. 48; siehe auch: Vogt (1974), S. 9
489 Lenin 1919; zitiert nach: Kopp (1970), S. 103 (Übers. v. Verf.)
490 Vogt (1974), S. 48
491 Jencks (1973), S. 86
492 Lissitzky 1929 (1965), S. 17 f.
493 1926, zitiert nach: Gradow (1971), S. 49
494 Kopp (1970), S. 36
495 Nach: a.a.O., S. 130
496 Gradow (1971), S. 62
497 Sabsowitsch/Kusmin 1928; zitiert nach: a.a.O., S. 55
498 Kopp (1970), S. 152
499 Abb. in: Gradow (1971), S. 61
500 Abb. in: a.a.O., S. 60

501 Abb. in: a.a.O., S. 56; s.a.: Kopp (1970), S. 170
502 1929; zitiert nach: Kopp (1970), S. 141 (Übers. d. Verf.)
503 1929; zitiert nach: a.a.O., S. 141 f. (Übers. d. Verf.)
504 Vogt (1974), S. 38
505 Zitiert nach: Frankfurter Kunstverein (1972), nicht pag.
506 Nakov (1977), S. 1/111
507 Tafuri/Dal Co (1977), S. 204
508 Resolution der OSA (Gesellschaft zeitgenössischer Architekten) 1928; zitiert nach: Kopp (1970), S. 94
509 Lissitzky 1929 (1965), S. 137
510 ebd.
511 Tafuri/Dal Co (1977), S. 204
512 Kopp (1970), S. 115
513 Farner (1973), S. 9 f.
514 „Realistisches Manifest" von Naum Gabo und Nikolaus Pevsner, 1920; zitiert nach: Conrads (1964), S. 53
515 Huse (1975), S. 30
516 Peter Gorsen; in: Frankfurter Kunstverein (1972), nicht pag.
517 Tafuri/Dal Co (1977), S. 204
518 Huse (1975), S. 30
519 Vogt (1974), S. 162 f. (s.a.: ders. in „archithese", 7/73, S. 12)
520 Zitiert nach: Borngräber, Christian: Ausländische Architekten in der UdSSR; in: Neue Gesellschaft für Bildende Kunst (Hrsg.): Wem gehört die Welt? Kunst und Gesellschaft in der Weimarer Republik. Berlin 1977, S. 109
521 Zitiert nach: Hilpert (1978), S. 66
522 a.a.O., S. 85
523 Kopp (1970), S. 11
524 Vogt (1974), S. 232
525 a.a.O., S. 242
526 a.a.O., S. 243 f.

# Anmerkungen zum Kapitel „Scheitern"

527 Banham (1964), S. 268
528 Gropius (1967), S. 28 (erschienen 1935)
529 K. Horn; in: Berndt/Lorenzer/Horn (1968), S. 108
530 a.a.O., S. 109
531 Müller (1) (1976), S. 274 ff.
532 Huse (1975), S. 14
533 Posener (1) (1977), S. 20
534 Hitchcock/Johnson (1966), S. 169 (zuerst 1932)
535 Tafuri/Dal Co (1977), S. 174
536 a.a.O., S. 261
537 L. Cheronnet: „Manifest der U.A.M." (1934); in: Paris-Berlin 1900-1933, München 1979, S. 342
538 Tafuri/Dal Co (1977), S. 283
539 a.a.O., S. 181
540 Uhlig (1977), S. 62
541 Behne 1923 (1964), S. 26 f.

542 H. Ford 1924; zitiert nach: Behne (1964), S. 26
543 ebd.
544 a.a.O., S. 27
545 Lane (1968), S. 190
546 a.a.O., S. 181
547 Eco (1971), S. 55 f.
548 A. Lorenzer ; in: Berndt/Lorenzer/Horn (1968), S. 82
549 Helle (1969), S. 76
550 a.a.O., S. 95
551 z.B. Bloch (1977), S. 181
552 Müller (1) (1976), S. 273
553 Banham (1964), S. 277
554 R. Pfister 1931, zitiert nach: Huse (1975), S. 12
555 Sedlmayr (1973), S. 85 (zuerst 1948)
556 a.a.O., S. 87
557 ebd.
558 G. Rageot; in: "L'Homme standard" (1927); zitiert nach Virilio (1979), S. 369
559 Bloch (1977), S. 858 f.
560 a.a.O., S. 859
561 a.a.O., S. 861
562 Vogt (1974), S. 162
563 Bloch (1977), S. 862
564 s.a.: Vogt (1974), S. 241
565 A. Behne 1930: Dammerstock; in: Schwarz/Gloor (1969), S. 173
566 Hitchcock/Johnson (1966), S. 93 (zuerst 1932)
567 Meyer (1940), S. 245
568 Adorno (1977), S. 381
569 Meyer (1940), S. 243
570 Virilio (1979), S. 369
571 Posener (1) (1977), S. 22
572 K. Horn; in: Berndt/Lorenzer/Horn (1968), S. 113
573 Adorno (1977), S. 389 f.
574 a.a.O., S. 390
575 a.a.O., S. 390 f.

# Anmerkungen zum Kapitel „Wiederkehr"

576 Marx, Karl: Der achtzehnte Brumaire des Louis Bonaparte, in: Marx, Karl/Engels, Friedrich: Ausgewählte Werke Bd. 1, Berlin 1979$^{26}$, S. 226
577 Schmidt (1977), S. 198
578 Tafuri/Dal Co (1977), S. 389
579 ebd.
580 a.a.O., S. 391
581 Einige der im folgenden genannten Projekte (Leicester University und Churchill College) wurden in Partnerschaft mit James Gowan bearbeitet. Obwohl in der öffentlichen Diskussion (und auch in dieser Arbeit) Stirling als bestimmender Faktor dieser Partnerschaft gilt, sind hier Einschränkungen erlaubt. So zeigt, unwidersprochen, die Monographie Gowans die Ingenieurfakultät in Leicester unter seinem Namen (Architectural Monographs 3 — James Gowan, London 1978). Gowan entwickelt über die Zeit der Zu-

sammenarbeit mit Stirling hinaus eine vage Dampferassoziation weiter (Offices and Retail Warehouse in Deptford, 1975; Family Health Clinic, London 1974).
582 Jencks (2) (1970), S. 55
583 Frampton (1964), S. 61
584 Aus einem Brief an den Verfasser
585 Ausführliche Analysen des Gebäudes siehe: "Architectural design", 2/64 (K. Frampton); "Architectural Review", 4/64 (J. Jacobus); "Baumeister", 12/68 (P. Peters); R. Banham: Age of the Masters (o.O. $1975^2$), S. 106
586 Stirling: Anti-structure
587 Jacobus (1964), S.260
588 Banham (1975), S. 108
589 Jencks (2) (1970), S. 56
590 Ausführliche Analysen siehe: "Architectural design", 9/70 (K. Frampton); "Architectural Forum", 9/70 (Ch. Jencks)
591 siehe besonders: Stirling (1965)
592 a.a.O., S. 231
593 Stirling: Anti-structure
594 a.a.O., S. 60
595 Frampton (1970)
596 Rykwert (1970), S. 7
597 Stirling (1975), S. 275
598 Frampton (1970), S. 461
599 a.a.O., S. 462
600 ebd.
601 Tafuri (1978), S. 6
602 Stirling (1965), S. 231
603 Jencks (1973), S. 31
604 Stirling (1965), S. 238 f.
605 a.a.O., S. 240
606 Stirling (1956), S. 161
607 Jencks (1973), S. 45
608 Stirling (1965), S. 239
609 Tafuri/Dal Co (1977), S. 407
610 s. Anm. 605
611 Jencks (1973), S.. 261
612 Aus einem Brief an den Verfasser
613 Hoyt (1973), S. 89
614 Aus dem Erläuterungsbericht Richard Meiers zum „Haus Douglas" in: "domus" 542, 1/75, S. 22
615 Erläuterungsbericht in: „Baumeister", 7/77, S. 617
616 C. Rowe; in: Five Architects (1975), S. 6
617 ebd.
618 a.a.O., S. 4
619 Veröffentlicht in: „Bauwelt", 38/74, S. 1255 ff.
620 Veröffentlicht in: „Bauwelt", 11/75, S. 331 ff.
621 Erläuterungsbericht; ebd.
622 U. Conrads; in: a.a.O., S. 1255
623 Tafuri (1978), S. 10
624 Tafuri (1977), S. 120 f.
625 Lorenzer (1) (1977), S. 145

# Anmerkungen zum Kapitel „Ausblick"

626 Mumford (1949), S. 177
627 ebd.
628 Warnke (1976), S. 157
629 A. Lorenzer; in: Berndt/Lorenzer/Horn (1968), S. 81
630 Fester/Kuhnert (1978), S. 2
631 Pahl (1977), S. 106
632 Becker/Keim (1972), S. 65
633 Maxwell (1972), S. 20
634 ebd.
635 Jencks (1977), S. 60
636 a.a.O., S. 58
637 a.a.O., S. 101
638 Adorno (1977), S. 389
639 a.a.O., S. 390
640 Schmidt (1973)
641 a.a.O., S. 1067
642 s. Anm. 636
643 Maxwell (1972), S. 26
644 Stern (1977), S. 275
645 Schumpp/Throll (1968). Die gezeigten Entwürfe Throlls jedoch scheinen der Theorie eher zuwiderzulaufen; sie stehen in direkter Nachfolge Scharouns und sind nicht Zeichen einer „zersplitterten Form", sondern geradezu harmonistisch und ganzheitlich.
646 a.a.O., S. 14
647 ebd.
648 Posener (1) (1968), S. 75
649 Schmidt (1973), S. 1067
650 Adorno (1977), S. 395
651 Posener (2) (1977), S. 44
652 Venturi (1978), S. 9
653 Venturi/Scott Brown (1975), S. 24
654 ebd.
655 a.a.O., S. 25
656 Venturi (1978), S. 23
657 a.a.O., S. 62
658 a.a.O., S. 38
659 Venturi/Scott Brown (1975), S. 17
660 von Moos (2) (1975), S. 12
661 Venturi (1978), S. 64
662 a.a.O., S. 65
663 Venturi/Scott Brown (1975), S. 21
664 a.a.O., S. 22
665 ebd.
666 Müller (1) (1976), S. 304
667 a.a.O., S. 306
668 a.a.O., S. 307
669 Tafuri (1978), S. 12
670 Tafuri (1977), S. 132
671 Bloch (1977), S. 26

# Literaturverzeichnis

Adorno, Theodor W.: Funktionalismus heute, in: Gesammelte Schriften, Bd. 10·1, Frankfurt/Main 1977²
Akademie der Künste, Berlin (Hrsg.): Hans Scharoun (Ausstellungskatalog) Berlin 1967
Argan, Giulio Carlo: Gropius und das Bauhaus, Reinbek bei Hamburg 1962

Banham, Reyner (1): Machine Aesthetic, in: Architectural Review 4/55
— (2): Sant'Elia, in: Architectural Review 5/55
— Die Revolution der Architektur, Reinbek bei Hamburg 1964
— Brutalismus in der Architektur, Stuttgart/Bern 1966
— Age of the Masters, o.O. 1975
Barthes, Roland: Semiotik und Urbanismus, in: Carlini, A./Schneider, B. (Hrsg.): Konzept 3 —
— Die Stadt als Text, Tübingen 1976
Baumgarth, Christa: Geschichte des Futurismus, Reinbek bei Hamburg 1966
Becker, Heidede/Keim, K. Dieter: Wahrnehmung in der städtischen Umwelt — möglicher Impuls für kollektives Handeln, Berlin 1972
Behne, Adolf: 1923 — Der moderne Zweckbau, Berlin/Frankfurt/Wien 1964 (Bauwelt Fundamente Bd. 10) (Originalausgabe 1926)
Benevolo, Leonardo: Geschichte der Architektur des 19. und 20. Jahrhunderts, München 1964
Benjamin, Walter: Das Kunstwerk im Zeitalter seiner technischen Reproduzierbarkeit, Frankfurt 1963
Berndt, Heide/Lorenzer, Alfred/Horn, Klaus: Architektur als Ideologie, Frankfurt 1968
Blake, Peter: Drei Meisterarchitekten, München 1962
— Form Follows Fiasco, Boston/Toronto 1977
Bloch, Ernst: Utopische Funktion in bildender Kunst (Interview), in: werk 9/73
— Das Prinzip Hoffnung, Frankfurt 1977⁴
Block, Fritz (Hrsg.): Probleme des Bauens, Potsdam 1928
Bock, Manfred: Vom Monument zur Städteplanung: Das Neue Bauen, in: Tendenzen der Zwanziger Jahre (Katalog), Berlin 1977
Boesiger, Willy (Hrsg.): Le Corbusier/Pierre Jeanneret — Oeuvre complète de 1910-1929, Zürich 1937
— Ihr gesamtes Werk von 1929-1934, Zürich 1941²
— Le Corbusier oeuvre complète 1938-1946, Zürich 1950
— Le Corbusier oeuvre complète 1946-1952, Zürich 1953
— Le Corbusier et son atelier rue de Sévres 35, 1952-1957, Zürich 1957
Bollerey, Franziska/Hartmann, Kristina: Kollektives Wohnen. Theorien und Experimente der utopischen Sozialisten Robert Owen und Charles Fourier, in: archithese 8/73
Borngräber, Christian: Der soziale Anspruch des Neuen Bauens ist im Neuen Frankfurt gescheitert, in: Paris, Berlin: 1900-1933 (Ausstellungskatalog), München 1979
Buddensieg, Tilman: Messel und Taut. Zum „Gesicht" der Arbeiterwohnung, in: archithese 12/74
Buekschmitt, Justus: Ernst May, Stuttgart 1963
Busignani, Alberto: gropius, London 1973

Chlebnikow, I.: Moskauer Architektur 1925-30, in: Bauwelt 28/69
Choay, Françoise: Le Corbusier, Ravensburg 1960
Conrads, Ulrich (Hrsg.): Programme und Manifeste zur Architektur des 20. Jahrhunderts (Bauwelt Fundamente Bd. 1), Braunschweig/Wiesbaden 1975[2]
Conrads, Ulrich/Sperlich, Hans G.: Phantastische Architektur, Stuttgart 1960
Coleman, Terry: The Liners, Harmondsworth 1977
Collins, Peter: Changing Ideals in Modern Architecture, London 1965
Cresti, Carlo: Le Corbusier, Luzern/Freudenstadt/Wien 1969
Curtis, William: Berthold Lubetkin or: "Socialist" Architecture in the Diaspora, in: archithese 12/74

Dal Co, Francesco: Die „a-historische" Poetik der Avantgardekunst in Rußland, in: archithese 7/73
Danesi, Silvia/Patetta, Luciano (Hrsg.): Il razionalismo e l'architettura in Italia durante il Fascismo (Ausstellungskatalog), Venedig 1976
Dittmann, Lorenz: Stil.Symbol. Struktur, München 1967
Dorfles, Gillo: Ikonologie und Semiotik in der Architektur, in: Carlini, A./Schneider, B. (Hrsg.): Konzept 1 — Architektur als Zeichensystem, Tübingen 1971
Drew, Philip: Die dritte Generation, Stuttgart 1972

Eckardt, Wolf von: erich mendelsohn, Ravensburg 1962
Eco, Umberto: Funktion und Zeichen (Semiologie der Architekur), in: Carlini, A./ Schneider, B. (Hrsg.): Konzept 1 — Architektur als Zeichensystem, Tübingen 1971
— Zeichen. Einführung in einen Begriff und seine Geschichte, Frankfurt 1977
Evenson, Norma: Le Corbusier: The Machine and the Grand Design, London o.J.

Farner, Konrad: Einige Thesen zum Problem „Architektur der sozialistischen Gesellschaft", in: archithese 7/73
Fehl, Gerd: Entwerfen, Componieren, Konstruieren, Erfinden, in: Arch[+] 37/78
Fester, Mark/Kuhnert, Nikolaus: Der „Tod der Architektur" und die Antworten der Architekten, in: Arch[+] 37/78
Fitch, James M.: Vier Jahrhunderte Bauen in USA (Bauwelt Fundamente Bd. 23), Berlin/ Frankfurt/Wien 1968
Five Architects: Eisenman, Graves, Gwathmey, Hejduk, Meier, New York 1975[2]
Five on Five — Guirgola, R.: "The Discreet Charm of the Bourgeoisie", Greenberg, A.: "The Lurking American Legacy"; Moore, Ch.: "In Similar States of Undress"; Robertson, J.: "Machines in the Garden"; Stern, R.: "Stompin' at the Savoye", in: Architectural Forum 5/73
Forbat, Fred: Wohnform und Gemeinschaftsidee, in: Wohnungswirtschaft 10-11/1929
Fornani, F.: Das Individuum und die Symbolisierung der Umwelt, in: Schneider, B. (Hrsg.): Konzept 2 — Stadtbild, Tübingen 1976
Four great Makers of Modern Architecture — Gropius, Le Corbusier, Mies van der Rohe, Wright. A verbatim record of a symposium held at the School of Architecture, Columbia University, March — May, 1961, New York 1970[2]
Frampton, Kenneth: Leicester University Engineering Laboratory, in: Architectural Design 2/6
— Das Problem des Idealismus und des Utilitarismus in der Architektur des 20. Jahrhunderts, in: TU Berlin/Lehrstuhl für Entwerfen VI (Hrsg.): Architekturtheorie, Berlin 1968
— Andrew Melville Hall, St. Andrews University, Scotland, in: Architectural Design 9/70
Frank, Josef: Architektur als Symbol. Elemente deutschen neuen Bauens, Wien 1931

Frankfurter Kunstverein (Hrsg.): Kunst in der Revolution (Katalog), Frankfurt 1972
Fry, Maxwell: Art in a Machine Age, London 1969

Giedion, Sigfried: Befreites Wohnen, Zürich/Leipzig 1929
— Architektur und Gemeinschaft, Hamburg 1956
— Raum, Zeit, Architektur, Zürich und München 1976 (zuerst veröffentlicht 1941)
Girouard, Mark: Florey Building. Criticism, in: Architectural Review 11/72
Gradow, G.A.: Stadt und Lebensweise, Berlin 1971
Graf, Urs: Moskau 1925-1935 Bauten der Avantgarde, in: werk 9/69
Gropius, Walter: Der stilbildende Wert industrieller Bauformen, in: Jahrbuch des Deutschen Werkbundes 1914, Jena 1914
— Architektur. Wege zu einer optischen Kultur, Frankfurt/Main, Hamburg 1956
— Die neue Architektur und das Bauhaus, Mainz/Berlin 1967[2] (zuerst veröffentlicht 1935)

Hackelsberger, Christoph: 50 Jahre Weißenhofsiedlung — Architekturbotschaft aus einer anderen Zeit, in: Deutsches Architektenblatt 11/77
Helle, Horst Jürgen: Soziologie und Symbol. Ein Beitrag zur Handlungstheorie und zur Theorie des sozialen Wandels, Köln/Opladen 1969
Hennig-Schefold, Monica: Berliner Bauformen der zwanziger Jahre, in: werk 3/66
Hilberseimer, Ludwig: Berliner Architektur der 20er Jahre, Mainz/Berlin 1967[2]
— Großstadtarchitektur, Stuttgart 1978[2] (zuerst erschienen 1927)
Hilpert, Thilo: Die Funktionelle Stadt (Bauwelt Fundamente Bd. 48), Braunschweig 1978
Hitchcock, Henry Russell/Johnson, Philip: The International Style, New York 1966 (Nachdruck der Ausgabe von 1932)
Hoyt, Charles: Richard Meier — Public Space and Private Space, in: Architectural Record 7/73
Hübner, Herbert: Die soziale Utopie des Bauhauses, Münster 1963
Huse, Norbert: „Neues Bauen" 1918 bis 1933. Moderne Architektur in der Weimarer Republik, München 1975
— Le Corbusier, Reinbek bei Hamburg 1976

Jacobus, John: Engineering Building, Leicester University, in: Architectural Review 4/64
Janssen, Jörn: Sozialismus, Sozialpolitik und Wohnungsnot, in: Helms, H.G./Janssen, J. (Hrsg.): Kapitalistischer Städtebau, Neuwied/Berlin 1971
Jencks, Charles (1): Semiology & Architecture, in: Jencks, Ch./Baird, G.: Meaning in Architecture, London 1970
— (2): Student Dorms on a Scottish Coast, in: Architectural Forum 9/70
— Rhetorik und Architektur, in: archithese 2/72
— Modern Movements in Architecure, New York 1973
— Le Corbusier and the Tragic View of Architecture, London 1975
— The Language of Postmodern Architecture, London 1977; deutsch: Die Sprache der postmodernen Architektur, Stuttgart 1979
— Post Modern History in: architectural design 1/78
Jessen, Peter: Deutsche Form im Weltverkehr, in: Jahrbuch des Deutschen Werkbundes 1914, Jena 1914
Joedicke, Jürgen: On The Genesis of Functionalism, in: L'architecture d'aujourd'hui 158, 10-11/71 (engl. Übersetzung)
— Funktionalismusschelte? in: Bauwelt 40/78
Joedicke, Jürgen/Plath, Christian: die weißenhofsiedlung stuttgart, Stuttgart 1977[2]
Jones, Peter Blundell: Late Works of Scharoun, in: Architectural Review 3/75
— Hans Scharoun, in: architectural design 7/78

Jordy, William H.: The Symbolic Essence of Modern European Architecture of the Twenties and Its Continuing Influence, in: Journal of the Society of Architectural Historians 3/63 (XXII)
Junghanns, Kurt: Die Maschine in der deutschen Architekturtheorie des 19. und 20. Jahrhunderts, in: Anschauung und Deutung. Willy Kurth zum 80. Geburtstag, Berlin 1964

Kiemle, Manfred: Ästhetische Probleme der Architektur unter dem Aspekt der Informationsästhetik, Quickborn 1967
Klotz, Heinrich: Was ist Funktionalismus? in: ders.: Gestaltung einer neuen Umwelt, Luzern/Frankfurt 1978
Klotz, Heinrich/Cook, John W.: Architektur im Widerspruch (Interview mit R. Venturi und D. Scott Brown), Zürich 1974
Kommunaler Wohnbau in Wien. Aufbruch − 1923 bis 1934 − Ausstrahlung. (Textbuch zur Ausstellung) o.O. u.J. (1977)
Koninck, Louis H. de: architecture (Ausstellungskatalog), Brüssel 1973
Kopp, Anatole: Town and Revolution, London 1970
Kubinsky, Mihály: Sant'Elia und das Bild der Modernen Stadt, in: Bauen + Wohnen 5/69

Lane, Barbara Miller: Architecture and Politics in Germany 1918-1945, Cambridge/Mass. 1968
Le Corbusier: Städtebau, Berlin/Leipzig 1929
− Grundfragen des Städtebaus, Stuttgart 1945
− When the Cathedrals were White, New York 1947
− Von der Poesie des Bauens, Zürich 1957
− Mein Werk, Stuttgart 1960
− An die Studenten/Die 'Charte d'Athènes', Reinbek bei Hamburg 1962
− (1): La ville radieuse, Paris 1964² (zuerst erschienen 1933)
− (2) 1929 − Feststellungen zu Architektur und Städtebau (Bauwelt Fundamente Bd. 12), Berlin, Frankfurt/Main, Wien 1964
− 1922 Ausblick auf eine Architektur (Bauwelt Fundamente Bd. 2), Gütersloh/Berlin 1969
Le Corbusier/Pierrefeu, François de: The Home of Man, London 1948
Lethen, Helmut: Neue Sachlichkeit 1924-1932. Studien zur Literatur des „Weißen Sozialismus", Stuttgart 1970
Lewcock, Ronald/Brans, Gerard: The Boat as an Architectural Symbol, in: Oliver, Paul (Hrsg.): Shelter, Sign and Symbol, London 1975
Lichtenstein, Claude: Salvisberg und das „neue bauen", in: werk − archithese 10/77
Lindahl, Göran: Von der Zukunftskathedrale bis zur Wohnmaschine, in: Figura N.S.I. (1959)
Lissitzky, El: 1929 Rußland: Architektur für eine Weltrevolution (Bauwelt Fundamente Bd. 14), Berlin, Frankfurt/Main, Wien 1965
Lorenzer, A.: Kritik des psychoanalytischen Symbolbegriffs, Frankfurt 1970
− (1): Architektonische Symbole und subjektive Struktur, in: Abt. Bauwesen der Universität Dortmund (Hrsg.): Das Prinzip Reihung in der Architektur, Dortmund 1977
− (2): Kritische Diskussionsbeiträge zum Funktionalismus und zu dessen Überwindung, in: werk − archithese 3/77

Machule, Dittmar: 40 Jahre Großsiedlung Siemensstadt, in: Bauwelt 47 − 48/71
Magnago-Lampugnani, Vittorio: Ästhetische Grundlagen der architektonischen Sprache, Stuttgart 1977
Maxwell, Robert: Neue englische Architektur, Stuttgart 1972
May, Ernst: Fünf Jahre Wohnungsbautätigkeit in Frankfurt am Main, in: Das Neue Frankfurt, 2-3/1930

Meier, Richard: Strategie di Progettazione — Design Strategies, in: Casabella 389, 5/74
— Architect. Buildings and Projects 1966-76, New York 1978[2]
Mendelsohn, Erich: Das Gesamtschaffen des Architekten, Berlin 1930
Meyer, Peter: Situation der Architektur 1940, in: Das Werk 9/40
Mies van der Rohe, Ludwig: Gelöste Aufgaben (Vortrag vor dem B.D.A. 1923), in: Bauwelt 33/77
Moos, Stanislaus von: Le Corbusier, Frauenfeld/Stuttgart 1968
— Wohnkollektiv, Hospiz und Dampfer, in: archithese 12/74
— (1): Das Schiff — eine Metapher der modernen Architekur, Antrittsvorlesung an der Universität Bern v. 5.7.75, in: Neue Züricher Zeitung v. 23./24.8.1975
— (2): Las Vegas et caetera, in: archithese 13/75
— (1): "... de l'uniformitè dans le détail." Notiz zur Uniformität bei Le Corbusier, in: werk — archithese 1/77
— (2): Zweierlei Realismus, in: werk — archithese 7-8/77
— (3): Architektur auf den zweiten Blick oder: Salvisberg heute, in: werk — archithese 10/77
Mühlestein, Erwin: Kollektives Wohnen gestern und heute, in: archithese 14/75
Müller, Michael (1): Architektur als ästhetische Form oder ästhetische Form als lebenspraktische Architektur?, in: Lüdke, W.M. (Hrsg.): „Theorie der Avantgarde". Antworten auf Peter Bürgers Bestimmung von Kunst und bürgerlicher Gesellschaft, Frankfurt 1976
— (2): Geschichte und Erfahrung. Das Problem ihrer Rettung, in: Institut für Bau- und Kunstgeschichte, TU Hannover (Hrsg.): Bewertungsprobleme der Denkmalpflege im städtischen Raum, Hannover 1976
— Die Verdrängung des Ornaments. Zum Verhältnis von Architektur und Lebenspraxis, Frankfurt 1977
Müller-Wulckow, Walter: Architektur der Zwanziger Jahre in Deutschland, Königstein/Taunus 1975 (Nachdruck der Ausgabe von 1929)
Mumford, Lewis: Monumentalism, Symbolism and Style, in: Architectural Review 4/49
Murard, Lion/Zylberman, Patrick: Ästhetik des Taylorismus. Die rationelle Wohnung in Deutschland (1924-1933), in: Paris, Berlin: 1900-1933 (Katalog), München 1979

Nakov, Andréi B.: Kunst und Revolution in Rußland, in: Tendenzen der zwanziger Jahre (Katalog), Berlin 1977
Neue Sammlung, Die (Hrsg.): Zwischen Kunst und Industrie. Der Deutsche Werkbund, München 1975
Neumann, Ernst: Die Architektur der Fahrzeuge, in: Jahrbuch des Deutschen Werkbundes 1914, Jena 1914
Norberg-Schulz, Christian: Logik der Baukunst (Bauwelt Fundamente Bd. 15), Braunschweig 1980[2]
— Meaning in Western Architecture, London 1975 (deutsch: Vom Sinn des Bauens, Stuttgart 1979)

Obrist, Herrmann: Neue Möglichkeiten in der Bildenden Kunst, in: Der Kunstwart XVI/2, 1903

Pahl, Jürgen: Stadtgestalt zwischen Tradition, Verwahrlosung, Nostalgie und neuer Orientierung, in: Institut für Landes- und Stadtenwicklungsforschung des Landes NW (Hrsg.): Probleme der Stadtgestaltung, Dortmund 1977
Paul, Bruno: Passagierdampfer und ihre Einrichtungen, in: Jahrbuch des Deutschen Werkbundes 1914, Jena 1914
Pehnt, Wolfgang: Die Architektur des Expressionismus, Stuttgart 1973
Petsch, Joachim (1): Architektur und Gesellschaft, Köln/Wien 1973
— (1): Melnikovs Pariser Ausstellungspavillon, in: archithese 7/73

Pevsner, Nikolaus: Wegbereiter moderner Formgebung, Hamburg 1957
- Der Beginn der modernen Architektur und des Design, Köln 1971
Pfankuch, Peter (Hrsg.): Hans Scharoun. Bauten, Entwürfe, Texte, Berlin 1974
—: Von der futuristischen zur funktionellen Stadt — Planen und Bauen in Europa 1913-1933, in: Tendenzen der Zwanziger Jahre (Katalog), Berlin 1977
Pohl, Walfried: Wie Architektur langweilig wird, in: Petsch, J. (Hrsg.): Architektur und Städtebau im 20. Jahrhundert, Westberlin 1974
Posener, Julius (1): Apparat und Gegenstand, in: TU Berlin/Lehrstuhl für Entwerfen VI (Hrsg.): Architekturtheorie, Berlin 1968
- (2): Le Corbusier, in: Baumeister 5/68
- (1): Kritik der Kritik des Funktionalismus, in: werk — archithese 3/77
- (2): Eine Architektur für das Glück?, in: Arch+ 33/77
Riba Drawings Collection: James Stirling (Katalog), London 1976[2]
Riezler, Walter: Die neuen Schiffsbauten des Norddeutschen Lloyd, in: Die Form 1/27
Rykwert, Joseph: Stirling in Scozia, in: domus 491, 10/70
- Florey Building, Queen's College, Oxford, in: domus 516, 11/72

Salvisberg, Otto R.: Technik und Formausdruck im Bauen. Technische Rundschau 51/1933, nachgedruckt in: werk — archithese 10/77
Schlandt, Joachim: Servicehaus, Kollektivhaus, Kommune, in: Bauen + Wohnen 4/71
Schlesinger, Max: Geschichte des Symbols, Hildesheim 1967 (Nachdruck der Ausgabe Berlin 1912)
Schmidt, Burghardt: Gegen die gängige Verwechslung der konkreten Utopie mit technischer Planung, in: werk 9/73
- Emanzipatorische Chancen durch Reihung?, in: Abt. Bauwesen der Universität Dortmund (Hrsg.): Das Prinzip Reihung, Dortmund 1977
Schmidt, Diether: bauhaus, Dresden 1966
Schmidt-Thomsen, Jörn Peter (1): Floreale und futuristische Architektur. Das Werk von Antonio Sant'Elia, Berlin 1967
- (2): "La città futurista" — Über die Architektur von Antonio Sant'Elia, in: werk 4/67
Schneider, Bernhard: Die Stadt als Text, in: Carlini, A./Schneider, B. (Hrsg.): Konzept 3 — Die Stadt als Text, Tübingen 1976
Schumpp, Mechthild: Stadtbau-Utopien und Gesellschaft, Der Bedeutungswandel utopischer Stadtmodelle unter sozialem Aspekt (Bauwelt Fundamente Bd. 32), Gütersloh 1972
Schumpp, Mechthild/Throll, Manfred: Thesen zu einer kritischen Theorie des Bauens, in: Bauwelt 1-2/68
Schwab, Alexander: „Das Buch vom Bauen" (Bauwelt Fundamente Bd. 42), Düsseldorf 1973 (Nachdruck der Ausgabe von 1930)
Schwarz, Felix/Gloor, Franz (Hrsg.): „Die Form". Stimme des Deutschen Werkbundes 1925-1934 (Bauwelt Fundament Bd. 24), Gütersloh 1969
Scully, Vincent: Zur Arbeit von Venturi & Rauch, in: werk — archithese 7-8/77
Sedlmayr, Hans: Architektur als abbildende Kunst, in: Österreichische Akademie der Wissenschaften, Sitzungsberichte, 225. Bd., 3. Abhandlung, Wien 1948
- Verlust der Mitte, Frankfurt/Berlin/Wien 1973 (zuerst 1948)
Segal, Walter: Scharoun, in: Architectural Review, 2/73
Serenyi, Peter: Le Corbusier's Changing Attitude Towards Form, in: Journal of the Society of Architectural Historians 1 (XXIV)/65
- Le Corbusier, Fourier, and the Monastery of Ema, in: The Art Bulletin 1967
Shvidkovsky, O.A. (Hrsg.): Building in the USSR 1917-1932, London 1971
Sperber, Dan: Über Symbolik, Frankfurt 1975
Staber, Margit: Funktion, Funktionalismus. Eine Geschichte der Mißverständnisse in: werk 3/74

Steinmann, Martin: Das Laubenganghaus, in: archithese 12/74
Stern, Robert: At the Edge of Post-Modernism, in: architectural design 4/77
Stirling, James: Ronchamps. Le Corbusiers Chapel and the Crisis of Rationalism, in: Architectural Review 3/56
- "The Functional tradition" and Expression, in: perspecta 6/1960
- An Architect's Approach to Architecture, in: Riba Journal 5/65
- Bauten und Projekte 1950-1974 (Einleitung von John Jacobus), Stuttgart 1974
- Stirling connexions, in: Architectural Review 5/75
- Anti-Structure, in: Zodiac 18/o.J.
Stratmann, Mechthild: Wohnungspolitik in der Weimarer Republik, in: Neue Gesellschaft für Bildende Kunst (Hrsg.): Wem gehört die Welt? Kunst und Gesellschaft in der Weimarer Republik, Berlin 1977

Tafuri, Manfredo: Sozialdemokratie und Stadt in der Weimarer Republik (1923-1933), in: werk 3/74
- Kapitalismus und Architektur, Hamburg/Berlin 1977
- Die Kritik der Architektursprache und die Sprache der Architekturkritik, in: Arch+ 37/78
Tafuri, Manfredo/Dal Co, Francesco: Architektur der Gegenwart, Stuttgart 1977
Taut, Bruno: Die Stadtkrone, Jena 1919
- Bauen. Der neue Wohnbau, Leipzig/Berlin 1927
- 1920-1922 Frühlicht. Eine Folge für die Verwirklichung des neuen Baugedanken (Bauwelt Fundamente Bd. 8), Berlin/Frankfurt/Wien 1963
Taylor, B.B.: Is Utopia Inhabitable?, in: L'architecture d'aujourd'hui 4/78

Uhlig, Günter: Stadtplanung in der Weimarer Republik: Sozialistische Reformaspekte, in: Neue Gesellschaft für Bildende Kunst (Hrsg.): Wem gehört die Welt? Kunst und Gesellschaft in der Weimarer Republik, Berlin 1977

Venturi, Robert: Komplexität und Widerspruch in der Architektur (Bauwelt Fundamente, Bd. 50), Braunschweig 1978
Venturi, Robert/Scott Brown, Denise: Lachen, um nicht zu weinen (Interview), in: archithese 13/75
Virilio, Paul: „Das irreale Monument", in: Paris, Berlin: 1900-1933 (Katalog), München 1979
Vogt, Adolf Max: Das Motiv der Arbeit in der russischen Revolutionsarchitektur, in: archithese 7/73
- Russische und Französische Revolutionsarchitektur 1917-1789, Köln 1974
- „Woher kommt Funktionalismus?", in: werk — archithese 3/77

Wall, Robert: Die goldene Zeit der Ozeanriesen, Gütersloh 1977
Warnke, Martin: Bau und Überbau, Frankfurt 1976
Whittick, Arnold: Eric Mendelsohn, London 1956[2]
Wild, David: Theory into Practice, in: architectural design 9-10/77
Wilhelm, Karin: Von der Phantastik zur Phantasie. Ketzerische Gedanken zur „funktionalistischen Architektur", in: Neue Gesellschaft für Bildende Kunst (Hrsg.): Wem gehört die Welt? Kunst und Gesellschaft in der Weimarer Republik, Berlin 1977
Wingler, Hans M.: Das Bauhaus, Bramsche 1975[3]

Zevi, Bruno: Erich Mendelsohn. Opera completa, Milano 1970

# Abbildungsnachweis

| | |
|---|---|
| 1, 2 | Pfankuch (1974), S. 85 |
| 3 | „archithese" 7/73, S. 18 |
| 4, 5 | Boesiger (1941), S. 24, S. 30 |
| 6 | Boesiger (1937), S. 187 |
| 7a | Frankfurter Kunstverein (1972), n. pag. |
| 7b | Vogt (1974), S. 158 |
| 8–10 | Wall (1977), S. 93, 45, 191 |
| 11 | Coleman (1977) |
| 12 | „Bauen und Wohnen", 5/69, S. V 20 |
| 13 | Wingler (1975), S. 385 |
| 14 | Huse (1975), S. 47 |
| 15 | Lane (1968), S. 118 |
| 16 | Buekschmitt (1963), S. 42 |
| 17 | Lane (1968), S. 100 |
| 18–22 | Pfankuch (1974), S. 33, 57, 79, 93, 283 |
| 23, 24 | „werk · archithese" 10/77, S. 44, S. 10 |
| 25 | Huse (1975), S. 35 |
| 26–28 | Zevi (1970), S. 165, 32, 48 |
| 29 | Block (1928), S. 158 |
| 30 | Schmidt (1965), S. 19 |
| 31–35 | Boesiger (1937), S. 28, 55, 81, 86, 24 |
| 36 | „archithese" 8/73, S. 22 |
| 37 | Le Corbusier (1964), S. 118 |
| 38–40 | Boesiger (1953), S. 206, 196, 214 |
| 41 | Boesiger (1937), S. 125 |
| 42, 43 | Boesiger (1941), S. 32, 99 |
| 44–46 | Boesiger (1941), S. 101, 106, 107 |
| 47 | „archithese" 12/74, S. 35 |
| 48 | Le Corbusier (1969), S. 81 ff. |
| 49 | Le Corbusier (1969), S. 85 |
| 50 | Le Corbusier (1964), S. 59 |
| 51 | Shvidkovsky (1971), S. 108 |
| 52, 53 | Lissitzky (1965), S. 102, 92 |
| 54 | Kopp (1970) |
| 55, 56 | Lissitzky (1965), S. 89, 90 |
| 57 | Frankfurter Kunstverein (1972), n. pag. |
| 58 | Tendenzen der Zwanziger Jahre (Katalog); Berlin 1977, S. 2/87 |
| 59 | Kopp (1970), S. 118 |
| 60 | „archithese" 12/74, S. 37 |
| 61 | Kopp (1970), S. 108 |

| | |
|---|---|
| 62 | Shvidkovsky (1971), S. 94 |
| 63 | „archithese" 12/74, S. 11 |
| 64–66 | Tafuri/Dal (1977), S. 175, 262, 272 |
| 67, 68 | Danesi/Patetta (1976), S. 93, 135 |
| 69, 70 | Koninck (1973), S. 125, 154 |
| 71, 72 | „werk · archithese" 23–24/78, S. 59, 61 |
| 73 | Paris-Berlin 1900–1933, München 1979, S. 393 |
| 74 | „werk" 6/70, S. 385 |
| 75 | Kultermann, U.: Kenzo Tange 1946–1969, Zürich 1970, S. 198 |
| 76 | „domus" 563, 10/76, S. 9 |
| 77 | „domus" 553, 12/75, S. 22 |
| 78 | „werk" 9/67, S. 543 |
| 79 | „Bauen + Wohnen", 2/74, S. 78 |
| 80 | „werk · archithese" 11–12/77, S. 16 |
| 81 | „Bauwelt" 23/80, S. 965 |
| 82–89 | Stirling (1974), S. 70, 71, 68, 101, 103, 03, 105, 53 |
| 90, 91 | Meier (1978), S. 105, 99 |
| 92 | „Bauwelt" 11/75, S. 331 |
| 93 | Venturi and Rauch (Architectural Monographs 1), London 1978, S. 81 |
| 94–96 | L'Architecture d'aujourd'hui 6/78, S. 72, 24, 25 |
| 97 | Caspar David Friedrich 1774–1840 (Katalog), München 1974, o.p. |
| 98 | Coleman (1977), S. 75 |

# Bauwelt Fundamente

Dokumente zu Architektur und Städtebau –
Bausteine für die Stadt von morgen

**Band 48**
**Thilo Hilpert**
**Die Funktionelle Stadt**

Le Corbusiers Stadtvision — Bedingungen, Motive, Hintergründe. Mit 84 Abb. 1978. 292 S. 14 X 19 cm (Bauwelt Fundamente, Bd. 48). Kart.

Wie kein anderer Architekt des Jahrhunderts hat Le Corbusier mit seinen Bauideen und Stadtvisionen, aber auch mit seinen Schriften unsere städtebaulichen Leitbilder geprägt: Es war Le Corbusier, der die ,,Charta von Athen'' formulierte. Hilperts Analyse der Motive und sozialpolitischen Hintergründe führt geradewegs in die Funktionalismus-Debatte heute.

Friedr. Vieweg & Sohn Verlagsgesellschaft mbH · Wiesbaden

Bei Fragen zur Produktsicherheit wenden Sie sich bitte an:
If you have any questions regarding product safety,
please contact:

Birkhäuser Verlag GmbH
Im Westfeld 8
4055 Basel, Schweiz
productsafety@degruyterbrill.com